実践！

Excel 2021
ビジネス活用ドリル

実習用
データ
ダウンロード

日経BP

はじめに

本書は、企業などで実際に使われているビジネス文書の作成問題をExcel 2021を使って解いていくことで、さまざまなビジネス文書の作成能力が身に付く問題集です。完成例はそのままテンプレートとしても利用可能です。

また、Excel 2019はExcel 2021と機能および操作方法にほとんど違いがないため、Excel 2021で追加された新機能を除き、Excel 2019を使ってほとんどの問題を解くことができます。

問題の種類

・問題は「基礎」と「応用」の2種類に分かれています。基礎問題では、入力例や完成例を参照しながら、手順に沿って問題を解いていきます。応用問題では、文章形式の問題から求められている指示を読み取り、必要な作業を自分で考えて問題を解いていきます。

・解答例は、模範解答です。作成した解答が解答例と異なっていても、問題の要求を満たしていれば「正解」です。

所要時間

・1問当たり15分〜30分の実習を想定しています。

解答例の操作手順

・問題を解くうえでさまざまな操作法がある場合は、状況に合わせて効率的な方法を紹介しています。したがって、問題によっては異なった操作法を紹介している場合があります。

制作環境

本書は以下の環境で制作・検証しました。

■Windows 11（日本語版）をセットアップした状態。

※ほかのエディションやバージョンのWindowsでも、Office 2021が動作する環境であれば、ほぼ同じ操作で利用できます。

■Microsoft Office 2021（日本語デスクトップ版）をセットアップし、Microsoftアカウントでサインインした状態。マウスとキーボードを用いる環境（マウスモード）。

■画面の解像度を1280×768ピクセルに設定し、ウィンドウを全画面表示にした状態。

※上記以外の解像度やウィンドウサイズで使用すると、リボン内のボタンが誌面と異なる形状で表示される場合があります。

■[アカウント]画面で[Officeテーマ]を[白]に設定した状態。

■プリンターをセットアップした状態。

※ご使用のコンピューター、プリンター、セットアップなどの状態によって、画面の表示が本書と異なる場合があります。

表記

・メニュー、コマンド、ボタン、ダイアログボックスなどで画面に表示される文字は、角かっこ（[ ]）で囲んで表記しています。ボタン名の表記がないボタンは、マウスでポイントすると表示されるポップヒントで表記しています。

・入力する文字は「」で囲んで表記しています。

・本書のキー表記は、どの機種にも対応する一般的なキー表記を採用しています。2つのキーの間にプラス記号（＋）がある場合は、それらのキーを同時に押すことを示しています。

実習用データ

実習のために必要なファイルを、以下の方法でダウンロードしてご利用ください。

ダウンロード方法
①以下のサイトにアクセスします。
　https://nkbp.jp/050475
②「実習用データのダウンロード」をクリックします。
③表示されたページにあるそれぞれのダウンロードのリンクをクリックして、適当なフォルダーにダウンロードします。ファイルのダウンロードには日経IDおよび日経BOOKプラスへの登録が必要になります（いずれも登録は無料）。
④ダウンロードしたzip形式の圧縮ファイルを展開すると［ビジネスドリル_Excel2021］フォルダーが作成されます。
⑤［ビジネスドリル_Excel2021］フォルダーを［ドキュメント］フォルダーなどに移動します。

ダウンロードしたファイルを開くときの注意事項
・インターネット経由でダウンロードしたファイルを開く場合、「注意——インターネットから入手したファイルは、ウイルスに感染している可能性があります。編集する必要がなければ、保護ビューのままにしておくことをお勧めします。」というメッセージバーが表示されることがあります。その場合は、［編集を有効にする］をクリックして操作を進めてください。
・ダウンロードしたzipファイルを右クリックし、ショートカットメニューの［プロパティ］をクリックして、［全般］タブで［ブロックの解除］を行うと、上記のメッセージが表示されなくなります。
・Excelのセキュリティレベルを［警告を表示してすべてのマクロを無効にする］（規定値）または［デジタル署名されたマクロを除き、すべてのマクロを無効にする］に設定すると、マクロを含む完成例ファイルを開いたときにマクロが無効にされたことを示すセキュリティの警告メッセージが表示されます。このような場合は、セキュリティの警告メッセージの［コンテンツの有効化］をクリックして、マクロを有効にしてください。

実習用データの内容

フォルダー名	フォルダー名	内容
［ビジネスドリル_Excel2021］	［問題］	問題で使用するファイル（問題ファイル、画像ファイルなど）
	［入力例］	必要なテキストや数値が入力されたファイル（書式などは未設定）
	［完成例］	模範解答例のファイル

ファイルの保存場所
・本文でファイルを開いたり保存したりするときは、具体的なフォルダーの場所を指示していません。実際に操作するときは、上記［ビジネスドリル_Excel2021］フォルダーまたはその内容の移動先を指定してください。

おことわり
本書発行後（2023年4月以降）の機能やサービスの変更により、誌面の通りに表示されなかったり操作できなかったりすることがあります。その場合は適宜別の方法で操作してください。

目次

第 **1** 章

計算

第**1**章

計算

計算機能は、Excelの最も基本となる機能です。セルの値同士を足す・引く・掛ける・割る、セルの値に特定の値を足す・引く・掛ける・割る、といった四則演算はもちろん、関数を使えば、平均・最大値・最小値・四捨五入など、さまざまな式が簡単に設定できます。式を他のセルにコピーする機能も上手に使って、効率的に作成しましょう。

Point 1 絶対参照と相対参照を上手に使い分ける

セルに式を設定するとき、計算対象となるセルの指定方法は絶対参照と相対参照があります。「何列目何行目のセル」と固定的にセルを指定する絶対参照と、計算式を設定しようとしているセルを基準に指定する相対参照を使い分けることで、Point2で解説する「式のコピー」を使って、思いどおりの式が効率的に設定できます。標準は相対参照なので、絶対参照にしたいときは、行の番号や列のアルファベットの前に「$」を付けます。

| K8 | ⌄ | : | × | ✓ | fx | =K7/$N$7 |

	A	K	L	M	N
1	年度別月別売上高				
2					単位：千円
3		10月	11月	12月	年間計
4	2021年実績	4,293	6,442	4,156	57,645
5	2022年実績	4,510	5,965	3,352	52,694
6	2023年実績	4,880	6,635	4,820	55,941
7	過去累計	13,683	19,042	12,328	166,280
8	季節指数	8.2%			
9	2024年予算	4,833	0	0	58,738

問題1　問題8

Point 2 ドラッグで式をコピーする

| K8 | ⌄ | : | × | ✓ | fx | =K7/$N$7 |

	A	K	L	M	N
1	年度別月別売上高				
2					単位：千円
3		10月	11月	12月	年間計
4	2021年実績	4,293	6,442	4,156	57,645
5	2022年実績	4,510	5,965	3,352	52,694
6	2023年実績	4,880	6,635	4,820	55,941
7	過去累計	13,683	19,042	12,328	166,280
8	季節指数	8.2%	11.5%	7.4%	
9	2024年予算	4,833	6,727	4,355	58,738

式を設定したセルをクリックしてフィルハンドルをポイントし、マウスポインターの形が+になったのを確認してドラッグすると、ドラッグした先のセルに式をコピーできます。このとき、式のなかで絶対参照している部分は他のセルに式をコピーしても常に固定で変更されませんが、相対参照している部分は、式をコピーしたセルの位置に合わせて自動的に変更されます。

問題1〜4　問題6〜9　問題11

3

Point 3　関数を上手に使うと式がシンプルになる

合計、平均、四捨五入など、よく行う計算は関数が用意されています。例えば、B列の6行目から10行目のセルの値を合計するなら、「=B6+B7+B8+B9+B10」とするより、「=SUM（B6:B10）」としたほうが簡単に設定できます。また、6～10行目の間に行を追加しても、関数を使ってセルB6～B10を範囲指定していれば、行が追加になったときに自動的に式を「=SUM（B6:B11）」に変更してくれます。

問題1～11

	B11			fx	=SUM(B6:B10)	
	A	B	C	D	E
1	損益分岐点				
2					
3	販売価格（1台あたり）	¥160,000			
4					
5	固定費（月あたり）				
6	人件費	¥650,000			
7	賃貸料	¥230,000			
8	水道光熱費	¥30,000			
9	通信費	¥40,000			
10	販促費	¥100,000			
11	合計	¥1,050,000			
12					
13	変動費（1台あたり）				
14	仕入価格	¥102,000		変動費率	65.7%
15	運送費	¥2,000			
16	梱包費	¥1,000		損益分岐点売上数	20
17	合計	105,000		損益分岐点売上高	¥3,061,224

Point 4　式内で使う値は別のセルに書くと変更が楽

式内で使う値があるとき、計算式に値を記述せず、別のセルに値を書いておき、そのセルを絶対参照で指定して使う方法があります。例えば左記の消費税率のように今後変更される可能性がある値の場合、別のセルに書いたほうが変更が楽です。消費税率が変わったら、セルF2の値を直すだけで済みます。

問題1

	A	B	C	D	E	F
1	売上日報				日付	2023年2月18日
2					消費税率	10%
3	商品コード	商品名	単価（円）	数量	金額（円）	税込金額（円）
4	00100	システム手帳（複合型）	¥5,700	47	¥267,900	¥294,690
5	00200	システム手帳（シンプル型）	¥4,560	25	¥114,000	¥125,400
6	00300	パスケース（本革製品）	¥3,570	12	¥42,840	¥47,124
7	00400	パスケース（合皮製品）	¥2,800	35	¥98,000	¥107,800
8	00500	パスケース（ビニール製品）	¥1,280	28	¥35,840	¥39,424
9	00600	クリアケース（A4サイズ）	¥1,980	37	¥73,260	¥80,586
10	00700	クリアケース（B5サイズ）	¥1,350	46	¥62,100	¥68,310
11	00800	キーケース（本革製品）	¥2,980	24	¥71,520	¥78,672
12	00900	キーケース（ビニール製品）	¥2,100	32	¥67,200	¥73,920
13	01000	携帯ケース	¥2,500	50	¥125,000	¥137,500
14			合計	336	957,660	1,053,426

1 売上日報

1日の売上金額を集計しましょう。

■入力例■

	A	B	C	D	E	F	G
1	売上日報				日付		
2					消費税率		
3	商品コード	商品名	単価（円）	数量	金額（円）	税込金額（円）	
4	100	システム手帳（複合型）	5700	47			
5	200	システム手帳（シンプル型）	4560	25			
6	300	パスケース（本革製品）	3570	12			
7	400	パスケース（合皮製品）	2800	35			
8	500	パスケース（ビニール製品）	1280	28			
9	600	クリアケース（A4サイズ）	1980	37			
10	700	クリアケース（B5サイズ）	1350	46			
11	800	キーケース（本革製品）	2980	24			
12	900	キーケース（ビニール製品）	2100	32			
13	1000	携帯ケース	2500	50			
14			合計				

Excelファイルを新規作成し、入力例を参考にデータを入力しましょう。

1. セルA1の「売上日報」の書式を24ポイント、太字、フォントの色を［テーマの色］の［緑、アクセント6、黒＋基本色25%］に設定し、セルA1とB1を結合して中央揃えにしましょう。

2. 完成例を参考に罫線を設定しましょう。

3. セルA3～F3とセルC14の書式を太字、塗りつぶしの色を［テーマの色］の［緑、アクセント6］、フォントの色を［テーマの色］の［白、背景1］に設定し、セル内で中央に配置しましょう。

> セルへの色の設定は、単なる装飾ではなく区別のために行います。文字が読みづらくならないようにしましょう。セルの塗りつぶしの色とフォントの色の濃さに差がないと、モノクロのプリンターで出力すると文字が読みにくいことがあります。

4. A列～F列の列幅を自動調整しましょう。

5. セルE1とE2の文字をセル内で右に配置しましょう。

6. セルF1に関数を使って本日の日付を表示し、完成例を参考に日付の表示形式を変更しましょう。

7. セルF2に消費税率10%を入力しましょう。

8. セルE4に数式を使って金額（単価×数量）を求め、オートフィル機能でセルE13までコピーしましょう。

9. セルF4に数式を使って税込金額を求め、オートフィル機能でセルF13までコピーしましょう。

10. セルD14に関数を使って数量の合計を求めましょう。

11. セルE14とF14に金額の合計を求めましょう。

12. 単価、数量、金額の書式を桁区切りスタイルにしましょう。

13. 完成例を参考に、商品コードを5桁にしましょう。

> Excelでは入力した数字は数値として処理されます。コード番号が「0」で始まる場合、セルに入力すると0を除いた状態で表示されます。「00010」のようにゼロ詰めで表示するには、表示形式を指定する必要があります。
> なお、商品にコードを付けることで正確で効率的な情報管理ができます。

14. 単価、金額、税込金額に¥を表示しましょう。

「問題01-2E」という名前で保存しましょう。

■完成例■

	A	B	C	D	E	F
1	売上日報				日付	2023年2月18日
2					消費税率	10%
3	商品コード	商品名	単価（円）	数量	金額（円）	税込金額（円）
4	00100	システム手帳（複合型）	¥5,700	47	¥267,900	¥294,690
5	00200	システム手帳（シンプル型）	¥4,560	25	¥114,000	¥125,400
6	00300	パスケース（本革製品）	¥3,570	12	¥42,840	¥47,124
7	00400	パスケース（合皮製品）	¥2,800	35	¥98,000	¥107,800
8	00500	パスケース（ビニール製品）	¥1,280	28	¥35,840	¥39,424
9	00600	クリアケース（A4サイズ）	¥1,980	37	¥73,260	¥80,586
10	00700	クリアケース（B5サイズ）	¥1,350	46	¥62,100	¥68,310
11	00800	キーケース（本革製品）	¥2,980	24	¥71,520	¥78,672
12	00900	キーケース（ビニール製品）	¥2,100	32	¥67,200	¥73,920
13	01000	携帯ケース	¥2,500	50	¥125,000	¥137,500
14			合計	336	957,660	1,053,426

支店別売上実績表

支店別に、前年度売上高、今年度計画、今年度実績、前年度比、予算比を一覧する表を作成しましょう。

■入力例■

	A	B	C	D
1				
2	支店別売上実績表			
3				
4		2022年度売上高	2023年度予算	2023年度実績
5	札幌	15335	17000	16355
6	仙台	9866	10300	10428
7	名古屋	12667	12400	12556
8	大阪	21451	23500	20842
9	福岡	19771	21000	21496

Excelファイルを新規作成し、入力例を参考にデータを入力しましょう。

1. セルA2の「支店別売上実績表」の書式を太字、16ポイントにしましょう。

2. セルE1に「日付：」と入力し、右揃えにしましょう。

3. セルF1に「2023/5/20」と入力して、表示形式を「〇月〇日」に設定しましょう。

4. セルE4に「前年度比」、セルF4に「予算比」、セルA10に「合計」と入力し、列番号B〜列番号Fの列幅を14にしましょう。

5. セルB4〜F4とセルA5〜A10を、セル内で中央に配置しましょう。

6. 完成例を参考に罫線を設定しましょう。

7. セルA4〜F4とセルA5〜A10の塗りつぶしの色を［テーマの色］の［緑、アクセント6、白＋基本色60%］に設定しましょう。

8. セルF3に「(単位：千円)」と入力し、書式を右揃えにしましょう。

9. セルB10に合計を求め、オートフィル機能でセルD10までコピーしましょう。

10. セルE5に前年度比（2023年度実績÷2022年度売上高）を求め、オートフィル機能でセルE10までコピーしましょう。

11. セルF5に予算比（2023年度実績÷2023年度予算）を求め、オートフィル機能でセルF10までコピーしましょう。

12. 2022年度売上高、2023年度予算、2023年度実績のデータの書式を桁区切りスタイルにしましょう。

13. 前年度比と予算比の書式をパーセントスタイルにし、小数点第1位まで表示するようにしましょう。

「問題02-2E」という名前で保存しましょう。

■完成例■

7

■完成例■

	A	B 2022年度売上高	C 2023年度予算	D 2023年度実績	E 前年度比	F 予算比
1					日付：	5月20日
2	支店別売上実績表					
3						(単位：千円)
5	札幌	15,335	17,000	16,355	106.7%	96.2%
6	仙台	9,866	10,300	10,428	105.7%	101.2%
7	名古屋	12,667	12,400	12,556	99.1%	101.3%
8	大阪	21,451	23,500	20,842	97.2%	88.7%
9	福岡	19,771	21,000	21,496	108.7%	102.4%
10	合計	79,090	84,200	81,677	103.3%	97.0%

交通費精算書

基礎 問題 **3**

既存の交通費精算書の書式に支払金額や合計金額などを求める数式を追加し、テンプレートとして保存しましょう。

ファイル「問題03」を開きましょう。

1. セルJ4にIF関数とTODAY関数を使って所属部署が空白の場合は日付を表示しないで、それ以外の場合に本日の日付を表示しましょう。

2. セルB14～B23の日付の書式を「○/○」の表示形式に変更し、セル内で中央に配置しましょう。

3. セルC14～D23、I14～I23の書式を長い文字が入力された場合を考慮して、縮小して全体を表示するように設定しましょう。

4. セルH14にIF関数とAND関数を使って鉄道、バス、タクシーの金額が入力されない場合は「0」を表示しないようにして鉄道、バス、タクシーの合計を求めましょう。オートフィル機能でセルH23まで書式なしでコピーしましょう。

5. セルE24にIF関数を使って鉄道の合計が「0」の場合は「0」を表示しないようにして、鉄道の合計を求めましょう。オートフィル機能でセルH24までコピーしましょう。

6. セルI26に金額の合計の値を参照するように設定しましょう。

7. セルI28にIFS関数を使って仮払金額が入力されない場合は「0」を表示しないようにして、払戻金額（仮払金額-合計金額）を求めましょう。ただし、仮払金額が合計金額以下の場合は、払戻金額を0円と表示するようにします。

8. セルC10にIF関数を使って合計金額が入力されない場合は空白を表示するようにして、支払金額（合計金額-仮払金額）を求めましょう。

9. セルC10、I26～I28の書式を通貨スタイルにしましょう。

10. ワークシートの中でユーザーが入力する必要のあるセルを除いて、その他のセルが編集できないように、ワークシートの保護を設定しましょう。
   ● セルC4～C6、B14～G23、I14～I23、I27のセルのロックを解除してからワークシートの保護を設定します。

11. ワークシートの枠線を非表示にしましょう。

12. セルC4～C6、B14～G21の数値を削除しましょう。

「問題03-2E」という名前でワークシートをテンプレートとして保存しましょう。

テンプレートとは、申請書フォームや経費精算書など、一般的によく使われるドキュメントを作る際に、毎回最初から作成する手間を省くために、完成一歩手前の「ひな形」として保存しておくファイルのことをいいます。これを利用すると作業を効率化できます。作成したテンプレートは、次の方法で利用できます。
＜[ファイル]タブをクリックし、[新規]をクリックして、[個人用]をクリック＞

■完成例■

時間帯別客単価

時間帯別の客単価を算出して、分析を行いましょう。

■入力例■

	A	B	C	D
1	時間帯別売上と客単価			
2				
3	営業時間帯	売上金額	買上客数	客単価
4	10:00~-	32421	27	
5	11:00~	62688	44	
6	12:00~	92101	58	
7	13:00~	62879	41	
8	14:00~	25047	28	
9	15:00~	20925	18	
10	16:00~	18238	17	
11	17:00~	101231	29	
12	18:00~	337428	36	
13	19:00~	337428	59	
14	20:00~	237428	38	
15	21:00~	100121	29	
16	合計			
17	平均			

Excelファイルを新規作成し、入力例を参考にデータを入力しましょう。

1. セルA1の「時間帯別売上と客単価」の書式を16ポイント、太字、フォントの色を [テーマの色] の [オレンジ、アクセント2] にし、セルA1 ～ D1を結合して中央に配置しましょう。

2. 完成例を参考に罫線を設定しましょう。

3. セルA3 ～ D3、A4 ～ A17の書式を中央揃え、塗りつぶしの色を [テーマの色] の [オレンジ、アクセント2、白+基本色80%] に設定しましょう。

4. セルB16に関数を使って合計を求め、オートフィル機能でセルC16にコピーしましょう。

5. セルB17に関数を使って平均を求め、オートフィル機能でセルC17にコピーしましょう。

6. セルB4 ～ B17、D4 ～ D17の数値の書式を通貨スタイルにしましょう。

7. セルC17の平均の数値を整数だけが表示されるように桁下げしましょう。

8. セルD4にROUND関数を使って小数点以下の数値を四捨五入し、整数だけが表示されるよう売上金額/買上客数を求め、オートフィル機能でセルD17までコピーしましょう。

「問題04-2E」という名前で保存しましょう。

客単価とは、買上客１人あたりの購入金額のことです。この表では時刻によって買上客数に増減があるだけでなく、客単価にも波があることがわかります。

■完成例■

	営業時間帯	売上金額	買上客数	客単価
	時間帯別売上と客単価			
	営業時間帯	売上金額	買上客数	客単価
4	10:00〜	¥32,421	27	¥1,201
5	11:00〜	¥62,688	44	¥1,425
6	12:00〜	¥92,101	58	¥1,588
7	13:00〜	¥62,879	41	¥1,534
8	14:00〜	¥25,047	28	¥895
9	15:00〜	¥20,925	18	¥1,163
10	16:00〜	¥18,238	17	¥1,073
11	17:00〜	¥101,231	29	¥3,491
12	18:00〜	¥337,428	36	¥9,373
13	19:00〜	¥337,428	59	¥5,719
14	20:00〜	¥237,428	38	¥6,248
15	21:00〜	¥100,121	29	¥3,452
16	合計	¥1,427,935	424	¥3,368
17	平均	¥118,995	35	¥3,368

仕入予定表

適切な仕入数が自動的に算出されるようにしましょう。

「仕入予定表」は、商品仕入を計画的に管理するための表です。現在庫数が適正在庫数より少ない場合は、適正在庫数となるように商品を仕入れます。

番号	品番	商品名	単価	適正在庫数	現在庫数	仕入予定数	仕入予定金額
		仕入予定表					
1	F-5018-12	綿敷パッド（S）	1500	650	372		
2	B-3182-24	低反発マット	2500	300	183		
3	R-2058-08	ボア敷パッド（W）	2800	800	905		
4	B-3180-24	冷却シーツ	2500	300	500		
5	P-7023-10	ワンタッチシーツ（S）	2000	350	207		
6	F-5016-12	綿敷パッド（W）	3700	650	718		
7	F-5017-12	綿敷パッド（SW）	2100	650	840		
8	B-3181-24	冷却敷パッド	2500	300	344		
9	R-2055-12	蓄熱ひざ掛け	1800	500	518		
10	A-8911-06	平織ボックスシーツ（SW）	2050	700	413		
11	R-2057-10	除菌消臭枕パッド	2700	800	622		
12	R-2056-10	ガーゼ枕パッド	980	450	589		
13	A-8912-08	平織ボックスシーツ（S）	1700	850	674		
14	R-2059-08	ボア敷パッド（S）	1480	600	685		
15	A-8910-06	平織ボックスシーツ（W）	2800	750	842		
16	F-5019-12	竹材マット	3200	700	556		
17	P-7021-06	ワンタッチシーツ（W）	2400	700	632		
18	P-7022-06	ワンタッチシーツ（SW）	1500	700	720		
						仕入予定金額合計	

ファイル「問題05」を開きましょう。

1. セルG4に仕入予定数（適正在庫数－現在庫数）を算出しましょう。ただし、現在庫数が適正在庫数以上の場合はIF関数を使って空白を表示します。オートフィル機能でセルG21までコピーしましょう。

2. セルH4に仕入予定金額（単価×仕入予定数）を算出しましょう。ただし、仕入予定がない場合はIF関数を使って空白を表示します。オートフィル機能でセルH21までコピーしましょう。

3. H22に関数を使って合計を求めましょう。

4. セルD4 ～ D21、H4 ～ H22の数値の書式を通貨スタイルにしましょう。

5. 同じ種類の商品が並ぶように、並べ替え機能を使って［品番］を［昇順］に並べ替えましょう。

6. 類似商品の仕入予定を把握するために、フィルター機能を使って［商品名］に「敷パッド」という文字列を含む商品だけを表示してみましょう。

7. フィルターを解除しましょう。

「問題05-2E」という名前で保存しましょう。

> 仕入計画では、常に適正在庫を維持することが重要です。適正在庫数と現在庫数を比較して、適正在庫数より少ない場合は仕入れを行います。適正在庫数よりも極端に在庫数が多い「過剰在庫」もチェックすることができます。

■フィルターの適用例■

番号	品番	商品名	単価	適正在庫数	現在庫数	仕入予定数	仕入予定金額
8	B-3181-24	冷却敷パッド	¥2,500	300	344		
6	F-5016-12	綿敷パッド（W）	¥3,700	650	718		
7	F-5017-12	綿敷パッド（SW）	¥2,100	650	840		
1	F-5018-12	綿敷パッド（S）	¥1,500	650	372	278	¥417,000
3	R-2058-08	ボア敷パッド（W）	¥2,800	800	905		
14	R-2059-08	ボア敷パッド（S）	¥1,480	600	685		

■完成例■

仕入予定表

番号	品番	商品名	単価	適正在庫数	現在庫数	仕入予定数	仕入予定金額
15	A-8910-06	平織ボックスシーツ（W）	¥2,800	750	842		
10	A-8911-06	平織ボックスシーツ（SW）	¥2,050	700	413	287	¥588,350
13	A-8912-08	平織ボックスシーツ（S）	¥1,700	850	674	176	¥299,200
4	B-3180-24	冷却シーツ	¥2,500	300	500		
8	B-3181-24	冷却敷パッド	¥2,500	300	344		
2	B-3182-24	低反発マット	¥2,500	300	183	117	¥292,500
6	F-5016-12	綿敷パッド（W）	¥3,700	650	718		
7	F-5017-12	綿敷パッド（SW）	¥2,100	650	840		
1	F-5018-12	綿敷パッド（S）	¥1,500	650	372	278	¥417,000
16	F-5019-12	竹材マット	¥3,200	700	556	144	¥460,800
17	P-7021-06	ワンタッチシーツ（W）	¥2,400	700	632	68	¥163,200
18	P-7022-06	ワンタッチシーツ（SW）	¥1,500	700	720		
5	P-7023-10	ワンタッチシーツ（S）	¥2,000	350	207	143	¥286,000
9	R-2055-12	蓄熱ひざ掛け	¥1,800	500	518		
12	R-2056-10	ガーゼ枕パッド	¥980	450	589		
11	R-2057-10	除菌消臭枕パッド	¥2,700	800	622	178	¥480,600
3	R-2058-08	ボア敷パッド（W）	¥2,800	800	905		
14	R-2059-08	ボア敷パッド（S）	¥1,480	600	685		
						仕入予定金額合計	¥2,987,650

売上予算管理

達成率や次年度の売上予算を算出しましょう。

ファイル「問題06」を開きましょう。「問題06」は営業所別の過去3年間の売上総額を入力した表です。

	A	B	C	D	E	F	G
1	営業所別パソコン売上実績						
2							単位：千円
3	営業所	2021年	2022年		2023年		2024年
4		実績	予算	実績	予算	実績	予算
5	北品川	3053	3145	4354	4485	4602	
6	東品川	3852	3968	4012	4132	4352	
7	銀座中央	3711	3822	3911	4028	4199	
8	八重洲	3874	3990	4019	4140	4307	
9	芝浦港口	4480	4614	4715	4856	4985	
10	田町	3805	3919	3800	3914	3976	
11	西麻布	4135	4259	4458	4592	4512	
12	南麻布	5033	5184	5312	5471	5425	

・2022年と2023年それぞれに予算達成率を算出する列を挿入しましょう。
・2022年と2023年の予算達成率を算出しましょう。
・過去の予算設定方法（過去の予算の列に設定されている式を確認）を参考に2024年の売上予算を算出し、表に追加しましょう。
・数値の書式を整えましょう。
・2023年の予算達成率の高い順に表を並べ替えましょう。
・2023年の予算達成率を評価するようにアイコンセットを使って強調表示しましょう。

「問題06-2E」という名前で保存しましょう。

> この例のように、単位が千、百万、十億の場合は数値に3桁の桁区切り記号を付けます。単位が百、万など、3桁の区切り目ではない場合は、桁区切りを付けないようにします。これは表の内容だけでなく、グラフの数値などでも同様です。

応用問題7 売価算定表（値入率計算）

仕入原価と値入率から、売価、売上高、粗利益高を算出しましょう。

ファイル「問題07」を開きましょう。「問題07」はメーカーの仕入原価と値入率を入力した表です。

	A	B	C	D
1	売価算定表			
2	5月30日			
3	品番	仕入原価	値入率	販売数量
4	A-2703001	12600	20%	800
5	A-2703002	23100	18%	500
6	A-2703003	47250	20%	1400
7	A-2703004	16800	22%	850
8	C-2703010	40425	23%	550
9	C-2703010	65625	25%	350
10	C-2703010	47250	30%	800
11	D-2703100	26250	28%	1000
12	D-2703101	33600	25%	1200
13	D-2703102	48300	28%	1000
14	合計			

・売価、売上高、粗利益高を算出し、売価算定表を完成させましょう。
・日付の表示形式（例　○○年○月度実績）を設定し、入力の方法を促す任意のコメントを挿入しましょう。
・表に書式を設定して外観を整えましょう。

「問題07-2E」という名前で保存しましょう。

値入率とは、売価に対する値入高の割合のことで、値入高を売価で割った数値を百分率で表し、次のような式で算出します。

値入率（％）＝（売価－仕入原価）÷売価×100

たとえば、200円で仕入れた商品の売価を250円とすると、その差額の50円が値入高となり、値入率は20%となります。
仕入原価と値入率を使った売価の算出方法は次のようになります。

$$売価 = \frac{仕入原価}{1-値入率}$$

粗利益とは、売上高から売上原価（小売業の場合は仕入原価）を差し引いた利益のことをいいます。売上総利益または荒利益ともいい、算出方法は次のようになります。

粗利益（売上総利益）＝売上高－売上原価

これに販売数量を掛けて、粗利益高を算出します。

応用
問題
8 新年度予算（季節指数計算）

過去の実績から季節指数を算出し、新年度の予算を立てましょう。

ファイル「問題08」を開きましょう。「問題08」は2021年から2023年の月別売上高を示す表です。

	A	B	C	D	E	F	G	H	I	J	K	L	M	N
1	年度別月別売上高													
2														単位：千円
3		1月	2月	3月	4月	5月	6月	7月	8月	9月	10月	11月	12月	年間計
4	2021年実績	4,097	3,210	5,427	5,341	6,175	4,594	3,492	4,926	5,492	4,293	6,442	4,156	57,645
5	2022年実績	3,810	3,881	6,023	4,700	6,298	3,299	2,100	4,692	4,064	4,510	5,965	3,352	52,694
6	2023年実績	3,695	3,101	6,143	5,510	6,864	3,451	2,222	4,109	4,511	4,880	6,635	4,820	55,941

・過去3年間の売上データを基に季節指数を算出しましょう。
・季節指数を使って2024年の予算を算出しましょう。2024年の売上目標は、2023年の5％増です。
・季節指数の推移がわかるようなグラフを作成しましょう。

「問題08-2E」という名前で保存しましょう。

季節指数とは、過去のデータを基に季節によって変化するデータの変動を指数で示したものです。衣料品や飲料品、エアコンなど、季節の影響を受けやすい商品の売上予測によく使われます。
季節指数は、過去のデータから月別累計売上高と年間累計売上高を算出した後、年間累計に対する月別累計の比率を百分率で算出します。

在庫管理表（不足発注数量計算）

不足発注数量が自動的に算出されるようにしましょう。

ファイル「問題09」を開きましょう。「問題09」は、ある文具小売店の月次の在庫状況を分析するための管理表です。

	商品コード	商品名	前月在庫数量	当月入庫数量	当月出庫数量	当月在庫数量	仕入単価（円）	在庫金額（円）	適正在庫数量	不足発注数量
1	月次在庫管理表									
2						単位：ケース				
4	A100	接着テープ	40	90	50		16800		80	
5	A101	リングファイル	200	230	200		28000		250	
6	A102	名刺ホルダー	120	50	45		22000		150	
7	A103	修正テープ	310	340	275		18000		345	
8	A104	クリアホルダー	120	600	245		28600		500	
9	A105	ボールペン	160	450	128		15500		470	
10	A106	複合ペン	110	250	190		25500		140	
11	A107	ボードマーカー	80	100	100		32000		100	
12	合計		1140	2110	1233					

・本日の作成日付が表示されるようにし、表示形式（例　○○年○月現在）を設定しましょう。
・商品ごとの当月在庫数量と在庫金額（円）を算出しましょう。
　なお、前月在庫数量・当月入庫数量・当月出庫数量のいずれかが未記入の場合は、当月在庫数量は空欄にします。当月在庫数量・仕入金額（円）のいずれかが未記入の場合は、在庫金額（円）は空欄にします。
・商品ごとの不足発注数量を算出しましょう。当月在庫数量が適正在庫数量より少ない場合に、適正在庫数量となるように不足分を発注します。
・当月在庫数量と在庫金額（円）の合計を算出しましょう。
・当月在庫数量と適正在庫数量を比較するグラフを作成しましょう。
・入力する必要のないセルが編集できないように設定しましょう。

「問題09-2E」という名前で保存しましょう。

在庫管理とは、常に変動する需要（出庫数量）を満足するように入庫数量を確保するものです。在庫を抱えすぎると、販売しきれずに売れ残った製品が倉庫のスペースを圧迫し、流通や他製品の保管などのコスト要因になるため、在庫管理ではできるだけ在庫を少なく抑えることが目標になります。
一方、在庫が不足すると販売機会を喪失する、いわゆる「品薄」の状態となりサービスレベルが低下するおそれがあります。在庫を持つことに伴うコストと、サービスレベルのバランスが重要とされています。

損益分岐点

損益分岐点売上数と損益分岐点売上高を算出しましょう。

1台16万円のパソコンを新規に販売することになりました。ひと月に何台販売すれば、利益を出すことができるか新規のExcelファイルを作成し、利益を出すために必要なひと月あたりの販売台数と売上高（販売価格と経費から算出される理論上の金額）を算出しましょう。
販売にかかる経費の内訳は次のとおりです。作成方法は自由ですが、ファイル「問題10入力例」を必要に応じて使用してください。

固定費（月あたり）		変動費（1台あたり）	
人件費	650,000	仕入価格	102,000
賃貸料	230,000	運送費	2,000
水道光熱費	30,000	梱包費	1,000
通信費	40,000		
販促費	100,000		

「問題10-2E」という名前で保存しましょう。

損益分岐点とは、収支がプラスマイナスゼロ、つまり売上額とかかった経費が同じで損益がゼロになる売上数や売上高のことです。一般に前者のことを損益分岐点売上数、後者を損益分岐点売上高といいます。新しい事業を始めるときや新製品を発売するときには、この損益分岐点を上回ることがひとつの目安になります。

損益分岐点（売上高＝総費用）	黒字（売上高＞総費用）	赤字（売上高＜総費用）
売上高	売上高	売上高 / 損失
総費用（固定費＋変動費）	総費用（固定費＋変動費） / 利益	総費用（固定費＋変動費）

「固定費」は、売上数に関係なく発生する費用で常に一定です。「変動費」は、売上数に比例して変化する費用です。この固定費と変動費を合計したものを「総費用」といいます。売上高が総費用より多い場合は黒字、少ない場合は赤字になります。
損益分岐点売上数を算出するには、次の式を使います。

　損益分岐点売上数＝固定費÷（売上高（販売価格）－変動費）

損益分岐点売上高を算出するには、次の式を使います。

　損益分岐点売上高＝固定費÷（1－変動費率）

変動費率を算出するには、次の式を使います。

　変動費率（％）＝（変動費÷売上高（販売価格））×100

また、損益分岐点売上高は「損益分岐点売上数×価格」、損益分岐点売上数は「損益分岐点売上高÷価格」という計算式を使って算出することもできます。
たとえば、1個100円の商品を販売する場合、1日の固定費が10,000円、1個あたりの変動費が30円なら、変動費率は30％（30÷100×100＝30）、損益分岐点売上高は14,286円（10000÷（1－0.3）＝14285.71…）、損益分岐点売上数は143個（10000÷（100－30）＝142.85…）となり、1日に143個以上売り上げれば利益が出ることになります。

月間勤務表

毎月の勤務状況を報告する勤務表を作成しましょう。

ファイル「問題11」を開きましょう。「問題11」は月間の勤務表です。

・開始日と締め日を入力すると、自動的に日付と曜日欄にその日から締め日までのカレンダーが表示され、土曜日、日曜日の行を色分けして表示するように設定します。
・セルB6とB7には、締め日のセルを参照して［○○○○年］と［○月度］を表示しましょう。
・日付欄は、開始日のセルを参照して開始日から締め日までの日付を自動的に表示するようにしましょう。
・曜日欄は、日付に対応する曜日の文字列を表示するようにしましょう。
・条件付き書式を使って土曜日と日曜日の行にセルの塗りつぶしの色を設定しましょう。

曜日を表示するには、TEXT 関数を使って日付を曜日に変換します。
書式：TEXT（値 , 表示形式）
値：数値、戻り値が数値となる数式、または数値を含むセルの参照を指定します。
表示形式：数値形式を引用符で囲んだ文字列として指定します。日本語の曜日に変換するには "aaaa"
を、「Sunday」などのような英文字の曜日に変換するには "dddd" を使います。

・出社時間、退社時間、休憩時間を入力すると、自動的に勤務時間の定時、早出・残業、深夜が表示され、
　月間の合計値が表示されるように設定します。
・出社時間に時間が記入されたら、自動的に定時欄に「8:00」が表示されるようにしましょう。
・出社時間、退社時間から勤務時間を計算し、8時間を差し引いた時間で早出・残業欄が自動計算されるよ
　うに設定しましょう。
・休憩時間を入力すると、勤務時間から差し引かれるようにしましょう。
・深夜は「22:00」以降の場合に自動計算されるように設定しましょう。
・出勤日数を算出するとともに、定時、早出・残業、深夜のそれぞれの合計時間を算出しましょう。
・ワークシートの中でユーザーが入力する必要のあるセルを除いて、その他のセルが編集できないように、
　ワークシートの保護を設定しましょう。
・ワークシートの枠線を非表示にしましょう。
・番号、氏名、出社時間、退社時間、休憩時間、備考に適当な数値／文字列を入力してみましょう。

「問題11-2E」という名前で保存しましょう。

第 **2** 章

集計

第2章
集計

数値データを目的に合わせて整理して集計するのは、Excelが得意なことのひとつです。使用頻度が高い合計はSUM関数を使いますが、簡単に設定できるように［ホーム］タブの［合計］ボタンとして用意されています。カテゴリ別の小計や合計を算出する、カテゴリ分けを変えて分析するなど、高度な集計も可能です。集計機能は複数あるので、どういう集計をしたいかによって使い分けましょう。

Point 1 小計・合計はアウトラインで簡単操作

特定の列を基準に集計したい場合、［データ］タブの［小計］を使うと簡単です。例えば、売上日、販売店、商品番号、商品名、単価、売上数、売上金額を一覧にした表で、販売店別に売上数と売上金額を集計したいなら、［グループの基準］を［販売店］にすれば自動集計できます。左端のアウトラインを使って畳んだり展開したり、内訳の確認も容易です。

問題 13　問題 15　問題 19

Point 2 ピボットテーブルで複雑な集計も楽々

複数の切り口で集計したい場合は、ピボットテーブルを使います。例えば、左記は営業部員別の売上数と売上額を、四半期ごとに集計したピボットテーブルです。営業部員別、かつ、四半期別という複数の切り口の組み合わせです。クロス集計ウィザードを使えば、設定も簡単です。

問題 14　問題 18　問題 21

行ラベル	列ラベル				
	第1四半期	第2四半期	第3四半期	第4四半期	総計
加藤達男					
合計 / 売上数	5,721	3,745	5,953	4,947	20,366
合計 / 売上額	13,974,310	8,860,003	13,215,847	10,334,634	46,384,794
進藤則子					
合計 / 売上数	5,609	6,530	7,248	8,141	27,528
合計 / 売上額	10,687,982	13,182,790	14,517,560	16,426,090	54,814,422
星野隆					
合計 / 売上数	6,186	8,781	6,793	7,330	29,090
合計 / 売上額	12,413,690	19,078,660	15,249,870	16,329,820	63,072,040
椎名市郎					
合計 / 売上数	7,255	7,927	5,552	6,320	27,054
合計 / 売上額	17,120,170	17,956,958	12,550,640	14,783,280	62,411,048
全体の 合計 / 売上数	24,771	26,983	25,546	26,738	104,038
全体の 合計 / 売上額	54,196,152	59,078,411	55,533,917	57,873,824	226,682,304

Point 3 条件付きで集計するなら関数を使う

「…の条件に合うものだけ集計したい」という場合は、関数で条件を指定できます。
例えば、「○が記入されているセルだけ数えたい」なら、COUNTIF関数を使って「もし
セルの値が○だったら…」という条件を指定します。

問題 17

Point 4 バラバラのフォームはシート統合でスッキリ

表の位置、項目数、項目の並び順が異なる表をひとつにまとめるには、シート統合機能を使います。例えば、支店別商品別の月度売上高を四半期分集計するとき、月によってフォームがバラバラだったり、販売した商品リストが異なると、それを手作業でまとめるのは大変です。シート統合を使えば、簡単に自動的にまとめてくれます。

問題 16　問題 20

基 礎 問題 12	**在庫棚卸表**

商品カテゴリー別に在庫金額を集計し、在庫の棚卸をしましょう。

	A	B	C	D	E	F
1	在庫棚卸表					
2	カテゴリー	商品コード	商品名	個数	単価	金額（円）
3	ファイル	A001	クリアファイル	154	450	
4		A002	フラットファイル	380	140	
5		A003	レターファイル	225	580	
6		A004	リングファイル	95	380	
7		A005	ドキュメントファイル	447	250	
8		A006	パイプ式ファイル	670	750	
9		小計				
10	筆記具	B101	ボールペン	2560	120	
11		B102	サインペン	1887	110	
12		B103	蛍光ペン	6430	130	
13		B104	マジック	3376	120	
14		B105	シャープペンシル	4520	300	
15		B106	鉛筆	8821	90	
16		B107	万年筆	870	2500	
17		小計				
18	テープ	C201	セロテープ	670	100	
19		C202	ガムテープ	223	350	
20		C203	クラフトテープ	510	250	
21		C204	ビニールテープ	790	120	
22		C205	マスキングテープ	237	200	
23		小計				
24		合計				

ファイル「問題12」を開きましょう。

1. セルA1の「在庫棚卸表」の書式を太字、16ポイントにし、セルA1〜F1を結合して中央に配置しましょう。

2. セルA2〜F2を中央に配置しましょう。

3. セルA3〜A9、A10〜A17、A18〜A23、B9〜E9、B17〜E17、B23〜E23、A24〜E24を結合して中央に配置しましょう。

4. セルA2〜F2、A3〜A18、B9〜F9、B17〜F17、B23〜F23、A24〜F24の書式を太字にしましょう。

5. セルA2〜F2、B9〜F9、B17〜F17、B23〜F23の塗りつぶしの色を［テーマの色］の［緑、アクセント6、白+基本色60%］に、セルA24〜F24の塗りつぶしの色を［テーマの色］の［緑、アクセント6、黒+基本色25%］に設定し、セルA24〜F24のフォントの色を［テーマの色］の［白、背景1］に設定しましょう。

6. セルF3に金額（個数×単価）を求め、オートフィル機能でセルF22までコピーしましょう。

7. セルF9、F17、F23に小計を求めましょう。

8. セルF24に合計を求めましょう。

9. セルD3 ～ E8、D10 ～ E16、D18 ～ E22、F3 ～ F24の表示形式を桁区切りスタイルにしましょう。

10. 金額（円）に¥を表示しましょう。

「問題12-2E」という名前で保存しましょう。

■完成例■

	A	B	C	D	E	F
1			在庫棚卸表			
2	カテゴリー	商品コード	商品名	個数	単価	金額（円）
3		A001	クリアファイル	154	450	¥69,300
4		A002	フラットファイル	380	140	¥53,200
5		A003	レターファイル	225	580	¥130,500
6	ファイル	A004	リングファイル	95	380	¥36,100
7		A005	ドキュメントファイル	447	250	¥111,750
8		A006	パイプ式ファイル	670	750	¥502,500
9			小計			¥903,350
10		B101	ボールペン	2,560	120	¥307,200
11		B102	サインペン	1,887	110	¥207,570
12		B103	蛍光ペン	6,430	130	¥835,900
13	筆記具	B104	マジック	3,376	120	¥405,120
14		B105	シャープペンシル	4,520	300	¥1,356,000
15		B106	鉛筆	8,821	90	¥793,890
16		B107	万年筆	870	2,500	¥2,175,000
17			小計			¥6,080,680
18		C201	セロテープ	670	100	¥67,000
19		C202	ガムテープ	223	350	¥78,050
20	テープ	C203	クラフトテープ	510	250	¥127,500
21		C204	ビニールテープ	790	120	¥94,800
22		C205	マスキングテープ	237	200	¥47,400
23			小計			¥414,750
24			合計			¥7,398,780

販売店別機種別売上表

基礎
問題 **13**

売上年月日順に入力されている売上表のデータを、販売店、機種のグループごとに数量や売上額を集計しましょう。

	A	B	C	D	E	F	G	H	I	J
1					売上表（第1四半期）					
2										
3	No.	売上年月日	販売店コード	販売店	担当者コード	担当者	機種	販売単価	数量	売上額
4	1	2023/4/1	1002	渋谷	502	吉岡隆	Ｄ９０３	¥12,300	20	¥246,000
5	2	2023/4/1	1002	渋谷	502	吉岡隆	Ｎ９０４	¥7,500	10	¥75,000
6	3	2023/4/1	1002	渋谷	503	小野恵	Ｆ９０３	¥24,500	7	¥171,500
7	4	2023/4/1	1002	渋谷	503	小野恵	Ｄ９０３	¥12,300	15	¥184,500
8	5	2023/4/1	1002	渋谷	503	小野恵	Ｎ９０４	¥7,500	10	¥75,000
9	6	2023/4/1	1003	新宿	504	横尾元	Ｆ９０３	¥24,500	10	¥245,000
10	7	2023/4/1	1003	新宿	504	横尾元	Ｄ９０３	¥12,300	11	¥135,300
11	8	2023/4/1	1003	新宿	504	横尾元	Ｎ９０４	¥7,500	10	¥75,000
12	9	2023/4/1	1003	新宿	506	山下貞夫	Ｆ９０３	¥24,500	10	¥245,000
13	10	2023/4/1	1003	新宿	506	山下貞夫	Ｄ９０３	¥12,300	15	¥184,500
14	11	2023/4/1	1003	新宿	506	山下貞夫	Ｎ９０４	¥7,500	5	¥37,500
15	12	2023/4/1	1001	秋葉原	507	鈴木太郎	Ｆ９０３	¥24,500	25	¥612,500
16	13	2023/4/1	1001	秋葉原	507	鈴木太郎	Ｄ９０３	¥12,300	15	¥184,500
17	14	2023/4/1	1001	秋葉原	507	鈴木太郎	Ｎ９０４	¥7,500	10	¥75,000
18	15	2023/4/1	1001	秋葉原	508	佐々木千明	Ｆ９０３	¥24,500	13	¥318,500
19	16	2023/4/1	1001	秋葉原	508	佐々木千明	Ｄ９０３	¥12,300	17	¥209,100
20	17	2023/4/1	1001	秋葉原	508	佐々木千明	Ｎ９０４	¥7,500	10	¥75,000
21	18	2023/4/1	1001	秋葉原	509	山口隆司	Ｆ９０３	¥24,500	20	¥490,000
22	19	2023/4/1	1001	秋葉原	509	山口隆司	Ｄ９０３	¥12,300	20	¥246,000

ファイル「問題13」を開きましょう。

1. 売上表（第1四半期）の任意のセルをクリックして、次の優先順位にデータを並べ替えましょう。

最優先されるキー　：[販売店] の昇順
次に優先されるキー：[機種] の昇順

●データの項目に「番号」の項目を設けておくと、番号の昇順に並べ替えることで、いったん並べ替えた表を元に戻すことができます。

2. 販売店ごとに数量と売上額の合計を集計しましょう。

●集計行のセルには、SUBTOTAL関数が自動的に設定されます。
　　　書式：SUBTOTAL（集計方法,範囲）
　集計方法：集計方法に応じて関数を番号で指定します。
　　　　　1:AVERAGE関数
　　　　　2:COUNT関数
　　　　　3:COUNTA関数
　　　　　4:MAX関数
　　　　　5:MIN関数
　　　　　9:SUM関数
　範囲：集計する表の範囲を指定します。

3. 販売店ごとの売上表に、さらに機種ごとの数量と売上額の合計を追加して集計しましょう。

4. アウトラインのレベル記号を使って、販売店と機種ごとの集計行と総計行だけを表示しましょう。

5. 表示された各販売店の集計行が見やすいように、塗りつぶしの色を [テーマの色] の [緑、アクセント6、白＋基本色80%] に設定しましょう。

6. 表示された総計行が見やすいように、塗りつぶしの色を [テーマの色] の [緑、アクセント6、白＋基本色60%] に設定しましょう。

7. セルA1のタイトルを「販売店別・機種別売上表（第1四半期）」に変更しましょう。

「問題13-2E」という名前で保存しましょう。

■完成例■

No.	売上年月日	販売店コード	販売店	担当者コード	担当者	機種	販売単価	数量	売上額
									販売店別・機種別売上表（第1四半期）
189						D903 集計		2,419	¥29,753,700
258						F903 集計		911	¥22,319,500
444						N904 集計		1,873	¥14,047,500
562						S905 集計		1,584	¥31,521,600
563			秋葉原 集計					6,787	¥97,642,300
759						D903 集計		2,198	¥27,035,400
831						F903 集計		755	¥18,497,500
1027						N904 集計		1,715	¥12,862,500
1151						S905 集計		1,251	¥24,894,900
1152			渋谷 集計					5,919	¥83,290,300
1346						D903 集計		2,313	¥28,449,900
1417						F903 集計		784	¥19,208,000
1611						N904 集計		1,676	¥12,570,000
1735						S905 集計		1,360	¥27,064,000
1736			新宿 集計					6,133	¥87,291,900
1737			総計					18,839	¥268,224,500

基礎
問題
14# 売上成績比較（クロス集計）

売上記録から各担当者の売上数と売上額を、四半期ごとに集計しましょう。

売上表を基にして、新規ワークシートに担当者ごとおよび四半期ごとに全体の売上数と売上額の合計が見られるピボットテーブルを作成します。

	A	B	C	D	E	F
1	売上表					
2						
3	四半期	月	部署	担当者	売上数	売上額
4	第1四半期	4月	第1営業	椎名市郎	2675	6,298,940
5	第1四半期	5月	第1営業	椎名市郎	2007	4,699,320
6	第1四半期	6月	第1営業	椎名市郎	2573	6,121,910
7	第2四半期	7月	第1営業	椎名市郎	2214	4,891,750
8	第2四半期	8月	第1営業	椎名市郎	2530	5,958,930
9	第2四半期	9月	第1営業	椎名市郎	3183	7,106,278
10	第3四半期	10月	第1営業	椎名市郎	1830	4,366,230
11	第3四半期	11月	第1営業	椎名市郎	2263	4,854,060
12	第3四半期	12月	第1営業	椎名市郎	1459	3,330,350
13	第4四半期	1月	第1営業	椎名市郎	2018	4,843,960
14	第4四半期	2月	第1営業	椎名市郎	1082	2,564,230
15	第4四半期	3月	第1営業	椎名市郎	3220	7,375,090
16	第1四半期	4月	第1営業	加藤達男	1508	3,627,180
17	第1四半期	5月	第1営業	加藤達男	2726	6,647,960
18	第1四半期	6月	第1営業	加藤達男	1487	3,699,170
19	第2四半期	7月	第1営業	加藤達男	1077	2,690,433
20	第2四半期	8月	第1営業	加藤達男	605	1,275,970
21	第2四半期	9月	第1営業	加藤達男	2063	4,893,600
22	第3四半期	10月	第1営業	加藤達男	2447	5,546,450

ファイル「問題14」を開きましょう。

1. 売上表内のセルをクリックし、[ピボットテーブルの作成] ダイアログボックスを表示して、次のようにピボットテーブルの詳細設定をしましょう。

・分析するデータ：テーブルまたは範囲を選択
・テーブル/範囲：売上表の範囲（問題14売上表!$A$3:$F$51）
・ピボットテーブルレポートを配置する場所：新規ワークシート

2. ピボットテーブルのフィールド作業ウィンドウを利用し、行ラベルに [担当者]、列ラベルに [四半期]、値に [売上数] と [売上額] の各フィールドを配置しましょう。

3. 列ラベルの値フィールドを行ラベルに移動して、ピボットテーブルを見やすいレイアウトに変更しましょう。

　　・行ラベル：[売上数]
　　・行ラベル：[売上額]

4. [売上数]と[売上額]の集計結果の書式を桁区切りスタイルにして、列の幅を自動調整しましょう。

5. ピボットテーブルにスタイル[薄いオレンジ、ピボットスタイル（淡色）17]を設定して、見やすい書式に変更しましょう。

「問題14-2E」という名前で保存しましょう。

■完成例■

	A	B	C	D	E	F
1						
2						
3		列ラベル ▾				
4	行ラベル ▾	第1四半期	第2四半期	第3四半期	第4四半期	総計
5	加藤達男					
6	合計 / 売上数	5,721	3,745	5,953	4,947	20,366
7	合計 / 売上額	13,974,310	8,860,003	13,215,847	10,334,634	46,384,794
8	進藤則子					
9	合計 / 売上数	5,609	6,530	7,248	8,141	27,528
10	合計 / 売上額	10,687,982	13,182,790	14,517,560	16,426,090	54,814,422
11	星野隆					
12	合計 / 売上数	6,186	8,781	6,793	7,330	29,090
13	合計 / 売上額	12,413,690	19,078,660	15,249,870	16,329,820	63,072,040
14	椎名市郎					
15	合計 / 売上数	7,255	7,927	5,552	6,320	27,054
16	合計 / 売上額	17,120,170	17,956,958	12,550,640	14,783,280	62,411,048
17	全体の 合計 / 売上数	24,771	26,983	25,546	26,738	104,038
18	全体の 合計 / 売上額	54,196,152	59,078,411	55,533,917	57,873,824	226,682,304

顧客別売上集計表

8月度売上台帳の集計結果を基にして、顧客別売上表を完成させましょう。

顧客NO	顧客名	前月売上	当月売上	累計売上	累計売上比率	前月比
						単位：円
	合 計					

ファイル「問題15」を開きましょう。

1. ワークシート［顧客別売上集計表］を選択し、セルC5にIF関数とVLOOKUP関数を使ってセルB5に顧客NOを入力すると、セルC4に顧客名が表示されるようにし、それ以外は空白を表示しましょう。オートフィル機能でセルC11までコピーしましょう。
●顧客名のリストは、ワークシート［顧客リスト］を参照しましょう。

2. 次のデータを入力しましょう。
■入力データ

セルB5	3001	セルD5	8930558
セルB6	3002	セルD6	8098241
セルB7	3003	セルD7	10687937
セルB8	3004	セルD8	6578392
セルB9	3005	セルD9	7258621
セルB10	3006	セルD10	8078633
セルB11	3007	セルD11	10576979

3. ワークシート［8月度売上台帳］を選択し、データを顧客NOの昇順に並べ替えましょう。

4. 顧客別の売上金額の合計を集計しましょう。

5. アウトラインのレベル記号を使って、顧客ごとの売上金額の集計行と総計行だけを表示しましょう。

6. ワークシート［8月度売上台帳］の顧客ごとの売上合計を、ワークシート［顧客別売上集計表］のセルE5〜E11にコピーしましょう。
●可視セルだけを選択する方法を使うと、アウトラインで折りたたまれた表の表示されているセルを基に、コピーしたりグラフを作成したりすることができます。

7. 顧客別売上集計表のセルF5に、累計売上（前月売上＋当月売上）を求めましょう。オートフィル機能でセルF11までコピーしましょう。

8. 顧客別売上集計表のセルD12に、前月売上の合計を求めましょう。オートフィル機能でセルF12までコピーしましょう。

9. 顧客別売上集計表のセルG5に累計売上比率（累計売上÷累計売上の合計）を求めましょう。オートフィル機能でセルG11までコピーしましょう。

10. 顧客別売上集計表のセルH5に前月売上比率（当月売上/前月売上）を求めましょう。オートフィル機能でセルH11までコピーしましょう。

11. 累計売上比率と前月売上比率の書式をパーセントスタイルで小数点第1位まで表示するようにしましょう。

12. 前月売上、当月売上、累計売上のデータの書式を桁区切りスタイルにしましょう。

「問題15-2E」という名前で保存しましょう。

■完成例■

	A	B	C	D	E	F	G	H
1								
2		**顧客別売上集計表**						
3								単位：円
4		顧客NO	顧客名	前月売上	当月売上	累計売上	累計売上比率	前月比
5		3001	株式会社ゼネラル・カメラ	8,930,558	7,211,775	16,142,333	13.8%	80.8%
6		3002	星野電機株式会社	8,098,241	7,989,975	16,088,216	13.7%	98.7%
7		3003	島電気商会株式会社	10,687,937	8,317,050	19,004,987	16.2%	77.8%
8		3004	ネットハウス高田株式会社	6,578,392	8,443,680	15,022,072	12.8%	128.4%
9		3005	ベスト電化株式会社	7,258,621	6,975,150	14,233,771	12.1%	96.1%
10		3006	マックス電機株式会社	8,078,633	9,439,190	17,517,823	14.9%	116.8%
11		3007	ＴＫ電気株式会社	10,576,979	8,700,610	19,277,589	16.4%	82.3%
12			合　計	60,209,361	57,077,430	117,286,791		

基礎 問題 16 全店経費集計表（シートの統合）

項目や期間が異なるデータを集計しましょう。

■大宮支店■

	10月	11月	12月	1月	2月	3月	合計
大宮支店経費一覧							
給料・手当	920,000	920,000	3,600,000	920,000	1,100,000	1,100,000	8,560,000
旅費交通費	12,900	5,200	14,080	4,980	5,230	5,700	48,090
広告宣伝費	40,000	40,000	40,000	40,000	30,000	30,000	220,000
地代家賃	300,000	300,000	300,000	300,000	300,000	300,000	1,800,000
修繕費	0	0	0	500	400	200	1,100
消耗品費	28,000	28,000	28,000	28,000	28,000	28,000	168,000
通信費	56,020	55,020	50,100	49,800	53,200	54,000	318,140
水道光熱費	13,800	13,800	13,800	13,800	13,800	13,800	82,800
接待交際費	10,000	6,000	80,500	3,000	2,000	3,000	104,500
福利厚生費	5,000	800	12,000	5,000	9,000	8,000	39,800
図書研修費	14,000	50,000	1,900	0	3,200	4,000	73,100
雑費	2,700	1,210	3,600	2,700	2,700	2,700	15,610
累計	1,402,420	2,822,450	6,966,430	8,334,210	9,881,740	11,431,140	11,431,140

■横浜支店■

	7月	8月	9月	10月	11月	12月	1月	2月	3月
横浜支店経費一覧									
給料・手当	1,100,000	1,100,000	1,100,000	1,100,000	1,100,000	1,100,000	1,100,000	1,100,000	1,100,000
旅費交通費	4,900	3,500	2,700	4,800	4,060	4,900	4,200	3,200	3,100
広告宣伝費	40,000	40,000	20,000	20,000	20,000	20,000	20,000	20,000	20,000
地代家賃	300,000	300,000	300,000	300,000	300,000	300,000	300,000	300,000	300,000
修繕費	2,900	0	1,210	900	0	5,600	5,600	0	0
消耗品費	7,000	0	1,650	1,280	680	900	0	2,300	2,400
通信費	59,300	51,100	58,600	57,200	58,000	57,200	49,500	57,460	56,020
水道光熱費	15,000	15,000	15,000	15,000	15,000	15,000	15,000	15,000	15,000
接待交際費	10,000	6,000	5,000	5,000	3,000	74,000	4,000	2,000	3,000
福利厚生費	9,000	1,000	1,000	1,000	1,000	15,000	8,000	2,000	1,000
図書研修費	100,000	0	0	0	0	0	0	0	0
雑費	1,720	1,300	2,040	1,950	1,630	1,890	700	1,450	1,530
累計	1,649,820	3,167,720	4,674,920	6,182,050	7,685,420	9,279,910	10,786,910	12,290,320	13,792,370

■丸の内支店■

	4月	5月	6月	7月	8月	9月	10月	11月	12月	1月	2月	3月
丸の内本店経費一覧												
給料・手当	800,000	800,000	3,200,000	800,000	800,000	800,000	730,000	730,000	2,920,000	730,000	730,000	730,000
旅費交通費	12,100	21,800	4,950	5,820	5,700	6,040	4,200	4,980	5,120	4,780	3,200	3,980
広告宣伝費	40,000	40,000	40,000	40,000	40,000	40,000	40,000	40,000	40,000	40,000	40,000	40,000
修繕費	1,000	0	200	0	400	0	500	500	0	0	0	500
消耗品費	12,500	13,200	16,800	17,800	2,050	14,200	7,980	13,200	19,520	6,050	11,200	13,400
通信費	68,950	57,200	54,600	53,280	30,240	56,480	68,020	56,700	55,240	49,480	40,230	30,540
水道光熱費	12,700	12,700	12,700	12,700	12,700	12,700	12,700	12,700	12,700	12,700	12,700	12,700
接待交際費	10,000	0	6,000	95,500	0	2,300	3,000	9,000	102,530	23,000	0	10,000
福利厚生費	900	1,000	900	900	900	900	900	900	15,000	900	900	900
雑費	1,200	1,320	800	1,420	1,350	600	1,050	2,150	3,200	1,080	1,150	1,320
累計	959,350	1,906,570	5,243,520	6,270,940	7,164,280	8,097,500	8,965,850	9,835,980	13,009,290	13,877,280	14,716,660	15,560,000

ファイル「問題16」を開きましょう。

1. 新規にワークシートを1枚挿入しましょう。

2. ワークシートの名前を「全支店合計」と入力し、シート見出しの色を [標準の色] の [オレンジ] に設定しましょう。

3. ワークシート [全支店合計] のセルA1に「経費集計（全支店）」と入力し、セルA1～N1を横方向に結合しましょう。

4. セルA3に「大宮支店」、「横浜支店」、「丸の内本店」の経費一覧の合計を統合しましょう。

5. セルN3「合計」と入力し、セルN4に4月～3月の合計を算出しましょう。オートフィル機能でセルN16までコピーしましょう。

6. 表全体の列幅を自動調整しましょう。

7. セルA3～N3、A4～A16の塗りつぶしの色を [テーマの色] の [ゴールド、アクセント4、白+基本色80%] に設定しましょう。

8. 既存のセルのスタイルを使って、セルA1にタイトル、セルA16～N16に集計行として、それぞれ見やすい表示に設定しましょう。

> 複数の書式を一度に適用し、セルの書式を統一するには、セルのスタイルを使います。セルのスタイルとは、フォントやフォントサイズ、表示形式、罫線、網かけなど、セルに対する一連の書式です。Excelには数種類のスタイルが組み込まれており、これらのスタイルを適用または変更できます。既存のスタイルを変更または複製して独自のスタイルを作成することもできます。

9. 次の内容をブックのプロパティ情報として入力しましょう。
・作成者の名前：User00
・ブックのタイトル：経費集計
・分類：経理部

「問題16-2E」という名前で保存しましょう。

■完成例■

	A	B	C	D	E	F	G	H	I	J	K	L	M	N
1	経費集計（全支店）													
2														
3		4月	5月	6月	7月	8月	9月	10月	11月	12月	1月	2月	3月	合計
4	給料・手当	800,000	800,000	3,200,000	1,900,000	1,900,000	1,900,000	2,750,000	2,750,000	7,620,000	2,750,000	2,930,000	2,930,000	32,230,000
5	旅費交通費	12,100	21,800	4,950	10,720	9,200	8,740	21,900	14,240	24,100	13,960	11,630	12,780	166,120
6	広告宣伝費	40,000	40,000	40,000	80,000	80,000	60,000	100,000	100,000	100,000	100,000	90,000	90,000	920,000
7	地代家賃				300,000	300,000	300,000	600,000	600,000	600,000	600,000	600,000	600,000	4,500,000
8	修繕費	1,000	0	200	2,900	400	1,210	1,400	500	5,600	6,100	400	700	20,410
9	消耗品費	12,500	13,200	16,800	24,800	2,050	15,850	37,260	41,880	48,420	34,050	41,500	43,800	332,110
10	通信費	68,950	57,200	54,600	112,580	81,340	115,080	181,240	169,720	162,540	148,780	150,890	140,560	1,443,480
11	水道光熱費	12,700	12,700	12,700	27,700	27,700	27,700	41,500	41,500	41,500	41,500	41,500	41,500	370,200
12	接待交際費	10,000	0	6,000	105,500	6,000	7,300	18,000	18,000	257,030	30,000	4,000	16,000	477,830
13	福利厚生費	900	1,000	900	9,900	1,900	1,900	6,900	2,700	42,000	13,900	11,900	9,900	103,800
14	図書研修費				100,000	0	0	14,000	50,000	1,900	0	3,200	4,000	173,100
15	雑費	1,200	1,320	800	3,140	2,650	2,640	5,700	4,990	8,690	4,480	5,300	5,550	46,460
16	累計	959,350	1,906,570	5,243,520	7,920,760	10,332,000	12,772,420	16,550,320	20,343,850	29,255,630	32,998,400	36,888,720	40,783,510	215,955,050

研修会申込記録

申込受付の記録と同時に集計ができる表を作成しましょう。

	A	B	C	D	E	F	G	H	I
1	研修会申込状況								
2									
3	会社名	氏名	申込案内メール		返信内容		メール	備考	
4			送信日	返信日	参加	不参加			
5	ＩＣテクノロジー（株）	小室　翔大	4月10日	5月8日	○		komuro@example.com		
6	ＩＣテクノロジー（株）	望月　達也	4月10日	5月8日	○		mochizuki@example.com		
7	ＩＣテクノロジー（株）	林　裕介	4月10日	5月8日	○		hayashi@example.com		
8	サイエンスブック（株）	加藤　泉美	4月10日				katou@example1.jp		
9	サイエンスブック（株）	鈴木　知範	4月10日	5月11日	○		suzuki@example1.jp		
10	（株）アイ・サービス	金木　克也	4月10日	5月9日		○	kkaneki@example.net		
11	（株）アイ・サービス	矢野　啓祐	4月10日	5月9日	○		kyano@example.net		
12	杉浦開発（株）	関本　英敏	4月10日	5月7日	○		esekimot@example.co.jp		
13	杉浦開発（株）	赤羽　撤兵	4月10日	5月7日		○	takabane@example.co.jp		
14	杉浦開発（株）	石田　智也	4月10日	5月7日	○		tishida@example.co.jp		
15	杉浦開発（株）	宮本　明布	4月10日	5月7日		○	amiyamot@example.co.jp		
16	ＬＳＩマガジン（株）	飯塚　紘一郎	4月10日	5月11日		○	iizuka@example2.jp		
17	ＢＳＫ（株）	大内　一平	4月10日	5月8日	○		oouchi@example.org		
18	（株）内田サービス	吉田　明広	4月10日	5月11日	○		yoshida@example3.jp		
19	（株）ＧＢＳ出版	菊地　浩	4月10日	5月8日	○		kikuchi@example.ne.jp		
20	（株）ＧＢＳ出版	塩澤　佳典	4月10日	5月8日	○		shiozawa@example.ne.jp		
21									
22	合計								
23	参加者数								
24	不参加数								
25	返信者数								
26	未返信者数								

ファイル「問題17」を開きましょう。

1. セルA1のフォントサイズを16ポイントに設定しましょう。

2. 列幅を次のような設定で変更しましょう。
- ・A ～ B列：自動調整
- ・G列：メールアドレスを入力するので列幅「25.00」
- ・H列：備考を入力するので列幅「20.00」

3. 完成例を参考に罫線を設定しましょう。
- ・罫線の色：[テーマの色] の [青、アクセント5]

4. セルA3 ～ H4、A22、A23 ～ A26の塗りつぶしの色を [テーマの色] の [薄い灰色、背景2] に設定しましょう。

5. セルB23に関数を使って参加者数を求めましょう。

6. セルB24に関数を使って不参加者数を求めましょう。

空白ではないセルの数を求めるには COUNTA 関数を使います。

7. セルB25に関数を使って返信の数を求めましょう。

数値や日付のデータが入力されているセルの数を求めるには COUNT 関数を使います。

8. セルB26に関数を使ってまだ返信していない参加予約者の数を求めましょう。

空白のセルの数を求めるには COUNTBLANK 関数を使います。

9. サイエンスブック（株）の加藤さんから5月12日に「参加」の返信がありました。返信日欄、返信内容欄に記入し、下の合計欄が更新されたことを確認しましょう。

「問題17-2E」という名前で保存しましょう。

■完成例■

	A	B	C	D	E	F	G	H
1	研修会申込状況							
2								
3	会社名	氏名	申込案内メール		返信内容		メール	備考
4			送信日	返信日	参加	不参加		
5	ＩＣテクノロジー（株）	小室　翔大	4月10日	5月8日	○		komuro@example.com	
6	ＩＣテクノロジー（株）	望月　達也	4月10日	5月8日	○		mochizuki@example.com	
7	ＩＣテクノロジー（株）	林　裕介	4月10日	5月8日	○		hayashi@example.com	
8	サイエンスブック（株）	加藤　泉美	4月10日	5月12日	○		katou@example1.jp	
9	サイエンスブック（株）	鈴木　知範	4月10日	5月11日	○		suzuki@example1.jp	
10	（株）アイ・サービス	金木　克也	4月10日	5月9日		○	kkaneki@example.net	
11	（株）アイ・サービス	矢野　啓祐	4月10日	5月9日	○		kyano@example.net	
12	杉浦開発（株）	関本　英敏	4月10日	5月7日	○		esekimot@example.co.jp	
13	杉浦開発（株）	赤羽　徹兵	4月10日	5月7日		○	takabane@example.co.jp	
14	杉浦開発（株）	石田　智也	4月10日	5月7日	○		tishida@example.co.jp	
15	杉浦開発（株）	宮本　明布	4月10日	5月7日		○	amiyamot@example.co.jp	
16	ＬＳＩマガジン（株）	飯塚　紘一郎	4月10日	5月11日		○	iizuka@example2.jp	
17	ＢＳＫ（株）	大内　一平	4月10日	5月8日	○		oouchi@example.org	
18	（株）内田サービス	吉田　明広	4月10日	5月11日	○		yoshida@example3.jp	
19	（株）ＧＢＳ出版	菊地　浩	4月10日	5月8日	○		kikuchi@example.ne.jp	
20	（株）ＧＢＳ出版	塩澤　佳典	4月10日	5月8日	○		shiozawa@example.ne.jp	
21								
22	合計							
23	参加者数	12						
24	不参加数	4						
25	返信者数	16						
26	未返信者数	0						

18 アンケート集計（クロス集計）

マネジメント研修アンケートのリストから「理解度」と「最も参考になった内容」を職種別に集計しましょう。

マネジメント研修アンケートのリストを基にして、新規ワークシートに職種ごとに「理解度」と「最も参考になった内容」が見られるピボットテーブルを作成しましょう。

	A	B	C	D	E	F	G	H	I
1	マネジメント研修アンケート								
2									
3	NO	職種	所属	性別	理解度	講師の教え方	使用テキスト	最も参考になった内容	次回セミナーの参加
4	1 営業		大阪支店	男	理解できた	わかりやすい	普通	資源の有効活用	参加する
5	2 経理・財務		大阪支店	男	理解できた	わかりやすい	わかりやすい	資源の有効活用	参加しない
6	3 人事・総務		東京本社	男	理解できた	大変わかりやすい	大変わかりやすい	資源の有効活用	わからない
7	4 一般事務		大阪支店	男	理解できた	大変わかりやすい	わかりやすい	資源の有効活用	参加する
8	5 営業		大阪支店	男	理解できた	わかりやすい	普通	リーダーシップ	参加する
9	6 一般事務		大阪支店	男	理解できた	わかりやすい	普通	資源の有効活用	参加する
10	7 営業		大阪支店	男	普通	大変わかりやすい	大変わかりやすい	リーダーシップ	参加しない
11	8 経理・財務		大阪支店	男	理解できた	大変わかりやすい	大変わかりやすい	資源の有効活用	わからない
12	9 営業		大阪支店	男	理解できた	大変わかりやすい	大変わかりやすい	リーダーシップ	参加する
13	10 人事・総務		東京本社	男	普通	大変わかりやすい	わかりやすい	組織の規律	参加しない
14	11 販売		大阪支店	男	理解できた	わかりやすい	大変わかりやすい	リーダーシップ	わからない
15	12 販売		大阪支店	男	普通	わかりやすい	普通	リーダーシップ	参加する
16	13 一般事務		大阪支店	男	普通	わかりやすい	普通	組織運営	参加する
17	14 人事・総務		東京本社	男	普通	わかりやすい	大変わかりやすい	組織の規律	参加する
18	15 営業		大阪支店	男	理解できた	わかりやすい	大変わかりやすい	リーダーシップ	参加しない

ファイル「問題18」を開きましょう。

1. リスト内のセルをクリックし、[ピボットテーブルの作成] ダイアログボックスを表示して、次のようにピボットテーブルの詳細設定をしましょう。

　・分析するデータ：テーブルまたは範囲を選択
　・テーブル/範囲：売上表の範囲（アンケート調査結果!$A$3:$I$105）
　・ピボットテーブルレポートを配置する場所：新規ワークシート

2. ピボットテーブルのフィールドリストを利用し、レポートフィルターに [所属]、行ラベルに [職種]、[理解度]、列ラベルに [最も参考になった内容]、値に [NO] の各フィールドを配置しましょう。

3. [値] フィールドの [NO] の名前を「回答数」に変更し、集計の方法も回答数を表すように変更しましょう。

4. 空白のセルに「0」を表示しましょう。

5. ピボットテーブルのレイアウトをアウトライン形式で表示しましょう。

6. ［理解度］、［最も参考になった内容］のフィールドを降順に並べ替えましょう。

7. ピボットテーブルにスタイル［薄い青、ピボットスタイル（中間）2］を設定し、各列幅を20に変更して、ワークシートの見出しを「アンケート集計」にしましょう。

8. 所属別のピボットテーブルをワークシートごとに表示しましょう。

「問題18-2E」という名前で保存しましょう。

■完成例（アンケート集計）■

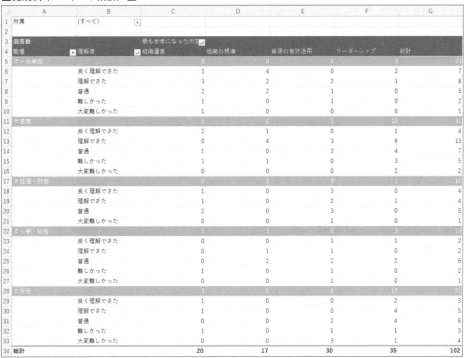

■完成例（大阪支店）■ ■完成例（東京本社）■

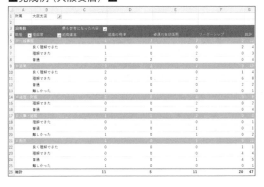

店舗別売上日報

売上一覧の要点だけを把握できるように集計しましょう。

ファイル「問題19」を開きましょう。「問題19」はあるスーパーにおける店舗ごとのギフト商品の売上を記録した表です。

	A	B	C	D	E	F	G	H
1		ギフト商品　店舗別売上日報						
3		売上日	販売店	商品番号	商品名	単価（円）	売上数（箱）	売上金額(円)
4		7月1日	上野店	A100	ビール詰め合わせ	5,000	45	225,000
5		7月1日	上野店	A500	プレミアムコーヒーセット	4,000	30	120,000
6		7月1日	上野店	A200	海洋深層水セット	3,500	35	122,500
7		7月1日	上野店	A300	名湯入浴剤詰め合わせ	3,000	30	90,000
8		7月1日	上野店	A400	銘柄豚特選ハムセット	4,500	35	157,500
9		7月1日	品川店	A100	ビール詰め合わせ	5,000	10	50,000
10		7月1日	品川店	A600	厳選日本酒セット	3,000	22	66,000
11		7月1日	日本橋店	A100	ビール詰め合わせ	5,000	13	65,000
12		7月1日	日本橋店	A500	プレミアムコーヒーセット	4,000	35	140,000
13		7月1日	日本橋店	A200	海洋深層水セット	3,500	45	157,500
14		7月1日	代々木店	A200	海洋深層水セット	3,500	24	84,000
15		7月1日	代々木店	A400	銘柄豚特選ハムセット	4,500	18	81,000
16		7月2日	上野店	A200	海洋深層水セット	3,500	25	87,500
17		7月2日	上野店	A300	名湯入浴剤詰め合わせ	3,000	32	96,000
18		7月2日	日本橋店	A100	ビール詰め合わせ	5,000	25	125,000
19		7月2日	日本橋店	A500	プレミアムコーヒーセット	4,000	45	180,000
20		7月2日	日本橋店	A400	銘柄豚特選ハムセット	4,500	13	58,500
21		7月3日	上野店	A500	プレミアムコーヒーセット	4,000	27	108,000
22		7月3日	日本橋店	A300	名湯入浴剤詰め合わせ	3,000	25	75,000
23		7月3日	日本橋店	A400	銘柄豚特選ハムセット	4,500	22	99,000

・この表から、店舗ごとの商品名別の売上数と売上金額を集計しましょう。
　まず店舗ごとの売上数と売上金額を集計し、その集計結果に商品名ごとの売上数と売上金額の集計を追加します。
・集計結果として、店舗ごとの商品名別の集計行だけを表示しましょう。

「問題19-2E」という名前で保存しましょう。

店舗別商品別売上集計(シートの統合)

データの並びや位置が異なる表を集計しましょう。

ファイル「問題20」を開きましょう。「問題20」は、7月、8月、9月の各ワークシートに分かれた形式の異なる売上表です。

■[7月] シート■

	A	B	C	D	E	F	G	H
1								
2			季節の贈答用フルーツ売上（7月）					
3								単位：円
4				浦和店	池袋店	新宿店	渋谷店	合計
5			デコポン	98,000	102,000	128,000	75,000	403,000
6			国産マンゴー	115,000	95,400	86,000	54,900	351,300
7			小玉スイカ	0	29,000	79,000	66,200	174,200
8			完熟梅	76,000	68,900	75,900	45,200	266,000
9			合計	289,000	295,300	368,900	241,300	1,194,500

■[8月] シート■

	A	B	C	D	E	F
1						
2						
3		季節の贈答用フルーツ売上（8月）				
4						単位：円
5			渋谷店	池袋店	新宿店	合計
6		国産マンゴー	128,000	98,800	137,600	364,400
7		小玉スイカ	97,500	110,500	89,800	297,800
8		幸水梨	54,000	45,000	42,500	141,500
9		二十世紀梨	32,000	29,500	22,800	84,300
10		合計	311,500	283,800	292,700	888,000

■[9月] シート■

	A	B	C	D	E	F	G
1		季節の贈答用フルーツ売上　9月					
2							単位：円
3			浦和店	池袋店	新宿店	渋谷店	合計
4		ぶどう	115,000	128,700	98,900	102,000	444,600
5		メロン	87,000	95,000	78,900	82,000	342,900
6		柿	64,000	59,800	32,800	43,000	199,600
7		幸水梨	51,000	42,500	41,000	29,000	163,500
8		二十世紀梨	87,000	59,800	78,900	19,000	244,700
9		洋梨	32,500	29,800	19,700	22,000	104,000
10		合計	436,500	415,600	350,200	297,000	1,499,300

・これを1つにまとめて、新たなシート[7-9月集計]にデータの合計を計算しましょう。
・集計したワークシート[7-9月集計]に、一括して任意の書式を設定しましょう。
　●テーブルスタイルを使うと、表に罫線やその他の書式のデザインを一括して適用できます。

「問題20-2E」という名前で保存しましょう。

贈答品売上集計（3次元クロス集計）

問題21

贈答品売上一覧（上半期）から3次元のクロス集計表を作成しましょう。

ファイル「問題21」を開きましょう。「問題21」はある百貨店の上半期の贈答品売上を集計した表です。

	日付	担当	商品区分	商品名	販売区分	数量	単価	売上合計
	贈答品売上一覧（上半期）							
	日付	担当	商品区分	商品名	販売区分	数量	単価	売上合計
5	1月10日	片岡	キッチン用品	キッチンマット	メールオーダー	5	1,890	9,450
6	1月12日	宮下	インテリア雑貨	電波時計	メールオーダー	5	5,000	25,000
7	1月23日	河本	インテリア雑貨	フォトフレーム	メールオーダー	3	2,800	8,400
8	1月23日	上原	キッチン用品	卓上クッキングヒーター	店頭販売	12	23,000	276,000
9	1月24日	宮下	インテリア雑貨	フォトフレーム	メールオーダー	4	2,800	11,200
10	1月24日	片岡	インテリア雑貨	フォトフレーム	メールオーダー	5	2,800	14,000
11	1月29日	河本	生活雑貨	ボディソープセット	オンラインショッピング	6	3,000	18,000
12	1月30日	河本	特選和洋食器	ペアワイングラス	店頭販売	70	5,000	350,000
13	2月5日	上原	インテリア雑貨	ボヘミア一輪差し	メールオーダー	4	10,200	40,800
14	2月5日	宮下	生活雑貨	フェイスタオル	オンラインショッピング	7	2,400	16,800
15	2月10日	片岡	特選和洋食器	ペアワイングラス	店頭販売	70	5,000	350,000
16	2月15日	上原	生活雑貨	ハーブ化粧石けんセット	オンラインショッピング	5	2,000	10,000
17	2月18日	宮下	インテリア雑貨	電波時計	店頭販売	9	5,000	45,000
18	2月19日	片岡	キッチン用品	卓上クッキングヒーター	店頭販売	12	23,000	276,000
19	2月22日	河本	キッチン用品	両手鍋	メールオーダー	45	2,800	126,000
20	2月22日	上原	生活雑貨	フェイスタオル	オンラインショッピング	20	2,400	48,000
21	2月22日	片岡	特選和洋食器	銀スプーン＆トレーセット	メールオーダー	15	18,000	270,000
22	2月25日	上原	特選和洋食器	お名前入り小皿	メールオーダー	10	5,000	50,000

・月ごとに、各商品区分の売上高を販売区分別に集計しましょう。集計の方法として、総計に対する売上の比率を表示しましょう。
・スライサーを挿入して、ピボットテーブルで集計しているデータを商品名で絞り込み、商品区分別の集計を表示しましょう。
・担当者別のピボットテーブルをワークシートごとに表示しましょう。
・タイムラインを挿入して、指定した月（たとえば3月～6月）のデータを絞り込めるようにしましょう。

「問題21-2E」という名前で保存しましょう。

第 **3** 章

グラフ作成

第**3**章
グラフ作成

数値データの傾向をビジュアル化して、わかりやすく伝えるのがグラフです。細かい数値を読ませるときは表形式のほうが向いていますが、全体の傾向をアピールするならグラフが適しています。Excelでは、縦棒/横棒グラフ、折れ線/面グラフ、円/ドーナツグラフといった基本的なグラフのほか、散布図/バブルチャート、マップ、株価、等高線、レーダー、ツリーマップ、サンバースト、ヒストグラム、箱ひげ図、ウォーターフォール、じょうごなど多様なグラフが用意されています。

Point
1　目的に合ったグラフを選ぶ

グラフは、何を見せたいのか、目的によって選びます。例えば、数量を比較して見せたいなら棒グラフ、数量の推移を見せたいなら折れ線グラフ、比率を見せたいなら円グラフです。グラフにしたいセルを選択して [挿入] タブの [おすすめグラフ] をクリックすると、適したグラフの候補を出してくれるので便利です。[すべてのグラフ] をクリックすると、用意されているすべてのグラフが表示されます。

問題 **22〜32**

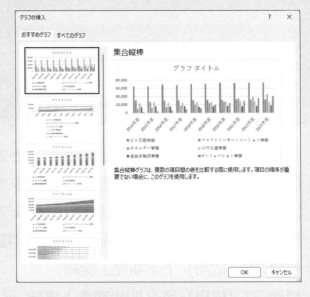

Point 2 複合グラフで複数の事象の関連を考える

複数の事象を一緒に説明したいときは、複合グラフが便利です。例えば、年度別に世界の地域別売上高を積み上げ棒グラフにして、全体の売上高が増加傾向にあるのを説明するとともに、海外売上比率が伸びていることをアピールしたいなら、海外売上比率の折れ線グラフを加えます。「売上高が増加傾向なのは海外売上が伸びているから」というメッセージを強調できます。

問題 28　問題 29

Point 3 ピボットグラフで集計シミュレーション

ピボットテーブルをもとにグラフを作成するピボットグラフ機能を使うと、ピボットテーブルと連動しているので、集計方法をあれこれ変更しながら集計シミュレーションができます。例えば、特定の支店だけ見るとどうか、特定の商品だけ見るとどうかなど、条件を変えて分析できます。

問題 27

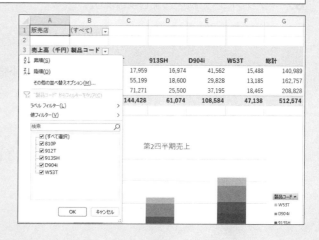

Point 4 条件付き書式で表にグラフを組み入れる

7月売上数	8月売上数	9月売上数	推移	売上数合計	売上金額（円）
820	770	815		4,721	11,212,375
460	465	472		2,720	8,105,600
650	659	650		3,952	6,224,400
469	486	490		2,713	6,131,380
250	255	260		1,519	3,158,001
468	512	468		2,937	2,775,465
289	315	355		1,918	2,713,970
175	185	175		1,054	2,577,030
428	457	428		2,673	2,357,586
920	925	926		5,516	11,120,256
505	510	522		2,902	6,268,320
552	531	552		3,219	5,504,490
760	785	785		4,694	2,483,126
110	125	130		737	1,897,775
805	845	850		4,922	1,525,820
85	88	90		479	1,058,590
118	108	119		736	1,020,096

グラフを作成しなくても、条件付き書式のデータバー機能で、数量や推移をセルの中に表示して傾向をアピールできます。細かい数字を読ませるほうが重要で、傾向のアピールは補助的な場合は、この方法を使うとよいでしょう。グラフでもデータラベルによって数値を見せることができますが、細かい数字を読ませるには表形式のほうが適しています。

問題 26

事業別売上高推移（棒グラフ）

基礎 問題 22

過去10年間の事業別売上データを基に、売上高推移を積み上げ棒グラフで作成しましょう。

ファイル「問題22」を開きましょう。

1. 事業別売上高推移を基に、次の設定でグラフを作成しましょう。

データの範囲：セルA3 〜 G13
グラフの種類：積み上げ縦棒
グラフタイトル：事業別売上高推移

2. グラフエリアのサイズをセルA15 〜 G33に配置されるように調整しましょう。

3. グラフタイトルのフォントサイズを16ポイント、太字に設定しましょう。

4. 縦軸ラベルを追加し、「単位：千円」に書き換えて、縦軸の「250,000」の上に配置しましょう。

5. グラフの凡例を右横に配置しましょう。

6. グラフに区分線を追加しましょう。

7. 積み上げ縦棒の間隔を50％に設定しましょう。

8. グラフの色を［カラフル］の［カラフルなパレット2］に設定しましょう。

「問題22-2E」という名前で保存しましょう。

■完成例■

	ビル管理事業	ファクトリーオートメーション事業	エネルギー事業	公共交通事業	自動車機器事業	ITソリューション事業
事業別売上高推移						単位:千円
2014年度	64,700	30,800	10,300	24,500	14,500	2,300
2015年度	65,100	28,000	12,600	26,500	16,200	4,500
2016年度	69,800	30,500	14,700	24,900	15,200	6,900
2017年度	69,000	31,400	17,800	25,800	16,900	9,060
2018年度	70,300	31,100	20,700	27,100	15,900	12,200
2019年度	71,100	31,900	23,900	26,900	16,100	19,600
2020年度	73,800	32,000	28,100	27,300	17,300	24,000
2021年度	72,600	32,700	35,700	29,000	16,800	29,400
2022年度	73,400	31,800	39,400	28,300	17,100	36,000
2023年度	74,100	32,200	45,700	26,900	18,300	40,800

事業別売上高推移

商品別問合せ件数推移(折れ線グラフ)

過去1年間の月度別商品別問合せ件数推移を折れ線グラフで作成しましょう。

ファイル「問題23」を開きましょう。

1. 商品別問合せ件数推移を基に、次の設定でグラフを作成しましょう。
データの範囲:セルA3～F15
グラフの種類:マーカー付き折れ線
グラフタイトル:商品別問合せ件数推移

2. グラフエリアのサイズをセルA17～F33に配置されるように調整しましょう。

3. グラフタイトルのフォントサイズを16ポイント、太字に設定しましょう。

4. 縦軸ラベルを追加し、「単位:件」に書き換えて縦軸の上に配置し、完成例を参考にプロットエリアのサイズを調整しましょう。

5. グラフスタイルを[スタイル11]にして、各系列のマーカーが異なる種類になるように設定しましょう。

6. グラフの凡例を下に配置しましょう。

7. データラベルを上に表示し、折れ線と重なるデータラベルは位置を変更しましょう。

8. 横軸の補助目盛線を追加しましょう。

9. グラフの最小値はそのまま「0」とし、最大値のみ「11000」に変更しましょう。

「問題23-2E」という名前で保存しましょう。

商品別問合せ件数推移

単位:件

	冷蔵庫	パソコン	テレビ	空気清浄機	エアコン
1月度	1,409	7,662	8,251	1,908	5,309
2月度	1,690	6,907	9,448	2,012	5,287
3月度	1,492	6,004	9,829	3,771	5,110
4月度	1,621	5,893	9,948	3,892	4,982
5月度	1,389	5,229	9,550	3,009	4,885
6月度	1,572	4,843	9,005	2,987	5,829
7月度	1,209	4,591	9,119	2,371	6,003
8月度	1,493	4,039	9,406	2,006	5,241
9月度	1,525	4,148	9,175	1,917	5,704
10月度	1,734	3,957	9,909	2,087	5,212
11月度	1,491	3,561	9,976	2,129	5,089
12月度	1,387	2,604	9,891	3,401	4,614

単位:件

商品別問合せ件数推移

社員構成比率（円グラフ）

社員構成比率を円グラフで表示しましょう。

ファイル「問題24」を開きましょう。

1. 社員構成比率を基に、次の設定でグラフを作成しましょう。
データの範囲：セルA4 ～ B7
グラフの種類：円
グラフタイトル：社員構成比率

2. グラフエリアのサイズをセルA9 ～ D25に配置されるように調整しましょう。

3. グラフタイトルのフォントサイズを18ポイント、太字に設定しましょう。

4. データラベルを追加して、分類名とパーセント（小数点第1位まで）を表示しましょう。

5. グラフの色を［モノクロ］の［モノクロパレット5］に設定し、パイの枠線を［線なし］にしましょう。

6. データラベルのフォントサイズを10.5ポイント、太字に設定し、フォントの色を［テーマの色］の［白、背景1］に設定しましょう。ただし「アルバイト・その他」のデータラベルのみフォントの色を［自動］に設定しましょう。

7. 「アルバイト・その他」のテキストボックスのサイズを調整して、「アルバイト・その他」の文字列が1行で表示されるようにしましょう。さらに、完成例を参考に、表示位置を調整しましょう。

8. 正社員と期間契約社員のデータラベルの表示位置を、中央にしましょう。

9. 凡例のフォントサイズを10ポイントにし、完成例を参考に配置を調整しましょう。

「問題24-2E」という名前で保存しましょう。

■完成例■

	A	B	C	D
1	社員構成比率			
2				
3		（単位：人）		
4	正社員	623		
5	期間契約社員	327		
6	派遣社員	118		
7	アルバイト・その他	47		
8				

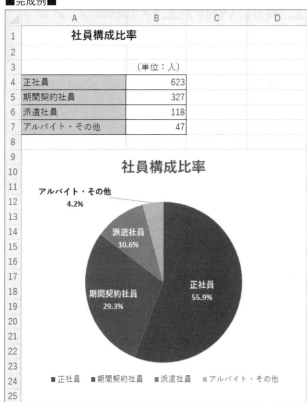

応用 問題 25 月別分野別売上集計（積み上げ横棒グラフ）

グラフの書式を目的に合わせて設定しましょう。

ファイル「問題25」を開きましょう。「問題25」の表から分野別の月別の売上合計と内訳がわかる積み上げ横棒グラフを作成しましょう。

	A	B	C	D	E	F
1	月別分野別売上集計					
2						単位：円
3	コード	分野	4月	5月	6月	合計
4	1070	衣服雑貨	10,909,900	22,131,900	10,176,000	43,217,800
5	5060	ステーショナリー	4,611,700	6,104,700	4,979,300	15,695,700
6	6030	インテリア	12,002,800	14,937,100	10,598,800	37,538,700
7	7010	ベッド・寝具	24,807,300	20,089,700	12,864,800	57,761,800
8	8040	照明	3,160,300	8,220,300	4,346,400	15,727,000
9	9020	キッチン・食器	11,012,600	17,340,300	10,641,500	38,994,400
10		合計	66,504,600	88,824,000	53,606,800	208,935,400

・4月度の分野別売上が多い順に並べ替えて、グラフでは4月度が上にくるように書式を設定しましょう。
・最後に売上傾向に対する考察を箇条書きで記入しましょう。

「問題25-2E」という名前で保存しましょう。

上半期売上実績

並べ替えやスパークラインを使って、売上の分析をしましょう。

ファイル「問題26」を開きましょう。「問題26」は、ある紙製品メーカーで売上分析用に作成した表です。

	A	B	C	D	E	F	G	H	I	J	K	L	M
1	上半期売上実績												
2													
3	コード	製品名	価格（円）	卸売価格（円）	4月売上数	5月売上数	6月売上数	7月売上数	8月売上数	9月売上数	推移	売上数合計	売上金額（円）
4	5010	MTラベル（白黒シリーズ）	310	217	824	785	813	805	845	850			
5	5010	MTラベル（3色シリーズ）	529	370.3	824	785	755	760	785	785			
6	1010	OAタックシール（耐水・耐温度タイプ）	882	617.4	428	475	457	428	457	428			
7	1010	OAタックシール（再生紙タイプ）	945	661.5	509	512	468	468	512	468			
8	3020	光沢タイプカード（モノクロプリンタ用）	945	661.5	148	203	220	209	195	185			
9	5010	感熱用ラベル（マットタイプ）	1386	970.2	125	138	128	118	108	119			
10	1010	OAタックシール（モノクロプリンタ用）	1415	990.5	289	315	355	289	315	355			
11	1010	個人情報保護シール	1575	1102.5	684	659	650	650	659	650			
12	5010	MTラベル（7色シリーズ）	1710	1197	501	552	552	531	552	531			
13	3020	光沢タイプカード（カラーインクジェットプリンタ用）	1945	1361.5	201	229	198	220	229	198			
14	5010	感熱用ラベル（マルチタイプ）	2016	1411.2	890	924	931	920	925	926			
15	1010	OAタックシール（カラーインクジェットプリンタ用）	2079	1455.3	254	255	245	250	255	260			
16	5010	感熱用ラベル（デラックス）	2160	1512	414	461	490	505	510	522			
17	3020	和紙カード	2205	1543.5	72	79	89	85	83	77			
18	5010	MTラベル（16色シリーズ）	2210	1547	56	79	81	85	88	90			
19	1010	医療機関向けタックシール（一般用）	2260	1582	381	435	452	469	486	490			
20	3020	光沢タイプカード（カラーレーザープリンタ用）	2345	1641.5	150	143	155	150	151	150			
21	1010	個人情報保護シール（目隠しタイプ）	2375	1662.5	701	800	815	820	770	815			
22	1010	OAタックシール（カラーレーザープリンタ用）	2445	1711.5	159	185	175	175	185	175			
23	3020	光沢タイプカード（半透明糊付きシール付きタイプ）	2520	1764	584	594	565	550	594	565			
24	5010	感熱用ラベル（スーパーファインタイプ）	2575	1802.5	132	115	125	110	125	130			
25	1010	医療機関向けタックシール（オーダーメイド用）	2980	2086	422	442	459	460	465	472			
26	3020	和紙カード（手書き風）	2985	2089.5	47	71	72	73	76	80			
27	3020	和紙カード（オーダーメイド用）	3289	2302.3	579	542	498	470	475	480			

・商品ごとの売上数合計と売上金額（円）を算出し、数値の書式を整えましょう。

・売上数合計と売上金額（円）に、数値の大きさがひと目でわかるように、相対的にセルの値を比較する色を設定しましょう。

　●データバーの機能を使うと、数値の大きさがそのまま棒の長さに置き換えられるため棒グラフにするのと同じ感覚で設定できます。

・表は価格の安い順に並べられています。「シール」、「ラベル」、「カード」などの製品の種類ごとに分類し、コードを1000番台、5000番台、3000番台のような特定（昇順、降順ではないオリジナル）の順にし、かつ売上金額の多い順に並べ替えましょう。

　●左端のコードは、製品の種類ごとに同じものが付けられています。アイコンセットを使うと、数値が属するランクを3～5つのグループに分類し、アイコンセットの色で並べ替えができます。

・各月の売上数の推移がひと目でわかるように、ワークシートのセル内でデータを視覚的に表現する小さな折れ線グラフを挿入しましょう。

　●スパークラインを使うと、セル内に隣接データに基づく傾向をわかりやすく示すことができます。データの横にスパークラインを挿入すると、数値の前後関係を際立たせることができます。

「問題26-2E」という名前で保存しましょう。

「商品番号」、「会員番号」、「製品番号」など、コードが付いているリストは、Excel上でほかにもさまざまな加工が可能です。たとえば、右の例のようにコード番号の中に商品の色や製造年などが含まれている場合は、それを条件とした検索や、他のセルに抽出して並べ替えや条件分岐をすることができます。

第2四半期売上集計（グラフ上での絞り込み）

第2四半期の表からからクロス集計表とグラフを作成しましょう。

ファイル「問題27」を開きましょう。「問題27」はある精密機械メーカーの第2四半期売上を入力した表です。

	A	B	C	D	E	F	G	H	I	J
1	第2四半期									
2										
3	NO	売上年月日	販売店コード	販売店	担当者コード	担当者	製品コード	販売単価	数量	売上額
4	2868	2023/7/1	1002	渋谷	502	菊池太一	D904i	¥12,300	8	¥98,400
5	2870	2023/7/1	1002	渋谷	502	菊池太一	D904i	¥12,300	10	¥123,000
6	2873	2023/7/1	1002	渋谷	503	風間真也	D904i	¥12,300	6	¥73,800
7	2875	2023/7/1	1002	渋谷	503	風間真也	D904i	¥12,300	2	¥24,600
8	2878	2023/7/1	1003	新宿	504	水野信二	D904i	¥12,300	13	¥159,900
9	2880	2023/7/1	1003	新宿	504	水野信二	D904i	¥12,300	3	¥36,900
10	2883	2023/7/1	1003	新宿	506	本宮勇樹	D904i	¥12,300	15	¥184,500
11	2885	2023/7/1	1003	新宿	506	本宮勇樹	D904i	¥12,300	3	¥36,900
12	2888	2023/7/1	1001	秋葉原	508	冨山洋子	D904i	¥12,300	15	¥184,500
13	2890	2023/7/1	1001	秋葉原	508	冨山洋子	D904i	¥12,300	9	¥110,700
14	2893	2023/7/1	1001	秋葉原	509	大田啓介	D904i	¥12,300	4	¥49,200
15	2895	2023/7/1	1001	秋葉原	509	大田啓介	D904i	¥12,300	10	¥123,000
16	2898	2023/7/1	1001	渋谷	501	杉崎正巳	D904i	¥12,300	15	¥184,500
17	2900	2023/7/1	1001	渋谷	501	杉崎正巳	D904i	¥12,300	5	¥61,500
18	2903	2023/7/2	1002	渋谷	502	菊池太一	D904i	¥12,300	23	¥282,900
19	2905	2023/7/2	1002	渋谷	502	菊池太一	D904i	¥12,300	8	¥98,400
20	2908	2023/7/2	1002	渋谷	503	風間真也	D904i	¥12,300	15	¥184,500
21	2910	2023/7/2	1002	渋谷	503	風間真也	D904i	¥12,300	6	¥73,800
22	2913	2023/7/2	1002	新宿	504	水野信二	D904i	¥12,300	16	¥196,800
23	2915	2023/7/2	1002	新宿	504	水野信二	D904i	¥12,300	3	¥36,900
24	2918	2023/7/2	1003	新宿	505	本田一郎	D904i	¥12,300	7	¥86,100
25	2920	2023/7/2	1003	新宿	505	本田一郎	D904i	¥12,300	3	¥36,900
26	2923	2023/7/2	1003	秋葉原	507	竹瀬奈津美	D904i	¥12,300	15	¥184,500
27	2925	2023/7/2	1003	秋葉原	507	竹瀬奈津美	D904i	¥12,300	10	¥123,000

・各販売店の売上額を月別、製品コード別に集計し、「第2四半期売上」というタイトルでグラフを作成しましょう。
・作成したグラフ上で直接、販売店、売上年月日、製品コードにそれぞれフィルター（絞り込み）をかけることができるようにします。
・全製品の集計のほかに、集計対象を変更できるようにし、特定の製品の売上だけを表示することもできるようにしましょう。

「問題27-2E」という名前で保存しましょう。

買上率（複合グラフ）

来店客数と買上数の関連を分析する表とグラフを作成しましょう。

ファイル「問題28」を開きましょう。「問題28」は、ある書店の月別の来店客数、買上客数、売上高を示す表です。

	A	B	C	D
1	買上分析			
2				
3	月	来店客数	買上客数	売上高
4	1月	7,203	2,565	2,436,750
5	2月	6,315	1,392	1,240,980
6	3月	7,444	2,355	2,807,340
7	4月	8,621	3,135	3,184,526
8	5月	8,230	2,725	2,587,268
9	6月	7,658	2,335	2,789,690
10	7月	7,989	2,600	2,306,940
11	8月	6,610	1,420	1,429,800
12	9月	7,010	2,215	1,759,596
13	10月	6,999	2,265	2,042,735
14	11月	7,730	2,470	2,203,206
15	12月	8,010	2,505	2,193,575

・買上点数を入力し、次のデータを算出しましょう。

■買上点数

1月：1.5	2月：1.5	3月：1.4	4月：1.6	5月：1.3	6月：1.7
7月：1.5	8月：1.4	9月：1.6	10月：1.7	11月：1.6	12月：1.4

■算出するデータ
買上単価（小数点第1位で四捨五入の処理）
客単価（小数点第1位で四捨五入の処理）
買上率（パーセントスタイルで小数点第1位までを表示）
来店客数、買上客数、売上高、買上点数、買上単価、客単価、買上率の平均

・売上高と買上率を比較する複合グラフを作成しましょう。
・表とグラフに任意の書式を設定しましょう。

「問題28-2E」という名前で保存しましょう。

買上率は来店した顧客のうち、実際に商品を購入した顧客の比率です。こうした表で分析を行い、客単価と買上率を向上させることが重要です。各用語の意味は次のとおりです。
来店客数：来店した顧客の総数
買上客数：来店した顧客のうち、実際に商品を購入した顧客の総数
買上点数：商品を購入した顧客1人あたりの購入点数
買上単価：購入した商品1点あたりの販売単価
客単価：商品を購入した顧客1人あたりの購入総額

海外売上比率推移（複合グラフ）

海外売上高合計と、海外売上比率を計算して複合グラフを作成しましょう。

ファイル「問題29」を開きましょう。「問題29」は、過去10年間の日本・アジア・ヨーロッパ
での売上高を一覧にした表です。

	A	B	C	D
1	海外売上比率推移			
2				
3		日本（万円）	アジア（万円）	ヨーロッパ（万円）
4	2014年度	39900	2600	2500
5	2015年度	42400	3970	4650
6	2016年度	48900	5200	7680
7	2017年度	46100	7310	9720
8	2018年度	45900	8440	12810
9	2019年度	47200	8890	15790
10	2020年度	46800	9370	18860
11	2021年度	48000	10410	21930
12	2022年度	48300	12290	25990
13	2023年度	49600	25530	27150

・列を追加し、海外売上高合計と、海外売上比率を計算しましょう。
・海外売上高合計と海外売上比率が若干目立つように、表の見栄えを修正しましょう。
・完成した表を使って、棒グラフと折れ線グラフの複合グラフを作成しましょう。グラフの作成時には、以下
　の点に留意しましょう。
　■日本、アジア、ヨーロッパの売上高を積み上げ棒グラフにする
　■第2軸を追加し、海外売上比率を折れ線グラフにする
　■日本と海外の売上高の差、海外売上比率がわかりやすいような配色にする

「問題29-2E」という名前で保存しましょう。

応用問題 30　予算実績比較と将来予測

予算と実績の比較材料となる数値を算出し、グラフを作成しましょう。

ファイル「問題30」を開きましょう。「問題30」は、過去9年間の月別売上高と2023年の予算を示す表です。

	A	B	C	D	E	F	G	H	I	J	K	L	M	N
1	年度別月別売上高													
2														単位：千円
3		年間計	1月	2月	3月	4月	5月	6月	7月	8月	9月	10月	11月	12月
4	2014年実績	29,841	2,705	1,803	3,296	2,980	1,681	2,053	3,841	2,386	2,182	1,974	3,391	1,549
5	2015年実績	36,787	3,491	2,379	3,903	3,261	2,160	2,791	4,284	2,891	2,803	2,525	4,038	2,261
6	2016年実績	37,218	3,329	2,414	3,889	3,343	2,381	2,487	4,508	3,051	3,039	2,395	4,273	2,109
7	2017年実績	44,050	3,922	3,002	4,291	4,046	2,812	3,109	5,109	3,208	3,771	2,918	4,998	2,864
8	2018年実績	45,323	4,293	2,994	4,462	3,909	2,992	2,903	5,324	3,609	4,201	3,109	4,534	2,993
9	2019年実績	57,323	5,293	3,994	5,462	4,909	3,992	3,903	6,324	4,609	5,201	4,109	5,534	3,993
10	2020年実績	52,004	4,927	3,597	5,008	4,641	3,609	3,361	5,675	4,192	4,992	3,881	5,265	2,856
11	2021年実績	58,526	6,023	3,810	5,728	4,700	3,492	4,594	6,298	4,926	4,064	4,293	6,442	4,156
12	2022年実績	59,233	6,143	3,695	6,415	3,854	3,212	4,915	6,864	5,024	3,535	4,121	6,635	4,820
13	2023年予算	62,195	6,211	4,096	6,232	4,906	3,818	4,720	6,827	5,170	4,622	4,517	6,723	4,353

・次の2023年の売上実績を入力し、予算との差異と予算達成率を算出しましょう。

■2023年の売上実績

1月：6139	7月：7106
2月：3512	8月：5482
3月：5994	9月：3228
4月：4154	10月：4035
5月：2866	11月：6492
6月：5416	12月：5479

・予測シートを使い、2014年から2023年の実績を基に将来の売上高を予測するグラフを作成しましょう。
・グラフフィルターを使って、一定の期間（例えば2020年〜2027年）のデータのグラフが表示されるようにしましょう。

「問題30-2E」という名前で保存しましょう。

予測シートでは、「指数平滑法」という時系列分析手法によって、時系列データから将来のデータを予測します。

TOEIC スコア分布（ヒストグラム）

ヒストグラムを作成して得点分布の傾向を分析しましょう。

ファイル「問題31」を開きましょう。「問題31」は、ある社の社員のTOIECの成績一覧を示しています。

	A	B	C	D	E
1	社員のTOEICスコア一覧				
2					
3	社員番号	氏名	所属	TOIECスコア	受験日
4	1901229	小沢仁志	営業3課	620	7月24日
5	1907201	上田優馬	開発部	570	1月31日
6	1928307	岡由紀子	営業1課	650	11月20日
7	1929931	木下幸太郎	営業1課	925	5月29日
8	1943095	桑田和孝	営業1課	675	7月24日
9	1950421	島岡忠彦	開発部	355	1月31日
10	1953085	岩本歩	営業2課	475	9月25日
11	1956708	澤田憲吾	事業部	420	6月26日
12	1957106	川村 匡	営業1課	90	1月31日
13	1957338	脇田恵美子	事業部	460	1月31日
14	1958033	笠井真一郎	事業部	795	4月10日
15	1959884	瀬尾真司	営業1課	480	12月11日
16	1960339	吉井順一郎	開発部	625	12月11日
17	1960831	久保秀司	営業2課	415	12月11日
18	1960882	野村涼子	事業部	825	10月23日
19	1960924	今井正孝	営業3課	775	4月10日
20	1960932	藤原忠	営業1課	735	11月20日
21	1961101	葛城 孝史	営業3課	155	3月13日
22	1961110	山本 雅治	営業2課	195	6月26日
23	1962004	市原康江	営業3課	455	9月25日
24	1962085	高岡浩太	総務部	535	7月24日
25	1962203	坂口洋介	営業1課	605	5月29日
26	1962205	武藤隼人	開発部	665	6月26日
27	1963097	高山晴人	営業1課	350	10月23日
28	1963204	川本康隆	開発部	460	10月23日

・TOIECのスコアデータから、次の分類で点数分布の人数を集計しましょう。
　100点以下
　100点超200点以下
　200点超300点以下
　300点超400点以下
　400点超500点以下
　500点超600点以下
　600点超700点以下
　700点超800点以下
　800点超900点以下
　900点超
・TOIECのスコアデータを使ってヒストグラムを作成し、別シートに配置しましょう。
・教育部の担当者として、作成したヒストグラムに対する考察を箇条書きで書き添えましょう。

「問題31-2E」という名前で保存しましょう。

不良品発生原因 (パレート図)

パレート図を用いて不良品発生原因を特定しましょう。

ファイル「問題32」を開きましょう。「問題32」は、各工程で発生した不良品の発生状況を一覧にしたものです。

	A	B	C	D
1	不良品発生原因			
2				
3	発生日	製造工程番号	不良現象	担当者
4	1月9日	工程2	接続不良	鈴木
5	1月11日	工程2	接続不良	鈴木
6	1月12日	工程1	キズ	田中
7	1月12日	工程3	キズ	藤本
8	1月13日	工程2	キズ	山田
9	1月18日	工程2	部品不足	大山
10	1月28日	工程2	接続不良	鈴木
11	1月28日	工程4	キズ	加藤
12	1月31日	工程2	接続不良	鈴木
13	2月6日	工程2	接続不良	鈴木
14	2月6日	工程4	キズ	加藤
15	2月8日	工程3	接続不良	藤本
16	2月14日	工程2	キズ	山田
17	2月14日	工程2	接続不良	鈴木
18	2月15日	工程2	部品違い	大山
19	2月17日	工程4	部品違い	加藤
20	2月19日	工程2	接続不良	鈴木
21	2月24日	工程2	キズ	山田
22	3月1日	工程2	接続不良	鈴木
23	3月3日	工程2	キズ	山田
24	3月4日	工程3	汚れ	藤本
25	3月7日	工程2	キズ	山田
26	3月7日	工程2	接続不良	鈴木
27	3月15日	工程1	キズ	田中

・不良品発生一覧を、製造工程別に集計しましょう。
・製造工程別の集計結果を使ってパレート図を作成しましょう。
・結果を基に考察を記入しましょう。
・不良品が最も多い工程を特定し、その工程で不良現象別に集計しましょう。
・不良現象別の集計結果を、多い順に並べてパレート図にしましょう。
・結果を基に考察を記入しましょう。

「問題32-2E」という名前で保存しましょう。

> パレート図とは、データを項目別に分類して降順に並べ替えた棒グラフと、その累積構成比を示す折れ線グラフを組み合わせた複合グラフで、要因分析によく用いられます。

第4章

自動化・マクロ

第4章

自動化・マクロ

Excelには、さまざまな操作を効率化・標準化する機能が用意されています。表に
データを入力するとき、できるだけ手入力する手間を省いて効率的に入力したり、
入力内容の表現を標準化して統一する工夫をすると、さらに使いやすくなります。手
入力、手作業での設定は、人の手を介するので間違いも起きやすく、人によって文
章表現が異なるなどバラツキが生じると抽出や集計がやりにくくなります。自動化の
しくみを活用しましょう。

Point 1 リストで入力を効率化・標準化する

入力する値をリストにできる場合は、手
入力せずにリストから選ぶ設定にすると
便利です。手間が省けると同時に、表現
を統一できれば、後で抽出や集計がし
やすくなります。データの入力規則機能
でリストを指定すれば、右記のようなド
ロップダウンリストを作成できます。

問題 38

支払予定日	支払先	支払額	支払方法
2023/7/5	K & K 株式会社	1,000,000	振込み
2023/7/5	三興商事株式会社	10,000	小切手
2023/7/25	浜田物産株式会社	15,000	現金
2023/7/25	株式会社星野商会	200,000	振込み
2023/7/25	T Kクリエイト株式会社	50,000	振込み

支払予定一覧表

Point 2 関数を使って入力を効率化・自動化する

【発注一覧】

【商品リスト】

VLOOKUP、XLOOKUP、XMATCHなど
の関数を使うと他のセルを参照して必要な
情報を自動入力できます。たとえば、商品
コードと商品名のように、1対1の関係にあ
るデータなら、一方を入力したら、他方を
自動的に表ができます。商品コードを入力
したら、商品名を自動表示するといった具
合です。そのためには、商品リストを別に
作成して、VLOOKUP関数やXLOOKUP
関数でそれを参照し、「B4の商品コードに
対応する商品名をC4に表示する」と設定
します。

問題 33 **問題 34** **問題 37**

Point 3 　繰り返し行う操作はマクロで効率化する

表に対して同じ動作を何度も行うなら、マクロを設定して効率化しましょう。特別なプログラミングの知識などがなくても、手動で行う操作の組み合わせで、簡単にマクロを設定できます。例えば、商品別売上一覧に対して必ず売上ベスト10を集計する場合、その操作手順を[マクロの記録]によって記録しておけば、売上データを書き換えた後に、ボタンひとつでベスト10を抽出できます。

問題 39

■世界遺産シリーズDVD上半期売上■　　　　売上ベスト10　リセット

売上日	販売先	シリーズ名	単価	数量	金額
4月1日	アイセスブックス	屋久島	3,800	150	¥570,000
4月1日	飯倉書店	万里の長城	3,500	150	¥525,000
4月5日	イオン堂	ポンペイ	3,820	200	¥764,000
4月5日	風間書店	ヨセミテ	4,500	200	¥900,000
4月15日	SUN書籍	モン・サン・ミシェル	3,800	100	¥380,000
4月15日	高輪ブックセンター	ヴェネツィア	4,400	100	¥440,000
4月20日	飯倉書店	ヴェネツィア	4,400	150	¥660,000
4月20日	飯倉書店	モン・サン・ミシェル	3,800	150	¥570,000
5月1日	アイセスブックス	万里の長城	3,500	150	¥525,000
5月10日	アイセスブックス	万里の長城	3,500	150	¥525,000
5月10日	飯倉書店	ポンペイ	3,820	200	¥764,000
5月15日	飯倉書店	ヨセミテ	4,500	200	¥900,000
5月15日	風間書店	トレド	3,500	250	¥875,000
5月15日	高輪ブックセンター	屋久島	3,800	250	¥950,000
5月20日	風間書店	ヴェネツィア	4,400	120	¥528,000

■世界遺産シリーズDVD上半期売上■　　　　売上ベスト10　リセット

売上日	販売先	シリーズ名	単価	数量	金額
7月1日	オリンピア書店	アンコール	3,890	550	¥2,139,500
6月15日	オリンピア書店	万里の長城	3,500	410	¥1,435,000
6月5日	高輪ブックセンター	屋久島	3,800	300	¥1,140,000
8月1日	SUN書籍	モン・サン・ミシェル	3,800	280	¥1,064,000
6月5日	風間書店	トレド	3,500	300	¥1,050,000
8月15日	アイセスブックス	マチュ・ピチュ	4,200	250	¥1,050,000
9月5日	オリンピア書店	アンコール	3,890	250	¥972,500
8月30日	イオン堂	ヴェネツィア	4,400	220	¥968,000
5月15日	高輪ブックセンター	屋久島	3,800	250	¥950,000
6月25日	アイセスブックス	アクロポリス	3,800	250	¥950,000

Point 4 　条件付き書式で表の編集を効率化する

	A	B	C	D	E	F	G
1				顧客満足度調査			
2							
3		平均	品質	デザイン	価格	アフターサービス	従業員の対応
4	A社	3.4点	3.7点	3.4点	2.3点	4.4点	3.3点
5	B社	3.6点	4.4点	4.4点	4.8点	2.2点	2.1点
6	C社	3.4点	4.7点	3.1点	2.9点	2.5点	3.9点
7	D社	3.9点	4.0点	4.4点	3.6点	3.0点	4.5点
8	E社	3.7点	2.6点	3.7点	4.2点	4.4点	3.7点
9	F社	3.2点	1.7点	3.4点	3.5点	3.1点	4.1点
10	G社	3.6点	4.4点	3.6点	2.4点	3.2点	4.3点
11	H社	3.9点	3.8点	3.4点	3.3点	4.6点	4.4点
12	I社	3.8点	4.7点	2.0点	4.4点	4.2点	3.9点
13	J社	3.9点	3.2点	3.6点	3.7点	4.4点	4.6点
14	最小値	3.2点	1.7点	2.0点	2.3点	2.2点	2.1点
15	最大値	3.9点	4.7点	4.4点	4.8点	4.6点	4.6点
16	平均点	3.6点	3.7点	3.5点	3.5点	3.6点	3.9点

表の傾向が一目でわかるように、書式の設定でビジュアル化する方法があります。例えば、5点満点で4点以上なら高得点だとわかるように青文字・青背景色にして、3点未満なら赤文字・オレンジ背景色にする、といった具合です。これを手作業で設定すると大変ですが、条件付き書式機能を使えば、簡単に設定できて、データが変更になった場合も自動更新してくれるので便利です。

問題 36

受注一覧（自動入力）

コードに応じて商品名や単価が自動的に入力されるようにしましょう。

ファイル「問題33」を開きましょう。

1. セルH1の書式をセルA1にコピーしましょう。

2. セルⅠ3の書式をセルA3 ～ F3にコピーしましょう。

3. セルH4 ～ J10の範囲に「商品価格」という名前を設定しましょう。

4. セルC4にVLOOKUP関数を使って「商品価格」からコードが同じものを検索し、商品名を表示しましょう。オートフィル機能でセルC22までコピーしましょう。

5. セルE4にVLOOKUP関数を使って「商品価格」からコードが同じものを検索し、単価を表示しましょう。オートフィル機能でセルE22までコピーしましょう。

6. セルF4に数式を使って受注金額（受注数×単価）を求め、オートフィル機能でセルF22までコピーしましょう。

7. セルE4 ～ F22の書式を通貨スタイルにしましょう。

8. 完成例を参考に「受注一覧」に罫線を設定しましょう。

9. 列幅を次のように変更しましょう。
A列、H列：幅8.00
B ～ D列、Ⅰ列：自動調整
E ～ F列、J列：幅10.00
G列：幅2.00

「問題33-2E」という名前で保存しましょう。

■完成例■

	A	B	C	D	E	F	G	H	I	J
1	受注一覧							商品リスト		
2										
3	売上日	商品コード	商品名	受注数	単価	受注金額		商品コード	商品名	単価
4	9月1日	MS1000	USBメモリ（128GB）	50	¥1,580	¥79,000		MWC10	ワイヤレスマウス	¥3,880
5	9月1日	MS1002	USBメモリ（512GB）	60	¥5,880	¥352,800		MWC40	光学式マウス	¥990
6	9月2日	MS1002	USBメモリ（512GB）	100	¥5,880	¥588,000		MS1000	USBメモリ（128GB）	¥1,580
7	9月2日	MWC10	ワイヤレスマウス	30	¥3,880	¥116,400		MS1001	USBメモリ（256GB）	¥2,580
8	9月2日	MS1000	USBメモリ（128GB）	25	¥1,580	¥39,500		MS1002	USBメモリ（512GB）	¥5,880
9	9月2日	DV4001	BD-Rドライブ（LA300）	20	¥12,500	¥250,000		DV1001	BD-Rドライブ（LA100）	¥14,800
10	9月3日	DV4001	BD-Rドライブ（LA300）	15	¥12,500	¥187,500		DV4001	BD-Rドライブ（LA300）	¥12,500
11	9月3日	MWC40	光学式マウス	15	¥990	¥14,850				
12	9月3日	MS1000	USBメモリ（128GB）	25	¥1,580	¥39,500				
13	9月3日	MS1001	USBメモリ（256GB）	30	¥2,580	¥77,400				
14	9月4日	MS1002	USBメモリ（512GB）	10	¥5,880	¥58,800				
15	9月4日	DV4001	BD-Rドライブ（LA300）	5	¥12,500	¥62,500				
16	9月4日	MWC40	光学式マウス	15	¥990	¥14,850				
17	9月4日	DV1001	BD-Rドライブ（LA100）	5	¥14,800	¥74,000				
18	9月5日	MWC10	ワイヤレスマウス	15	¥3,880	¥58,200				
19	9月5日	MS1001	USBメモリ（256GB）	30	¥2,580	¥77,400				
20	9月5日	MS1002	USBメモリ（512GB）	25	¥5,880	¥147,000				
21	9月5日	DV1001	BD-Rドライブ（LA100）	5	¥14,800	¥74,000				
22	9月5日	DV4001	BD-Rドライブ（LA300）	15	¥12,500	¥187,500				

営業成績一覧（自動入力）

社員番号に応じて氏名・フリガナ・所属名を自動入力し、成績順位を確認しましょう。

ファイル「問題34」を開いて、シート「問題34」を表示しましょう。

1. セルB6にXLOOKUP関数を使ってシート「営業部社員名簿」から社員番号がA6と同じものを検索し、セルB6 ～ D6に氏名、フリガナ、所属課を表示しましょう。オートフィル機能でセルB35までコピーしましょう。

2. セルA5 ～ E35を範囲選択して、次の優先順位にデータを並べ替えましょう。
最優先されるキー：[年間売上高] の大きい順

3. セルE3にXMATCH関数を使って特別表彰対象売上高（\30,000,000）以上に該当する社員を検索し、人数を表示しましょう。

4. セルG3に「1971663」と入力します。

5. セルH3にXLOOKUP関数を使って営業成績一覧から社員番号がG3と同じものを検索し、氏名を表示しましょう。

6. セルI3にXMATCH関数を使って成績順位が表示されるようにしましょう。

7. セルG3に「1971110」と入力して、該当する氏名と順位が表示されるのを確認しましょう。

「問題34-2E」という名前で保存しましょう。

■完成例■

	A	B	C	D	E	F	G	H	I
1							成績順位確認（社員番号を入力）		
2		営業成績一覧		特別表彰対象売上高	今期該当者数		社員番号	氏名	成績順位
3				¥30,000,000	6		1971110	山本 雅治	15
4									
5	社員番号	氏名	フリガナ	所属課	年間売上高				
6	1987001	塩田 裕美	シオダ ユミ	営業1課	¥35,421,980				
7	1976712	小川 さよ子	オガワ サヨコ	営業2課	¥33,215,470				
8	1970165	坂上 孝雄	サカガミ タカオ	営業1課	¥32,419,880				
9	1976701	青木 俊之	アオキ トシユキ	営業2課	¥31,243,220				
10	1990106	高橋 紗世	タカハシ サヨ	営業1課	¥30,128,870				
11	1974401	堀 明宏	ホリ アキヒロ	営業3課	¥30,021,320				
12	1969236	筒井 孝典	ツツイ タカノリ	営業1課	¥29,345,430				
13	1971443	大崎 淳	オオサキ ジュン	営業2課	¥28,455,660				
14	1971101	葛城 孝史	カツラギ タカシ	営業3課	¥28,132,450				
15	1971663	杉浦 貴文	スギウラ タカフミ	営業3課	¥27,345,910				
16	1984132	平野 愛美	ヒラノ エミ	営業3課	¥27,123,910				
17	1968114	新井 秀人	アライ ヒデト	営業2課	¥26,549,050				
18	1976228	塚田 智恵	ツカダ チエ	営業3課	¥26,540,670				
19	1982201	井原 泰明	イハラ ヤスアキ	営業1課	¥26,445,980				
20	1971110	山本 雅治	ヤマモト マサハル	営業2課	¥25,432,970				
21	1976034	樋口 靖夫	ヒグチ ヤスオ	営業2課	¥24,312,980				
22	1986512	田淵 哲	タブチ テツ	営業1課	¥24,112,080				
23	1967667	秋田 武男	アキタ タケオ	営業2課	¥23,546,050				
24	1967106	川村 匡	カワムラ タダシ	営業1課	¥23,410,870				
25	1985505	大野 茉莉	オオノ マリ	営業3課	¥23,190,080				
26	1981764	飯田 秀孝	イイダ ヒデタカ	営業1課	¥23,149,030				
27	1977311	森上 拓馬	モリガミ タクマ	営業3課	¥22,410,500				
28	1969811	北野 慎也	キタノ シンヤ	営業3課	¥22,345,010				
29	1984202	大沢 剛	オオサワ タケシ	営業3課	¥22,103,430				
30	1978103	加藤 泰江	カトウ ヤスエ	営業2課	¥22,103,210				
31	1977301	村山 秀樹	ムラヤマ ヒデキ	営業1課	¥21,350,470				
32	1980101	成宮 真紀	ナルミヤ マキ	営業2課	¥21,328,970				
33	1967641	滝沢 翔	タキザワ ショウ	営業3課	¥20,345,640				
34	1980111	村山 由理香	ムラヤマ ユリカ	営業2課	¥19,234,350				
35	1991101	内田 義孝	ウチダ ヨシタカ	営業1課	¥19,212,130				

会議室予約表（マクロの記録／登録）

既存の会議室予約表に、予定を設定したり削除したりするボタンを追加しましょう。

1. Excelファイルを新規作成し、次のデータを入力しましょう。

■入力データ

セルA1	会議室週間予約表				
セルB2	4/3	セルD2	4/4	セルF2	4/5
セルH2	4/6	セルJ2	4/7		
セルB3	月	セルD3	火	セルF3	水
セルH3	木	セルJ3	金		
セルB4	A会議室	セルC4	B会議室		
セルA5	9:00	セルA7	10:00	セルA9	11:00
セルA11	12:00	セルA13	13:00	セルA15	14:00
セルA17	15:00	セルA19	16:00	セルA21	17:00
セルA23	18:00	セルA25	19:00	セルA27	20:00

2. セルA1の書式を16ポイント、太字に設定し、セルA1 〜 K1を結合して中央に配置しましょう。

3. セルB2 〜 C2、B3 〜 C3を、それぞれセル結合して中央揃えにし、書式のコピー/貼り付け機能を使ってセルD2 〜 K3までコピーしましょう。

4. セルB2 〜 B3の書式を次のように設定し、オートフィル機能でセルJ2 〜 J3まで書式のみコピーをしましょう。

塗りつぶしの色：[テーマの色] の [青、アクセント1、白＋基本色60％]
罫線：内側に格子、外枠に太罫線

5. セルA5 〜 A6の書式を次のように設定し、オートフィル機能でセルA27 〜 A28まで書式のみコピーをしましょう。

塗りつぶしの色：[テーマの色] の [青、アクセント1、白＋基本色60％]
罫線：上下に太罫線、内側に任意の点線

6. セルB4、C4の書式をそれぞれ次のように設定し、オートフィル機能でセルJ4 〜 K4までコピーしましょう。

〈セルB4〉
中央揃え
塗りつぶしの色：[テーマの色] の [オレンジ、アクセント2、白＋基本色60％]
〈セルC4〉
中央揃え
塗りつぶしの色：[テーマの色] の [緑、アクセント6、白＋基本色60％]

7. A列〜 K列の列幅をそれぞれ「10.00」にしましょう。

8. 2行目と3行目の行の高さをそれぞれ「21.00」にしましょう。

9. 予約を行うマクロを作成します。セルB5 〜 B6を使って次の操作を行い、新しいマクロとして記録しましょう。

セルを結合する→外枠太罫線を設定する→塗りつぶしの色を [標準の色] の [黄] にする
●特定のセル番地のセルではなく、選択されたセルに対する操作なので「相対参照」にします。

10. マクロをボタンに登録しましょう。
セルA2の上に［開発］タブの［挿入］ボタンでボタンを作成し、**9.**で作成したマクロを登録してボタン名を「予約」に変更しましょう。

11. 4月3日の11時からA会議室に1時間半の予約を設定し、「営業部」と入力しましょう。

12. 予約を取り消すマクロを作成しましょう。
セルB5～B6を使って次の操作を行い、新しいマクロとして記録しましょう。
セルに入力されたデータを削除する→セルの結合を解除する→罫線を［枠なし］にする→塗りつぶしの色を［塗りつぶしなし］にする

13. マクロをボタンに登録しましょう。
セルA3の上に［開発］タブの［挿入］ボタンでボタンを作成し、**12.**で作成したマクロを登録して、ボタン名を「取り消し」に変更しましょう。

14. 作成した［予約］ボタンのフォントの書式を太字、12ポイント、フォントの色を［標準の色］の［青］に、［取り消し］ボタンのフォントの書式を太字、12ポイント、フォントの色を［標準の色］の［赤］に設定しましょう。

15. 4月3日の予約を取り消し、4月6日の13時から1時間、「営業　山田」でA会議室を予約しましょう。

マクロ有効ブックとして、「問題35-2E」という名前で保存しましょう。

■完成例■

顧客満足度調査

指定した条件に合うセルに色をつけて、わかりやすく表示しましょう。

この「顧客満足度調査」の表は、各社の製品に対する顧客の満足度評価（5点満点）の調査結果を項目別に表示したものです。

		品質	デザイン	価格	アフターサービス	従業員の対応
1		顧客満足度調査				
2						
4	A社	3.7	3.4	2.3	4.4	3.3
5	B社	4.4	4.4	4.8	2.2	2.1
6	C社	4.7	3.1	2.9	2.5	3.9
7	D社	4.0	4.4	3.6	3.0	4.5
8	E社	2.6	3.7	4.2	4.4	3.7
9	F社	1.7	3.4	3.5	3.1	4.1
10	G社	4.4	3.6	2.4	3.2	4.3
11	H社	3.8	3.4	3.3	4.6	4.4
12	I社	4.7	2.0	4.4	4.2	3.9
13	J社	3.2	3.6	3.7	4.4	4.6

ファイル「問題36」を開きましょう。

1. B列に各社の平均を求める列を追加して、セルB3に「平均」と入力し、セルC3と同じ書式を設定しましょう。

2. セルA14に「最小値」、セルA15に「最大値」、セルA16に「平均点」とそれぞれ入力し、A列の書式を整えましょう。

3. 完成例を参考に、罫線を設定しましょう。

4. セルA3 〜 G3、セルA4 〜 A16に塗りつぶしの色［緑、アクセント6、白＋基本色60%］を設定しましょう。

5. セルB4に各社の平均を求め、オートフィル機能でセルB13までコピーしましょう。

6. セルB14の最小値を求め、オートフィル機能でセルG14までコピーしましょう。

7. セルB15の最大値を求め、オートフィル機能でセルG15までコピーしましょう。

8. セルB16の平均値を求め、オートフィル機能でセルG16までコピーしましょう。

9. セルB4 〜 B16の書式を右揃え、太字にし、小数第1位までの表示形式に整えましょう。

10. 条件付き書式を使って、セルC4 〜 G13に次のような設定をしましょう。
    〈4点以上のセル〉
    塗りつぶしの色：［テーマの色］の［青、アクセント1、白＋基本色60%］
    フォント：［標準の色］の［濃い青］、［太字］
    〈3点未満のセル〉
    塗りつぶしの色：［テーマの色］の［ゴールド、アクセント4、白＋基本色60%］
    フォント：［標準の色］の［赤］、［太字］

11. セルB4 〜 G16の数値が「0.0点」と表示されるように表示形式を設定しましょう。

「問題36-2E」という名前で保存しましょう。

■完成例■

	A	B	C	D	E	F	G
1	顧客満足度調査						
2							
3		平均	品質	デザイン	価格	アフターサービス	従業員の対応
4	A社	3.4点	3.7点	3.4点	2.3点	4.4点	3.3点
5	B社	3.6点	4.4点	4.4点	4.8点	2.2点	2.1点
6	C社	3.4点	4.7点	3.1点	2.9点	2.5点	3.9点
7	D社	3.9点	4.0点	4.4点	3.6点	3.0点	4.5点
8	E社	3.7点	2.6点	3.7点	4.2点	4.4点	3.7点
9	F社	3.2点	1.7点	3.4点	3.5点	3.1点	4.1点
10	G社	3.6点	4.4点	3.6点	2.4点	3.2点	4.3点
11	H社	3.9点	3.8点	3.4点	3.3点	4.6点	4.4点
12	I社	3.8点	4.7点	2.0点	4.4点	4.2点	3.9点
13	J社	3.9点	3.2点	3.6点	3.7点	4.4点	4.6点
14	最小値	3.2点	1.7点	2.0点	2.3点	2.2点	2.1点
15	最大値	3.9点	4.7点	4.4点	4.8点	4.6点	4.6点
16	平均点	3.6点	3.7点	3.5点	3.5点	3.6点	3.9点

応用問題 37 出荷伝票（自動入力）

契約番号を基に出荷の詳細データがわかる出荷伝票を作成しましょう。

ファイル「問題37」を開きましょう。「問題37」は、契約した製品を出荷する際の伝票です。

	C	D	E	F	G	H	I	J	K	L
1	出荷伝票									
2						生産管理部部長	生産管理部担当	部長	担当	
3				伝票番号						
4										
5	得意先名									
6				御中						
7										
8										
9	製品名			型番						
10										
11	数量	単価	合計			担当者名				
12										
13										
14										
15										
16										
17										
18										
19										

・契約番号を入力すると、伝票番号、備考以外の関連する詳細情報が自動的に表示されるように作成しましょう。
・その際に、契約番号が未入力の場合は、何も表示されないように設定しましょう。
・入力するセルに入力箇所であることがわかりやすいような書式を設定しましょう。
・入力する必要のないセルが編集できないように設定しましょう。
・A4サイズの横方向に収まるようにし、出荷伝票の印刷範囲を設定しましょう。

「問題37-2E」という名前で保存しましょう。

応用 問題 **38**	**支払予定一覧表**
	支払方法をリストから選択できるようにするなど、セルに書式を設定して見やすく、入力しやすい一覧表にしましょう。

ファイル「問題38」を開きましょう。「問題38」は、支払予定を表す一覧です。書式を設定して見やすく、入力しやすくします。

・支払予定日に年数も表示するように任意の表示形式を設定しましょう。
・支払先に長い文字列が入力された場合、列幅を変更することなく文字列全体を表示するように設定しましょう。
・支払方法の入力はリストから選択するように設定し、参照するH列は非表示にしましょう。
・支払額の合計と予定件数を算出しましょう。予定件数の表示形式は、「(予定件数：〇件)」としましょう。
・下方向にスクロールした際に、表の見出しが固定するように設定しましょう。
・次の支払方法を入力しましょう。

■支払方法

2023/7/5	Ｋ＆Ｋ株式会社	振込み
2023/7/5	三興商事株式会社	現金
2023/7/25	浜田物産株式会社	相殺
2023/7/25	株式会社星野商会	現金
2023/7/25	ＴＫクリエイト株式会社	振込み

・作成したワークシート[支払予定一覧表]をコピーして「入金予定一覧表」のひな形となる表を作成しましょう。「支払」という文字をすべて「入金」に置き換え、「支払予定一覧表」と区別できるように書式を変更しましょう。

「問題38-2E」という名前で保存しましょう。

DVD売上ベスト10自動抽出（マクロ）

売上金額の多い順から上位10位が自動的に抽出できるように、マクロボタンを作成して登録しましょう。

ファイル「問題39」を開きましょう。「問題39」は、あるDVD製作会社の上半期売上を記録した表です。

	A	B	C	D	E	F	G
1							
2		■世界遺産シリーズDVD上半期売上■					
3							
4		売上日	販売先	シリーズ名	単価	数量	金額
5		4月1日	アイセスブックス	屋久島	3,800	150	¥570,000
6		4月1日	飯倉書店	万里の長城	3,500	150	¥525,000
7		4月5日	イオン堂	ポンペイ	3,820	200	¥764,000
8		4月5日	風間書店	ヨセミテ	4,500	200	¥900,000
9		4月15日	SUN書籍	モン・サン・ミシェル	3,800	100	¥380,000
10		4月15日	高輪ブックセンター	ヴェネツィア	4,400	100	¥440,000
11		4月20日	飯倉書店	ヴェネツィア	4,400	150	¥660,000
12		4月20日	飯倉書店	モン・サン・ミシェル	3,800	150	¥570,000
13		5月1日	アイセスブックス	万里の長城	3,500	150	¥525,000
14		5月10日	アイセスブックス	万里の長城	3,500	150	¥525,000
15		5月10日	飯倉書店	ポンペイ	3,820	200	¥764,000
16		5月15日	飯倉書店	ヨセミテ	4,500	200	¥900,000
17		5月15日	風間書店	トレド	3,500	250	¥875,000
18		5月15日	高輪ブックセンター	屋久島	3,800	250	¥950,000
19		5月20日	風間書店	ヴェネツィア	4,400	120	¥528,000
20		5月20日	風間書店	モン・サン・ミシェル	3,800	120	¥456,000
21		5月27日	高輪ブックセンター	アンコール	3,890	100	¥389,000
22		6月5日	イオン堂	マチュ・ピチュ	4,200	90	¥378,000

・売上金額の多い順に上位10件が自動的に抽出できるようなマクロを記録しましょう。

・抽出を解除し、元の表に戻すマクロを記録しましょう。

・記録したマクロが簡単に実行できるように、ボタンを作成してそれぞれのマクロを登録しましょう。

マクロ有効ブックとして、「問題39-2E」という名前で保存しましょう。

第 **5** 章

データベース

データベース

Excelは、大量の数値データを対象に必要なデータを抽出したり、複数の表から情報を参照して活用するなど、データベースとして使用するための便利な機能を備えています。それらの機能を使えるようにするには、表の正規化という考え方が必要です。言葉は難しいですが、簡単に言えば、データの不足や重複をなくして、正規、つまり、ノーマルな表にすることです。

Point 1 表をノーマルなマトリックスにする（第一正規化）

データベースとして使用するには、①1行1レコードになっていること（複数行1レコードだったり、セル結合していないこと）②各行が別の行だとわかる項目（主キー、例えば社員一覧なら社員番号が主キーとなる）があること、③主キーが空だったり重複していないこと、が必須条件です。これを第一正規化といいます。

問題 **40～45**

【正規化されていない表（データベースとして使えない）】

社員番号	氏名	フリガナ	所属課	所属区分	生年月日	郵便番号	都道府県
1967641 滝沢 翔		タキザワ　ショウ			1967/3/9	264-0015	千葉県
	アキタ　タケオ		営業3課	EJC		03	東京都
1 106 川村 匡	カワムラ　タダシ				1967/12/08	150-0002	東京都
1968114 新井 秀人	アライ　ヒデト				1968/7/3	170-0004	東京都
1968114 北野 慎也	キタノ　シンヤ		営業1課	EJA	1969/5/3		
筒井 孝典	ツツイ　タカノリ		同上	同上			
坂上 孝雄	サカガミ　タカオ		営業部第1課	EJA	1970/3/2		
663 杉浦 貴文	スギウラ　タカフミ	営業部3課		EJC	1971/1/25	317-0073	茨城県
史	カツラギ　タカシ	営業二課		EJC			神奈川県
1971110 山本 雅治	ヤマモト　マサハル	営業2課		EJA			東京都

（主キーが重複／セル結合／「同上」だけでデータが記入されていない／主キーが空／表現がバラバラ）

【第一正規化された表（並べ替え・抽出・集計などが可能になる）】

社員番号	氏名	フリガナ	所属課	所属区分	生年月日	郵便番号	都道府県
1967641	滝沢 翔	タキザワ　ショウ	営業3課	EJC	1967/3/9	264-0015	千葉県
1967667	秋田 武男	アキタ　タケオ	営業3課	EJC	1967/10/12	166-0003	東京都
1967106	川村 匡	カワムラ　タダシ	営業3課	EJC	1967/12/08	150-0002	東京都
1968114	新井 秀人	アライ　ヒデト	営業3課	EJC	1968/7/3	170-0004	東京都
1969811	北野 慎也	キタノ　シンヤ	営業1課	EJA	1969/5/31	181-0015	東京都
1969236	筒井 孝典	ツツイ　タカノリ	営業1課	EJA	1969/11/21	130-0023	東京都
1970165	坂上 孝雄	サカガミ　タカオ	営業1課	EJA	1970/3/29	116-0002	東京都
1971663	杉浦 貴文	スギウラ　タカフミ	営業3課	EJC	1971/1/25	317-0073	茨城県
1971101	葛城 孝史	カツラギ　タカシ	営業3課	EJC	1971/02/03	210-0001	神奈川県
1971110	山本 雅治	ヤマモト　マサハル	営業2課	EJA	1971/04/05	190-0003	東京都

Point 2 繰り返し入力する情報を分ける（第二正規化）

第一正規化された表のなかで、繰り返し入力する情報があったら、それを別の表に分けて参照すると、何度も入力せずに済みます。別の表に分けたほうがよい部分を洗い出して分けることを、第二正規化と言います。第一正規化できれば、並び替え・検索・集計などの操作が可能になりますが、第二正規化までできると、手入力する項目が最小限になって、効率化・標準化が進むので挑戦してみましょう。別の表のデータを参照するには、第4章の自動化・マクロでも解説したVLOOKUP関数やXLOOKUP関数を使います。

問題 45

【社員一覧】

社員番号	氏名	部門コード	所属名	生年月日	入社年月日
079-001	早藤 美鈴	109	調達	1967/3/20	1989/4/1
080-001	大倉 尚志	109	調達	1965/11/4	1990/4/1
080-002	葛城 孝史	109	調達	1966/10/12	1990/4/1
080-003	千葉 雅美	101	営業	1967/12/4	1990/4/1
080-004	水谷 千枝	103	技術	1968/2/22	1990/4/1
080-005	青木 俊之	102	開発		
081-001	平尾 誠	107	企画		
082-001	大塚 隆	105	総務		
082-002	森上 拓馬	101	営業	1969/5/31	1992/4/1
082-003	風間 真也	103	技術	1969/11/21	1992/4/1

部門一覧を参照して自動表示

【部門一覧】

部門コード	所属名
101	営業
102	開発
103	技術
104	生産
105	総務
106	経理
107	企画
108	設計
109	調達
110	研究所

【受講履歴データベース】

申込番号	社員番号	氏名	所属名	勤続年数	年齢	コース番号	コース名	開催日	定員	参加	終了
1	084-001	村山 由理香	生産	25	48	A009	タイムマネジメント研修	2019/7/24	10		○
2	087-001	成宮 真紀	研究所	22	48	A009	タイムマネジメント研修	2019/7/24	10	○	○
3	098-002	小川 さよ子	生産	11	33	A009	タイムマネジメント研修	2019/7/24	10	○	○
4	111-003	山本 雅治	生産	0	20	A009	タイムマネジメント研修	2019/7/24	10	○	○
5	103-001	鈴木 道紀			39	A009	タイムマネジメント研修	2019/7/24	10	○	○
6	088-001	奥田			44	A009	タイムマネ			○	○
7	093-002	村山			44	A009	タイムマネ	9/7/24	10	○	○
8	099-002	滝沢			33	A009	タイムマネ			○	○
9	090-001	長谷川 拓哉	開発	19	43	A009	タイムマネジメント研修	2019/7/24	10	○	○
10	097-003	岩本 歩	開発	12	34	A009	タイムマネジメント研修	2019/7/24	10	○	○
11	101-001	大沢 剛	開発	8	32	A009	タイムマネジメント研修	2019/7/24	10	○	○
12	100-005	三村 和枝	営業	9	31	A010	セールスプレゼンテーション研修	2019/9/11	10		○
13	084-006	三木 敏枝	営業	25	47	A010	セールスプレゼンテーション研修	2019/9/11	10	○	○
14	113-002	片桐 直人	営業	0	20	A010	セールスプレゼンテーション研修	2019/9/11	10	○	○
15	102-003	犬飼 忠利	営業	7	29	A010	セールスプレゼンテーション研修	2019/9/11	10	○	○
16	080-003	千葉 雅美	営業	29	51	A010	セールスプレゼンテーション研修	2019/9/11	10	○	○

社員一覧を参照して自動表示　研修一覧を参照して自動表示

社員一覧、部門一覧、研修一覧の表がなかったら、受講履歴データベースの情報は全て手入力が必要です。一方、この例のように表を分ければ、社員番号を入力すると、社員一覧を参照して、名前・所属名・勤続年数・年齢が自動的に表示されます。同じく、コース番号を入力すると、コース名・開催日・定員が表示されます。つまり、受講申込があったら、社員番号とコース番号だけ入力すれば済むので、大変効率的です。

【研修一覧】

コース番号	コース名	開催日	定員
A001	コミュニケーション研修	2018/9/26	10
A002	リーダーコミュニケーション研修	2019/10/17	5
A003	タイムマネジメント研修	2019/11/14	10
A004	タイムマネジメント研修	2018/12/19	10
A005	コンプライアンス研修	2019/2/20	20
A006	業務フロー作成研修	2019/3/20	10
A007	リスクマネジメント研修	2019/5/22	15
A008	営業基礎研修	2019/6/19	10
A009	タイムマネジメント研修	2019/7/24	10
A010	セールスプレゼンテーション研修	2019/9/11	10
A011	ビジネス文書研修	2019/10/23	5
A012	計数分析研修	2019/10/23	5
A013	Wordスキルアップ研修	2019/11/20	10
A014	Excelスキルアップ研修	2019/12/18	10
A015	ビジネスマナー研修	2020/2/19	5

社員名簿

効率よくデータを入力するために、セルに入力規則を設けて入力するデータを制限しましょう。

ファイル「問題40」を開きましょう。

1. 表を上下左右にスクロールした際に、3行目の項目名とB列の氏名が固定されるようにウィンドウ枠を固定して見やすい設定にしましょう。

2. ［社員番号］に7桁の文字列に限る入力の制限を設定しましょう。また、それ以外のデータが入力された場合、次のようなエラーメッセージを表示しましょう。

エラーメッセージのスタイル：入力を停止する
エラーメッセージのタイトル：社員番号入力エラー
メッセージ：社員番号は7桁です。

3. 氏名、所属課、都道府県、住所1、住所2を入力する際に、日本語入力が［ひらがな］になるよう設定しましょう。

4. フリガナを入力する際に、日本語入力が［全角カタカナ］になるように設定しましょう。また、入力時に次のようなポップアップのメッセージを表示しましょう。

メッセージのタイトル：フリガナ入力
メッセージ：姓名の間に空白を入力してください。

5. 生年月日、郵便番号、電話番号を入力する際に、日本語入力が［オフ（英語モード）］になるように設定しましょう。

6. フラッシュフィルを使って、フリガナ内の「姓」のフリガナを表示しましょう。

7. フラッシュフィルを使って、フリガナ内の「名」のフリガナを表示しましょう。

8. セルN4にIF関数とLOWER関数を使って社員番号が空白の場合は空白を表示し、それ以外は小文字の所属区分と社員番号と「@example.jp」の文字を結合したE-Mailが自動的に表示されるように設定しましょう。オートフィル機能でセルN65まで書式なしでコピーしましょう。

●文字列演算子のアンパサンド(&)を使って文字列を結合することができます。

9. ページのレイアウトを次のように設定しましょう。

印刷の向き：横
拡大縮小印刷：横1ページ、縦2ページ
印刷範囲：セルA1 ～ N54
タイトル行：行番号1 ～ 3

「問題40-2E」という名前で保存しましょう。

10. 関係者に社員名簿を配布する前に、プロパティや個人情報、作成中に入力したセルのコメントなどの詳細情報を検査して削除しておきましょう。

上書き保存をしましょう。

■完成例■

	A	B	C	D	E	F	G	H	I
1	営業部社員名簿								
2									
3	社員番号	氏名	フリガナ	フリガナ	フリガナ	所属課	所属区分	生年月日	郵便番号
4	1967641	滝沢 翔	タキザワ ショウ	タキザワ	ショウ	営業3課	EJC	1969/12/3	264-0015
5	1967667	秋田 武男	アキタ タケオ	アキタ	タケオ	営業2課	EJB	1970/7/8	166-0003
6	1967106	川村 匡	カワムラ タダシ	カワムラ	タダシ	営業1課	EJA	1970/09/03	150-0002
7	1968114	新井 秀人	アライ ヒデト	アライ	ヒデト	営業2課	EJB	1971/3/30	170-0004
8	1969811	北野 慎也	キタノ シンヤ	キタノ	シンヤ	営業3課	EJC	1972/2/25	181-0015
9	1969236	筒井 孝典	ツツイ タカノリ	ツツイ	タカノリ	営業1課	EJA	1972/8/17	130-0023
10	1970165	坂上 孝雄	サカガミ タカオ	サカガミ	タカオ	営業1課	EJA	1972/12/23	116-0002
11	1971663	杉浦 貴文	スギウラ タカフミ	スギウラ	タカフミ	営業3課	EJC	1973/10/21	317-0073
12	1971101	葛城 孝史	カツラギ タカシ	カツラギ	タカシ	営業3課	EJC	1973/10/30	210-0001
13	1971110	山本 雅治	ヤマモト マサハル	ヤマモト	マサハル	営業2課	EJA	1973/12/30	190-0003
14	1971443	大崎 淳	オオサキ ジュン	オオサキ	ジュン	営業2課	EJB	1974/3/17	344-0125
15	1974401	堀 明宏	ホリ アキヒロ	ホリ	アキヒロ	営業3課	EJC	1977/9/6	240-0105
16	1975201	松沢 誠一	マツザワ セイイチ	マツザワ	セイイチ	営業1課	EJA	1977/12/24	220-0011
17	1976034	樋口 靖夫	ヒグチ ヤスオ	ヒグチ	ヤスオ	営業2課	EJB	1979/3/7	279-0022
18	1976701	青木 俊之	アオキ トシユキ	アオキ	トシユキ	営業2課	EJB	1979/05/17	102-8584
19	1976228	塚田 智恵	ツカダ チエ	ツカダ	チエ	営業3課	EJC	1979/5/26	360-0812
20	1976712	小川 さよ子	オガワ サヨコ	オガワ	サヨコ	営業2課	EJB	1979/06/19	153-0064
21	1977301	村山 秀樹	ムラヤマ ヒデキ	ムラヤマ	ヒデキ	営業1課	EJA	1979/10/12	330-0854
22	1977311	森上 拓馬	モリガミ タクマ	モリガミ	タクマ	営業3課	EJC	1980/07/20	152-0021

J	K	L	M	N
都道府県	住所1	住所2	電話番号	E-Mail
千葉県	千葉市若葉区大宮台0-3-18		043-000-6416	ejc1967641@example.jp
東京都	杉並区高円寺南0-2-7	タウンコート303	03-0000-8646	ejb1967667@example.jp
東京都	渋谷区渋谷0-11-14	パークサイド渋谷1001	03-0000-3333	eja1967106@example.jp
東京都	豊島区北大塚0-3-2		03-0000-8813	ejb1968114@example.jp
東京都	三鷹市大沢0-21		03-0000-4389	ejc1969811@example.jp
東京都	墨田区立川0-1-14		03-0000-4522	eja1969236@example.jp
東京都	荒川区荒川0-3-5		03-0000-6126	eja1970165@example.jp
茨城県	日立市幸町0-3-3		0294-00-3511	ejc1971663@example.jp
神奈川県	川崎市川崎区本町0-1-11		044-000-2292	ejc1971101@example.jp
東京都	立川市栄町0-18-9		0425-00-2500	eja1971110@example.jp
埼玉県	春日部市飯沼0-1-31	パティオ飯沼503	048-000-5520	ejb1971443@example.jp
神奈川県	横須賀市秋谷0-2-11		046-000-2271	ejc1974401@example.jp
神奈川県	横浜市西区高島0-78		045-000-6660	eja1975201@example.jp
千葉県	浦安市今川0-1-33		047-000-2685	ejb1976034@example.jp
東京都	千代田区九段北0-9-1	セントラル九段1021	03-0000-6888	ejb1976701@example.jp
埼玉県	熊谷市大原0-1-28		048-000-3852	ejc1976228@example.jp
東京都	目黒区下目黒0-16-9	アネックス103	03-0000-3714	ejb1976712@example.jp
埼玉県	さいたま市大宮区桜木町0-11-21		048-000-3110	eja1977301@example.jp
東京都	目黒区東ケ丘0-5-6		03-0000-3421	ejc1977311@example.jp

宿泊施設一覧

1つの表から条件に合うデータを抽出しましょう。

	A	B	C	D	E	F	G
1	提携宿泊施設一覧						
2	ビジネルホテル名	最寄駅	宿泊料金（円）	チェックイン	チェックアウト	サービス	施設
3	トワイライト東海	名古屋	8900	17:00	10:00	FAX・コピー	サウナ
4	ベイビュー新大阪	新大阪	7200	16:00	10:00	インターネット	大浴場
5	アットビジネス札幌	札幌	5800	15:00	11:00	インターネット	コンビニ
6	白鳥会館	東京	12000	15:00	10:00	朝食無料	レストラン
7	ヒルトッププラザ名古屋	名古屋	11000	17:00	10:00	インターネット	大浴場
8	セントラルイン新横浜	新横浜	12800	19:00	10:00	FAX・コピー	大浴場
9	クィーンパルク東京	東京	13000	18:00	11:00	FAX・コピー	会議室
10	ブリーズベイ横浜	新横浜	8800	18:00	9:00	インターネット	自動販売機
11	ニューYOKOHAMA会館	新横浜	6000	16:00	9:00	朝食無料	
12	ホテル光洋	仙台	7800	17:00	10:00	インターネット	大浴場
13	コスモ新大阪ホテル	新大阪	5700	16:00	11:00	朝刊サービス	大浴場
14	コンフォートイン横浜	新横浜	11800	15:00	11:00		コンビニ
15	アートホテル新横浜	新横浜	10000	16:00	11:00	インターネット	
16	ホテル新橋ビュー	東京	6800	15:00	9:00		サウナ
17	アートホテル仙台	仙台	7300	17:00	11:00	FAX・コピー	コンビニ
18	ナビオスHOTEL	新横浜	9100	15:00	10:00	インターネット	

ファイル「問題41」を開きましょう。

1. 表全体の列幅を自動調整しましょう。

2. 完成例を参考に罫線を設定しましょう。

3. セルA1の「提携宿泊施設一覧」の書式を12ポイント、太字に設定しましょう。

4. セルA2 ～ G2の書式を中央揃えにし、塗りつぶしの色を［テーマの色］の「青、アクセント1、白＋基本色40％」に設定しましょう。

5. セルC3 ～ C18の書式を桁区切りスタイルにしましょう。

6. 抽出条件を入力する行と抽出結果を表示する行を作成しましょう。セルA2 ～ G2のフィールド名をコピーして、セルA21に貼り付けましょう。

7. セルA20に「検索条件入力」、セルA25に「検索結果一覧」と入力し、それぞれセルA1と同じ書式を設定しましょう。

8. 提携宿泊施設一覧を基に、オートフィルターオプションの機能を使って、最寄駅が「新横浜」か「東京」で、宿泊料金が10,000未満のレコードを、項目名も含めて26行目以降に抽出しましょう。

「問題41-2E」という名前で保存しましょう。

■完成例■

	A	B	C	D	E	F	G
1	提携宿泊施設一覧						
2	ビジネルホテル名	最寄駅	宿泊料金（円）	チェックイン	チェックアウト	サービス	施設
3	トワイライト東海	名古屋	8,900	17:00	10:00	FAX・コピー	サウナ
4	ベイビュー新大阪	新大阪	7,200	16:00	10:00	インターネット	大浴場
5	アットビジネス札幌	札幌	5,800	15:00	11:00	インターネット	コンビニ
6	白鳥会館	東京	12,000	15:00	10:00	朝食無料	レストラン
7	ヒルトッププラザ名古屋	名古屋	11,000	17:00	10:00	インターネット	大浴場
8	セントラルイン新横浜	新横浜	12,800	19:00	10:00	FAX・コピー	大浴場
9	クィーンパルク東京	東京	13,000	18:00	11:00	FAX・コピー	会議室
10	ブリーズベイ横浜	新横浜	8,800	18:00	9:00	インターネット	自動販売機
11	ニューYOKOHAMA会館	新横浜	6,000	16:00	9:00	朝食無料	
12	ホテル光洋	仙台	7,800	17:00	10:00	インターネット	大浴場
13	コスモ新大阪ホテル	新大阪	5,700	16:00	11:00	朝刊サービス	大浴場
14	コンフォートイン横浜	新横浜	11,800	15:00	11:00		コンビニ
15	アートホテル新横浜	新横浜	10,000	16:00	11:00	インターネット	
16	ホテル新橋ビュー	東京	6,800	15:00	9:00		サウナ
17	アートホテル仙台	仙台	7,300	17:00	11:00	FAX・コピー	コンビニ
18	ナビオスHOTEL	新横浜	9,100	15:00	10:00	インターネット	
19							
20	検索条件入力						
21	ビジネルホテル名	最寄駅	宿泊料金（円）	チェックイン	チェックアウト	サービス	施設
22		新横浜	<10000				
23		東京	<10000				
24							
25	検索結果一覧						
26	ビジネルホテル名	最寄駅	宿泊料金（円）	チェックイン	チェックアウト	サービス	施設
27	ブリーズベイ横浜	新横浜	8,800	18:00	9:00	インターネット	自動販売機
28	ニューYOKOHAMA会館	新横浜	6,000	16:00	9:00	朝食無料	
29	ホテル新橋ビュー	東京	6,800	15:00	9:00		サウナ
30	ナビオスHOTEL	新横浜	9,100	15:00	10:00	インターネット	

売上台帳

非常に多くの行数や列数がある表のデータをすばやく集計し、体裁を整えて見やすく
印刷できるようにページ設定をしましょう。

何月何日にどんな商品を1個あたりいくらで何個販売したかといった明細を記録した「売上台帳」
は、データ量が膨大になりがちです。集計して見やすく印刷できるようにすることは非常に重要
です。

	A	B	C	D	E	F	G	H	I
1	売上台帳								
2									
3	注文日	支店CD	営業所	担当者	商品名	商品分類	数量	単価	売上高
4	1/12	A3000	名古屋	松崎弘	スペシャルブレンド	コーヒー	10	1,800	¥18,000
5	1/29	A3000	名古屋	永井洋子	モカ	コーヒー	40	1,500	¥60,000
6	1/30	A3000	名古屋	佐々木民雄	ブラジル	コーヒー	20	1,600	¥32,000
7	3/8	A3000	名古屋	永井洋子	エスプレッソ	コーヒー	15	1,500	¥22,500
8	3/8	A3000	名古屋	佐々木民雄	オレンジペコ	紅茶	10	1,000	¥10,000
9	4/3	A3000	名古屋	松崎弘	ダージリン	紅茶	10	1,200	¥12,000
10	4/20	A3000	名古屋	永井洋子	ブルーマウンテン	コーヒー	50	2,000	¥100,000
11	4/20	A3000	名古屋	佐々木民雄	モカ	コーヒー	40	1,500	¥60,000
12	5/4	A3000	名古屋	佐々木民雄	ブラジル	コーヒー	20	1,600	¥32,000
13	5/4	A3000	名古屋	永井洋子	モカ	コーヒー	40	1,500	¥60,000
14	5/25	A3000	名古屋	松崎弘	ブラジル	コーヒー	20	1,600	¥32,000
15	6/18	A3000	名古屋	佐々木民雄	アッサム	紅茶	30	1,500	¥45,000
16	6/18	A3000	名古屋	永井洋子	スペシャルブレンド	コーヒー	10	1,800	¥18,000
17	6/29	A3000	名古屋	松崎弘	ブラジル	コーヒー	80	1,600	¥128,000
18	6/30	A3000	名古屋	永井洋子	モカ	コーヒー	40	1,500	¥60,000
19	7/24	A3000	名古屋	松崎弘	モカ	コーヒー	40	1,500	¥60,000
20	7/29	A3000	名古屋	永井洋子	スペシャルブレンド	コーヒー	10	1,800	¥18,000
21	8/6	A3000	名古屋	松崎弘	ダージリン	紅茶	10	1,200	¥12,000
22	8/20	A3000	名古屋	松崎弘	オレンジペコ	紅茶	10	1,000	¥10,000

ファイル「問題42」を開きましょう。

1. セルA1の書式を24ポイント、太字、フォントの色を［テーマの色］の［オレンジ、アクセ
ント2］に設定しましょう。

2. セルA1～I116表全体の書式をテーブル機能の書式設定を使って、1行間隔にセルに色
を付ける設定をしましょう。
テーブルスタイル：［オレンジ、テーブルスタイル（中間）3］

3. 金額を合計した集計行を追加し、数量の合計を求めましょう。

4. J列に「備考」欄を追加し、列幅を50.00に変更しましょう。

Point 3 マクロを使ってフォーム活用を効率化

見積書、発注書、納品書、請求書、領収書など、取引に伴って何度も使用するフォーム類は、よく行う操作をマクロに登録しておくことで、フォーム活用がさらに効率的になります。例えば、「明細表は、その都度必要な行数が変動するので、フォームでは多めに行を用意しておき、印刷時に空行を削除する」という操作を毎回するのであれば、マクロで用意しておくと便利です。

問題 50

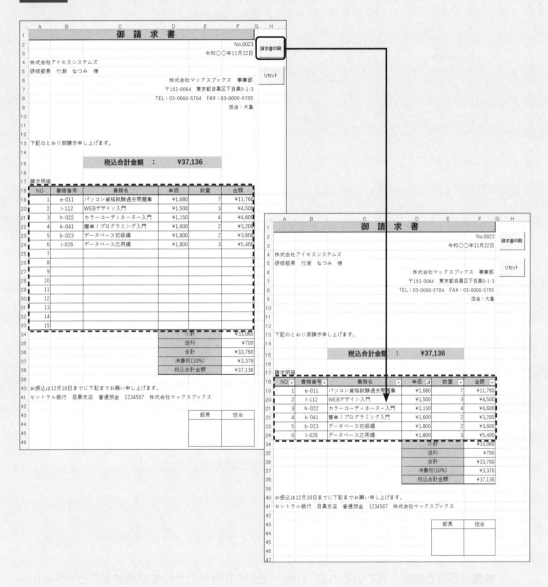

見積書

見積書を作成しましょう。

次のような見積書をExcelで作成することにしました。

見積書例

御見積書

2023年7月1日

株式会社JAFCO商事御中

株式会社ゼネラル・ビジネス
責任者　佐野　雄一郎
〒108-0074　東京都港区高輪0-1-6
電話　03-0000-4192

担当者	責任者

以下のとおり御見積り申し上げます。
発行日：2023年7月1日
有効期限：発行日より30日間

No.	品名	単価	数量	金額
1	デスクトップ型　MAX-200	¥89,800	12	¥1,077,600
2	デスクトップ型　MAX-100	¥69,800	12	¥837,600
3	ノート型　MX-1000	¥79,800	20	¥1,596,000
4	ノート型　RX-2000	¥139,800	10	¥1,398,000
5	ディスプレイ　CLEAR-V22	¥14,980	24	¥359,520
		小計		¥5,268,720
		消費税(10%)		¥526,872
		合計		¥5,795,592

問合せ先
株式会社ゼネラル・ビジネス
営業部　販売第1課　高橋　正美
電話　03-0000-4192
メール　takahashi@example.co.jp

Excelファイルを新規作成しましょう。

1. セルA1に「御見積書」と入力し、フォントサイズを16ポイント、太字にし、セルA1 〜 E1を結合して中央に配置しましょう。

　●表が5列で構成されているので、A列〜 E列の5列分のセルを結合することでタイトルを文書の中央に配置することができます。

2. 発行日の日付を4行目の右端に入力し、表示形式を「yyyy年mm月dd日」に設定しましょう。

3. 宛名を7行目の左端に入力しましょう。

4. 自社の情報を8〜11行目の右端に入力して右揃えにしましょう。
   ●「〒」は「ゆうびん」と入力して変換します。

5. 確認（押印）欄を作成しましょう。

6. 「以下のとおり御見積り申し上げます。」以下の3行の文を19行目の左端から順に入力しましょう。

7. 入力例を参考にセルA22からE30にデータを入力しましょう。金額、小計、消費税（10%）、合計は、数式を使って求めましょう。金額は桁区切りスタイルにしましょう。ここでは消費税を10%として計算します。
   ●見出し「小計」、「消費税（10%）」、「合計」はD列に入力します。

8. 表の文字列や数値が隠れない程度にセル幅を調整しましょう。

9. 入力例を参考に罫線を設定しましょう。

10. 見出しのセルを中央に配置しましょう。

11. 問合せ先の内容を、完成例を参考に入力し罫線を設定しましょう。

12. セルA1〜E37がA4縦で水平・垂直方向ともページ中央に印刷されるようにしましょう。

「問題46-2E」という名前で保存しましょう。

■完成例■

	A	B	C	D	E
1			御見積書		
2					
3					
4					2023年7月1日
5					
6					
7	株式会社JAFCO商事御中				
8				株式会社ゼネラル・ビジネス	
9				責任者　佐野　雄一郎	
10				〒108-0074　東京都港区高輪0-1-6	
11				電話　03-0000-4192	
12					
13				担当者	責任者
14					
15					
16					
17					
18					
19	以下のとおり御見積り申し上げます。				
20	発行日：2023年7月1日				
21	有効期限：発行日より30日間				
22	No.	品名	単価	数量	金額
23	1	デスクトップ型　MAX-200	¥89,800	12	¥1,077,600
24	2	デスクトップ型　MAX-100	¥69,800	12	¥837,600
25	3	ノート型　MX-1000	¥79,800	20	¥1,596,000
26	4	ノート型　RX-2000	¥139,800	10	¥1,398,000
27	5	ディスプレイ　CLEAR-V22	¥14,980	24	¥359,520
28				小計	¥5,268,720
29				消費税(10%)	¥526,872
30				合計	¥5,795,592
31					
32					
33			問合せ先		
34			株式会社ゼネラル・ビジネス		
35			営業部　販売第1課　高橋　正美		
36			電話　03-0000-4192		
37			メール　takahashi@example.co.jp		

基礎 問題 47 納品書

見積書を流用して納品書を作成しましょう。

次の見積書を客先に送付後、1週間後に納品することになりました。見積書を基に、納品書を作成しましょう。ただし、「タープセット（ダークグリーン）」の数量は「15」に、「寝袋（ファミリータイプ）」の数量は「16」に変更になりました。見積書にコメントで変更を記録しておきましょう。

No.	品　名	単　価	数　量	金　額
	発 行 日	2023年5月14日		
	有効期限	2023年6月14日		
		御 見 積 書		
	株式会社日本アウトドア 御中			
			イエローレイク株式会社	
			営業第2課　井坂貴之	
		〒160-0007　東京都新宿区荒木町0-5-6		
			電話 03-0000-8353	
		責任者	**担当者**	
	以下のとおり御見積申し上げます。			
1	タープセット（ダークグリーン）	¥7,580	12	¥90,960
2	寝袋（ファミリータイプ）	¥3,980	18	¥71,640
3	エアーマット（150）	¥3,580	10	¥35,800
4	ランタンEX50	¥2,550	25	¥63,750
5	ハンモックEZタイプ	¥2,050	30	¥61,500
6				
7				
8				
			小　計	¥323,650
			消費税(10%)	¥32,365
			合　計	¥356,015
	※見積有効期限は発行日より30日間です。			
	お問合せ先			
	イエローレイク株式会社			
	営業第2課　井坂貴之			
	電話　03-0000-8353			
	メール　isaka@example.jp			

ファイル「問題47」を開きましょう。

1. ワークシート［見積書］をコピーし、シート見出しの名前を「納品書」に変更しましょう。

2. セルD5の「御　見　積　書」を「納　品　書」に変更しましょう。

3. セルG2の発行日を「2023年5月21日」に変更し、有効期限の行を削除しましょう。

4. 完成例を参考に「このたびはご注文ありがとうございました。」の一文を追加しましょう。「以下のとおり御見積申し上げます。」を「以下のとおり納品申し上げます。」に変更しましょう。また、「今後ともよろしくお願い申し上げます。」の一文を追加しましょう。

5. セルG22〜G32に合計金額や消費税を求める数式が入力されていることを確認し、セルF22とF23の数量を変更しましょう。

6. 「※見積有効期限は発行日より30日間です。」の行を削除しましょう。

7. ワークシート[見積書]を表示しましょう。

8. セルF21に「15セットに変更」、セルF22に「16個に変更」というコメントを表示しましょう。

「問題47-2E」という名前で保存しましょう。

■完成例■

	発行日	2023年5月21日

納 品 書

株式会社日本アウトドア 御中

イエローレイク株式会社
営業第2課　井坂貴之
〒160-0007　東京都新宿区荒木町0-5-6
電話 03-0000-8353

責任者	担当者

このたびはご注文ありがとうございました。
以下のとおり納品いたします。
今後ともよろしくお願い申し上げます。

No.	品　　名	単　価	数　量	金　額
1	タープセット（ダークグリーン）	¥7,580	15	¥113,700
2	寝袋（ファミリータイプ）	¥3,980	16	¥63,680
3	エアーマット（150）	¥3,580	10	¥35,800
4	ランタンEX50	¥2,550	25	¥63,750
5	ハンモックEZタイプ	¥2,050	30	¥61,500
6				
7				
8				
			小　計	¥338,430
			消費税(10%)	¥33,843
			合　計	¥372,273

お問合せ先
イエローレイク株式会社
営業第2課　井坂貴之
電話 03-0000-8353
メール　isaka@example.jp

48 請求書

納品書を流用して請求書を作成しましょう。

次の納品書を基に、20日締めの請求書を作成しましょう。
振込先は「中央銀行南口支店　普通　1122112　名義：株式会社島村飲料」です。

	A	B	C	D	E
1	**納品書**				No.081209
2				発行日	2023年4月25日
7	株式会社アルファ商事　御中				
8					株式会社島村飲料
9				〒980-0000　仙台市青葉区中央0-3-1	
10				電話02-0000-6010	
12				責任者	担当者
18	このたびはご注文ありがとうございました。				
19	以下のとおり納品申し上げます。				
20	今後ともよろしくお願い申し上げます。				
22	No.	品名	単価	数量	金額
23	1	冷水ミネラルサーバーRS90	¥36,800	35	¥1,288,000
24	2	冷水ミネラルサーバーRR20	¥22,600	30	¥678,000
25	3	ウォーターサーバー8L	¥20,100	15	¥301,500
26	4	ウォーターサーバー5L	¥18,900	15	¥283,500
27	5	ミネラルサーバーカートリッジ	¥9,800	250	¥2,450,000
28				小計	¥5,001,000
29				消費税(10%)	¥500,100
30				合計	¥5,501,100
33				お問合せ先	
34				株式会社島村飲料	
35				販売1課　藤井　真一	
36				電話　02-0000-6010	
37				メール　shinichi@example.ne.jp	

ファイル「問題48」を開きましょう。

1. ワークシート［納品書］をコピーし、シート見出しの名前を「請求書」に変更しましょう。

2. セルA1の「納品書」を「御請求書」に、セルE1の「No.081209」を「No.B01-300」に変更しましょう。

3. セルE2の発行日を納品書の日付を参考に「20日締め」で変更しましょう。

> 「20日締め」は納品日や実施日から最も近い20日で会計上の区切りを付けることです。締め日は企業によって異なります。請求書はこの「締め日」から起算して「○日後」とするのが一般的です。

4. セルA19の「以下のとおり納品申し上げます。」を「以下のとおり御請求申し上げます。」に変更しましょう。

5. 21行目の前に行を3行挿入しましょう。

6. セルA22に「御請求金額」と入力し、フォントサイズを14ポイント、太字に設定しましょう。

7. セルC22にセルA22の書式をコピーし、合計金額のセルを参照する数式を入力して、通貨スタイルを設定しましょう。

8. セルA24に「請求明細」と入力しましょう。

9. 36行目の前に行を2行挿入しましょう。

10. セルA35に「お振込みは下記までお願い申し上げます。」と入力し、セルA36に振込先を入力しましょう。

「問題48-2E」という名前で保存しましょう。

■完成例■

	A	B	C	D	E
1	御請求書				No.B01-300
2				発行日	2023年5月20日
3					
4					
5					
6					
7	株式会社アルファ商事　御中				
8					株式会社島村飲料
9				〒980-0000　仙台市青葉区中央0-3-1	
10				電話02-0000-6010	
11					
12				責任者	担当者
13					
14					
15					
16					
17					
18	このたびはご注文ありがとうございました。				
19	以下のとおり御請求申し上げます。				
20	今後ともよろしくお願い申し上げます。				
21					
22	御請求金額		¥5,501,100		
23					
24	請求明細				
25	No.	品名	単価	数量	金額
26	1	冷水ミネラルサーバーRS90	¥36,800	35	¥1,288,000
27	2	冷水ミネラルサーバーRR20	¥22,600	30	¥678,000
28	3	ウォーターサーバー8L	¥20,100	15	¥301,500
29	4	ウォーターサーバー5L	¥18,900	15	¥283,500
30	5	ミネラルサーバーカートリッジ	¥9,800	250	¥2,450,000
31				小計	¥5,001,000
32				消費税(10%)	¥500,100
33				合計	¥5,501,100
34					
35	お振込みは下記までお願い申し上げます。				
36	中央銀行南口支店　普通　1122112　名義：株式会社島村飲料				
37					
38				お問合せ先	
39				株式会社島村飲料	
40				販売1課　藤井　真一	
41				電話　02-0000-6010	
42				メール　shinichi@example.ne.jp	

請求書は、請求金額がはっきりわかるように、目立つところに請求金額だけを入れる欄を設けるとよいでしょう。その下に、見積書や納品書と同様に明細表を「請求明細」として添えます。

応用 問題 49 請求明細書

請求書を作成しましょう。

次のメモから、「株式会社アイセスシステムズ　研修部長　竹瀬なつみ様」に送る株式会社マックスブックス事業部の請求明細書付きの請求書を、令和○○年11月22日付で作成しましょう。

■請求書明細

書籍番号	書籍名	単価	数量
e-011	パソコン資格試験過去問題集	1,680円	7冊
l-112	WEBデザイン入門	1,500円	3冊
h-022	カラーコーディネーター入門	1,150円	4冊
k-041	つくってみよう！DVD	1,600円	2冊
b-023	データベース初級編	1,800円	2冊
l-026	データベース応用編	1,800円	3冊

■送料
700円（税込770円）

■振込
12月10日までに、振込先はセントラル銀行、目黒支店、普通預金、1234567、名義は社名と同じ

■請求書番号
No.0023

■株式会社マックスブックスの情報
〒153-0064　東京都目黒区下目黒0-1-3
TEL：03-0000-5704　FAX：03-0000-5705
担当：大島

■その他
請求書の下に押印欄を作成する

「問題49-2E」という名前で保存しましょう。

タイトルの「御請求書」は文書の中央にタイトルらしく目立つように配置します。請求書には「御請求申し上げます」という主旨の文章に続けて、請求合計額を大きめに記載し、その下に請求明細の表を付与します。
帳票の発行者名（社名）は、宛先よりも下に記載します。

請求明細書（マクロ）

請求書を印刷するにあたって、情報を入力していない空白行を自動で除外できるように設定し、マクロボタンを作成して登録しましょう。

ファイル「問題50」を開きましょう。「問題50」は、株式会社マックスブックス事業部の請求明細書付きの請求書です。

	A	B	C	D	E	F	G
1				御 請 求 書			
2						No.0023	
3						令和〇〇年11月22日	
4	株式会社アイセスシステムズ						
5	研修部長　竹瀬　なつみ　様						
6				株式会社マックスブックス　事業部			
7				〒153-0064　東京都目黒区下目黒0-1-3			
8				TEL：03-0000-5704　FAX：03-0000-5705			
9						担当：大島	
10							
11							
12							
13	下記のとおり御請求申し上げます。						
14							
15			税込合計金額　：		¥37,136		
16							
17	請求明細						
18	NO	書籍番号	書籍名	単価	数量	金額	
19	1	e-011	パソコン資格試験過去問題集	¥1,680	7	¥11,760	
20	2	l-112	WEBデザイン入門	¥1,500	3	¥4,500	
21	3	h-022	カラーコーディネーター入門	¥1,150	4	¥4,600	
22	4	k-041	簡単！プログラミング入門	¥1,600	2	¥3,200	
23	5	b-023	データベース初級編	¥1,800	2	¥3,600	
24	6	l-026	データベース応用編	¥1,800	3	¥5,400	
25	7						
26	8						
27	9						
28	10						
29	11						
30	12						
31	13						
32	14						
33	15						
34				小計		¥33,060	
35				送料		¥700	
36				合計		¥33,760	
37				消費税(10%)		¥3,376	
38				税込合計金額		¥37,136	
39							
40	お振込は12月10日までに下記までお願い申し上げます。						
41	セントラル銀行　目黒支店　普通預金　1234567　株式会社マックスブックス						
42							
43				部長	担当		
44							
45							
46							

・印刷する際、情報を入力していない空白行を自動で除外し、印刷するマクロを記録しましょう。
・抽出の解除を行うマクロを記録しましょう。
・記録したマクロが簡単に実行できるように、ボタンを作成してそれぞれのマクロを登録しましょう。

マクロ有効ブックとして、「問題50-2E」という名前で保存しましょう。

解答集

問題に対する解答例を記載しています。

基礎問題の解答例は、この手順どおりに操作しなくても、
同等の操作を行って問題の要求を満たす結果が得られれば「正解」です。

応用問題の解答例は、「完成例」ファイルを作成するための手順です。
作成した解答ファイルが完成例ファイルと異なっていても、
問題の要求を満たしていれば「正解」となります。

解答集目次

第1章
計算

基礎問題 1 売上日報

1.

①セルA1をクリックします。

②[ホーム] タブの[11 ▾] [フォントサイズ] ボックスの▼をクリックし、[24] をクリックします。

③[ホーム] タブの[B] [太字] ボタンをクリックします。

④[ホーム] タブの[A ▾] [フォントの色] ボタンの▼をクリックし、[テーマの色] の [緑、アクセント6、黒+基本色25%] (上から5行目の右端) をクリックします。

⑤セルA1 〜 B1を範囲選択します。

⑥[ホーム] タブの[セルを結合して中央揃え ▾] [セルを結合して中央揃え] ボタンをクリックします。

2.

①セルA3 〜 F13を範囲選択します。

②Ctrlキーを押しながらセルC14 〜 F14を範囲選択します。

③[ホーム] タブの[⊞ ▾] [罫線] ボタンの▼をクリックし、[格子] をクリックします。

3.

①セルA3 〜 F3を範囲選択します。

②Ctrlキーを押しながらセルC14をクリックします。

③[ホーム] タブの[B] [太字] ボタンをクリックします。

④[ホーム] タブの[⬥ ▾] [塗りつぶしの色] ボタンの▼をクリックし、[テーマの色] の [緑、アクセント6] (1行目の右端) をクリックします。

⑤[ホーム] タブの[A ▾] [フォントの色] ボタンの▼をクリックし、[テーマの色] の [白、背景1] (1行目の左端) をクリックします。

⑥[ホーム] タブの[≡] [中央揃え] ボタンをクリックします。

4.

①列番号A 〜 Fを範囲選択します。

②選択した任意の列番号の右側の境界線をポイントし、マウスポインターの形が➕になっていること

を確認して、ダブルクリックします。

5.

①セルE1 〜 E2を範囲選択します。

②[ホーム] タブの[≡] [右揃え] ボタンをクリックします。

6.

数式：=TODAY()

①セルF1をクリックし、数式バーの左横にある[fx] [関数の挿入] ボタンをクリックします。

②[関数の挿入] ダイアログボックスの [関数の分類] ボックスの▼をクリックし、[日付/時刻] をクリックし、[関数名] ボックスの [TODAY] をクリックして、[OK] をクリックします。

③[関数の引数]ダイアログボックスの[OK]をクリックします。

④[ホーム] タブの[日付 ▾] [数値の書式] ボックスの▼をクリックして、[長い日付形式] をクリックします。

7.

①セルF2をクリックします。

②「0.1」と入力し、[ホーム] タブの[標準 ▾] [数値の書式] ボックスの▼をクリックして、[パーセンテージ] をクリックします。

8.

数式：=C4*D4

①セルE4をクリックし、「=C4*D4」と入力して、Enterキーを押します。

②セルE4をクリックし、フィルハンドルをポイントし、マウスポインターの形が➕になっていることを確認して、セルE13までドラッグします。

9.

数式：=INT(E4*(1+$F$2))

①セルF4をクリックし、[fx] [関数の挿入] ボタンをクリックします。

②[関数の挿入] ダイアログボックスの [関数の分類] ボックスの▼をクリックして[数学/三角]をクリックし、[関数名] ボックスの [INT] をクリックして、[OK] をクリックします。

③[関数の引数] ダイアログボックスの [数値] ボックスにカーソルが表示されていることを確認し、

「E4*(1+$F$2)」と入力して[OK]をクリックします。

④セルF4をクリックし、フィルハンドルをポイントし、マウスポインターの形が╋になっていることを確認して、セルF13までドラッグします。

> 消費税計算では小数点以下は切り捨てになるのでINT関数を使います。参照セルを絶対参照にするには、絶対参照したいセルを指定したあとにF4キーを一度押すと絶対参照になります。

10.

数式：=SUM(D4:D13)

①セルD14をクリックし、[ホーム]タブの Σ・ [合計]ボタンをクリックします。

②セルD14に[=SUM(D4:D13)]と表示されていることを確認し、Σ・ [合計]ボタンをクリックします。

11.

数式：=SUM(E4:E13)

①セルE14をクリックし、[ホーム]タブの Σ・ [合計]ボタンをクリックします。

②セルE14に[=SUM(E4:E13)]と表示されていることを確認し、Σ・ [合計]ボタンをクリックします。

③セルE14のフィルハンドルをポイントし、マウスポインターの形が╋になっていることを確認して、セルF14までドラッグします。

12.

①セルC4～F13を範囲選択します。

②Ctrlキーを押しながらセルD14～F14を範囲選択します。

③[ホーム]タブの , [桁区切りスタイル]ボタンをクリックします。

13.

①セルA4～A13を範囲選択します。

②[ホーム]タブの[書式]の▼をクリックして、[セルの書式設定]をクリックします。

③[セルの書式設定]ダイアログボックスの[表示形式]タブの[ユーザー定義]をクリックします。

④[種類]ボックスに「00000;-00000」と入力して[OK]をクリックします。

> セルに入力された数字はそのままでは数値として処理されるため、「0」で始まるコード番号を入力すると「0」を除いた状態で表示されます。これを避けるにはセルの書式設定を[文字列]にして、数字ではなく文字として扱うようにする方法があります。ただし、この方法では左上にエラーを示す緑色の三角形が表示されてしまいます。手順13は、これを表示させない方法です。

14.

①セルC4～C13を範囲選択します。

②Ctrlキーを押しながらセルE4～F14を範囲選択します。

③[ホーム]タブの 🖳・ [通貨表示形式]ボタンをクリックします。

基礎問題 2 支店別売上実績表

1.

①セルA2をクリックし、[ホーム]タブの B [太字]ボタンをクリックします。

②[ホーム]タブの 11 ・ [フォントサイズ]ボックスの▼をクリックし、[16]をクリックします。

2.

①セルE1に「日付：」と入力し、Enterキーを押します。

②セルE1をクリックし、[ホーム]タブの ≡ [右揃え]ボタンをクリックします。

3.

①セルF1をクリックし、「2023/5/20」と入力してEnterキーを押します。

②セルF1をクリックし、[ホーム]タブの 日付 ・ [数値の書式]ボックスの▼をクリックして、[その他の表示形式]をクリックします。

③[セルの書式設定]ダイアログボックスの[表示形式]タブの[分類]ボックスの[日付]をクリックし、[種類]ボックスの[3月14日]をクリックして、[OK]をクリックします。

4.

①セルE4に「前年度比」、セルF4に「予算比」、セルA10に「合計」と入力します。

②列番号B～Fを範囲選択し、[ホーム]タブの 🖳 [書

式] ボタンをクリックして、[セルのサイズ] の [列の幅] をクリックします。

③[列の幅] ダイアログボックスの [列の幅] ボックスに「14」と入力し、[OK] をクリックします。

5.

①セルB4 ～ F4を範囲選択し、Ctrlキーを押しながらセルA5 ～ A10を範囲選択します。

②[ホーム] タブの ≡ [中央揃え] ボタンをクリックします。

6.

①セルA4 ～ F10を範囲選択し、[ホーム] タブの ⊞▾ [罫線] ボックス横にある▼をクリックして、[格子] をクリックします。

②セルA4 ～ F4を範囲選択し、Ctrlキーを押しながらセルA9 ～ F9を範囲選択します。

③[ホーム] タブの ⊞▾ [罫線] ボックス横にある▼をクリックし、[下太罫線] をクリックします。

7.

①セルA4 ～ F4を範囲選択し、Ctrlキーを押しながらセルA5 ～ A10を範囲選択します。

②[ホーム] タブの ◇▾ [塗りつぶしの色] ボタンの▼をクリックし、[テーマの色] の [緑、アクセント6、白＋基本色60%] (上から3行目の右端) をクリックします。

8.

①セルF3をクリックし、「(単位：千円)」と入力して、Enterキーを押します。

②セルF3をクリックし、[ホーム] タブの ≡ [右揃え] ボタンをクリックします。

9.

数式：=SUM(B5:B9)

①セルB10をクリックし、[ホーム] タブの Σ▾ [合計] ボタンをクリックします。

②セルB10に「=SUM(B5:B9)」と表示されていることを確認して、 Σ▾ [合計] ボタンをクリックします。

③セルB10のフィルハンドルをポイントし、マウスポインターの形が ＋ になっていることを確認してからセルD10までドラッグします。

10.

数式：=D5/B5

①セルE5をクリックし、「=D5/B5」と入力して、Enterキーを押します。

②セルE5をクリックし、フィルハンドルをポイントしてマウスポインターの形が ＋ になっていることを確認し、セルE10まで右ドラッグして、ショートカットメニューの [書式なしコピー（フィル）] をクリックします。

11.

数式：=D5/C5

①セルF5をクリックし、「=D5/C5」と入力して、Enterキーを押します。

②セルF5をクリックしてフィルハンドルをポイントし、マウスポインターの形が ＋ になっていることを確認し、セルF10まで右ドラッグして、ショートカットメニューの [書式なしコピー（フィル）] をクリックします。

12.

①セルB5 ～ D10を範囲選択し、[ホーム] タブの , [桁区切りスタイル] ボタンをクリックします。

13.

①セルE5 ～ F10を範囲選択し、[ホーム] タブの ％ 「パーセントスタイル」ボタンをクリックします。

②[ホーム] タブの ⬆ 「小数点以下の表示桁数を増やす」ボタンをクリックします。

基礎 問題 3 交通費精算書

1.

数式：=IF(C4="","",TODAY())

①セルJ4をクリックし、fx [関数の挿入] ボタンをクリックします。

②[関数の挿入] ダイアログボックスの [関数の分類] ボックスの▼をクリックして[論理]をクリックし、[関数名] ボックスの [IF] をクリックして、[OK] をクリックします。

③[関数の引数] ダイアログボックスの [論理式] ボックスにカーソルが表示されていることを確認し、「C4=""」と入力します。

④[値が真の場合] ボックスをクリックし、「""」と入力します。

⑤[値が偽の場合] ボックスをクリックし、「TODAY()」と入力して、[OK] をクリックします。

2.

①セルB14～B23を範囲選択します。
②[ホーム] タブの[書式] [書式] ボタンをクリックし、[保護] の [セルの書式設定] をクリックします。
③[セルの書式設定] ダイアログボックスの [表示形式] タブの [分類] ボックスの [日付] をクリックし、[種類] ボックスの [3/14] をクリックして、[OK] をクリックします。
④[ホーム] タブの[中央揃え] [中央揃え] ボタンをクリックします。

3.

①セルC14～D23を範囲選択します。
②CtrlキーをおしながらセルI14～I23を範囲選択します。
③[ホーム] タブの[書式] [書式] ボタンをクリックし、[保護] の [セルの書式設定] をクリックします。
④[セルの書式設定] ダイアログボックスの [配置] タブをクリックし、[文字の制御] の [縮小して全体を表示する] チェックボックスをオンにして、[OK] をクリックします。

4.

数式：=IF(AND(E14="",F14="",G14=""),"",SUM(E14:G14))
①セルH14をクリックし、[fx] [関数の挿入] ボタンをクリックします。
②[関数の挿入] ダイアログボックスの [関数の分類] ボックスに [論理] と表示されていることを確認し、[関数名] ボックスの [IF] をクリックして、[OK] をクリックします。
③[関数の引数] ダイアログボックスの [論理式] ボックスにカーソルが表示されていることを確認し、数式バーの左端にある関数ボックスの▼をクリックして、[AND] をクリックするか、[その他の関数] をクリックして [AND] を選びます。
④[関数の引数] ダイアログボックスの [論理式1] ボックスにカーソルが表示されていることを確認し、「E14=""」と入力します。
⑤[論理式2] ボックスをクリックし、「F14=""」と入力します。
⑥[論理式3] ボックスをクリックし、「G14=""」と入力します。

⑦数式バーの「IF」の関数名をクリックします。
⑧[関数の引数] ダイアログボックスの [値が真の場合] ボックスをクリックし、「""」と入力します。
⑨[値が偽の場合] ボックスをクリックし、関数ボックスの▼をクリックして、[SUM] をクリックします。
⑩[関数の引数] ダイアログボックスの [数値1] ボックスに [E14：G14] と表示されていることを確認し、[OK] をクリックします。
⑪セルH14のフィルハンドルをポイントし、マウスポインターの形が ✚ になっていることを確認し、セルH23まで右ドラッグして、ショートカットメニューの [書式なしコピー（フィル）] をクリックします。

5.

数式：=IF(SUM(E14:E23)=0,"",SUM(E14:E23))
①セルE24をクリックし、[fx] [関数の挿入] ボタンをクリックします。
②[関数の挿入] ダイアログボックスの [関数の分類] ボックスに [論理] と表示されていることを確認し、[関数名] ボックスの [IF] をクリックして、[OK] をクリックします。
③[関数の引数] ダイアログボックスの [論理式] ボックスにカーソルが表示されていることを確認し、関数ボックスの▼をクリックして、[SUM] をクリックします。
④[関数の引数] ダイアログボックスの [数値1] ボックスにカーソルが表示されていることを確認し、セルE14～E23を範囲選択します。
⑤数式バーの「IF」の関数名をクリックします。
⑥[関数の引数] ダイアログボックスの [論理式] ボックスをクリックし、「SUM(E14:E23)」の後ろをクリックして「=0」と入力します。
⑦[値が真の場合] ボックスをクリックし、「""」と入力します。
⑧[値が偽の場合] ボックスをクリックし、関数ボックスの▼をクリックして、[SUM] をクリックします。
⑨[関数の引数] ダイアログボックスの [数値1] ボックスにカーソルが表示されていることを確認し、セルE14～E23を範囲選択して、[OK] をクリックします。
⑩セルE24のフィルハンドルをポイントし、マウスポインターの形が ✚ になっていることを確認して、セルH24までドラッグします。

6.

数式：=H24

①セルI26をクリックし、「=H24」と入力して、Enterキーを押します。

7.

数式：=IFS(I27="","",I27<=I26,0,I27>I26,I27-I26)

> IF関数を使用する場合は、以下のように設定します。
> 数式：=IF(I27="","",IF I27<=I26,0,I27-I26))

①セルI28をクリックし、f_x［関数の挿入］ボタンをクリックします。

②［関数の挿入］ダイアログボックスの［関数の分類］ボックスに［論理］と表示されていることを確認し、［関数名］ボックスの［IFS］をクリックして、［OK］をクリックします。

③［関数の引数］ダイアログボックスの［論理式1］ボックスにカーソルが表示されていることを確認し、「I27=""」と入力します。

④［値が真の場合1］ボックスをクリックし、「""」と入力します。

⑤［論理式2］ボックスをクリックし、「I27<=I26」と入力します。

⑥［値が真の場合2］ボックスをクリックし、「0」と入力します。

⑦［論理式3］ボックスをクリックし、「I27>I26」と入力します。

⑧［値が真の場合3］ボックスをクリックし、「I27-I26」と入力して、［OK］をクリックします。

8.

数式：=IF(I26="","",I26-I27)

①セルC10をクリックし、f_x［関数の挿入］ボタンをクリックします。

②［関数の挿入］ダイアログボックスの［関数の分類］ボックスに［論理］と表示されていることを確認し、［関数名］ボックスの［IF］をクリックして、［OK］をクリックします。

③［関数の引数］ダイアログボックスの［論理式］ボックスにカーソルが表示されていることを確認し、「I26=""」と入力します。

④［値が真の場合］ボックスをクリックし、「""」と入力します。

⑤［値が偽の場合］ボックスをクリックし、「I26-I27」と入力して、［OK］をクリックします。

9.

①セルC10をクリックし、Ctrlキーを押しながらセルI26～I28を範囲選択します。

②［ホーム］タブの［通貨表示形式］ボタンをクリックします。

10.

①セルC4～C6を範囲選択します。

②Ctrlキーを押しながらセルB14～G23、I14～I23、I27を範囲選択します。

③［ホーム］タブの［書式］ボタンをクリックし、［保護］の［セルのロック］をクリックします。

④［ホーム］タブの［書式］ボタンをクリックし、［保護］の［シートの保護］をクリックします。

⑤［シートの保護］ダイアログボックスの［OK］をクリックします。

11.

①［表示］タブの［目盛線］チェックボックスをオフにします。

12.

①セルC4～C6を範囲選択します。

②Ctrlキーを押しながらセルB14～G21を範囲選択します。

③Delキーを押します。

13.

①［ファイル］タブをクリックし、［名前を付けて保存］をクリックして［このPC］をダブルクリックします。

②［名前を付けて保存］ダイアログボックスの［ファイル名］ボックスに「問題03-2E」と入力します。

③［ファイルの種類］ボックスの▼をクリックし、［Excelテンプレート］をクリックします。

④［保存先］のボックスの上に［Officeのカスタムテンプレート］と表示されていることを確認し、［保存］をクリックします。

⑤［Excelテンプレート］として保存したフィアルを開くには、［ファイル］タブの［新規］をクリックし、［個人用］から［Excelテンプレート］として保存したブックを開きます。

1.

①セルA1をクリックします。

②[ホーム] タブの 11 ▾ [フォントサイズ] ボックスの▼をクリックし、[16] をクリックします。

③[ホーム] タブの B [太字] ボタンをクリックします。

④[ホーム] タブの A ▾ [フォントの色] ボタンの▼をクリックし、[テーマの色] の [オレンジ、アクセント2] (1行目の左から6列目) をクリックします。

⑤セルA1 ～ D1を範囲選択します。

⑥[ホーム] タブの セルを結合して中央揃え ▾ [セルを結合して中央揃え] ボタンをクリックします。

2.

①セルA3 ～ D17を範囲選択します。

②[ホーム] タブの [罫線] ボタンの▼をクリックし、[格子] をクリックします。

③セルA3 ～ D3を範囲選択します。

④Ctrlキーを押しながらセルA15 ～ D15を範囲選択します。

⑤[ホーム] タブの [罫線] ボタンの▼をクリックし、[下二重罫線] をクリックします。

3.

①セルA3 ～ D3を範囲選択します。

②Ctrlキーを押しながらセルA4 ～ A17を範囲選択します。

③[ホーム] タブの [中央揃え] ボタンをクリックします。

④[ホーム] タブの ▾ [塗りつぶしの色] ボタンの▼をクリックし、[テーマの色] の [オレンジ、アクセント2、白＋基本色80%] (上から2行目の左から6列目) をクリックします。

4.

数式：=SUM(B4:B15)

①セルB16をクリックし、[ホーム] タブの Σ ▾ [合計] ボタンをクリックします。

②セルB16に [=SUM(B4:B15)] と表示されていることを確認し、Σ ▾ [合計] ボタンをクリックします。

③セルB16のフィルハンドルをポイントし、マウスポインターの形が ✚ になっていることを確認し

て、セルC16までドラッグします。

5.

数式：=AVERAGE(B4:B15)

①セルB17をクリックし、[ホーム] タブの Σ ▾ [合計] ボタンの▼をクリックして、[平均] をクリックします。

②セルB4 ～ B15を範囲選択します。

③セルB17に [=AVERAGE(B4:B15)] と表示されていることを確認し、Σ ▾ [合計] ボタンをクリックします。

④セルB17のフィルハンドルをポイントし、マウスポインターの形が ✚ になっていることを確認して、セルC17までドラッグします。

6.

①セルB4 ～ B17を範囲選択します。

②Ctrlキーを押しながらセルD4 ～ D17を範囲選択します。

③[ホーム] タブの ▾ [通貨表示形式] ボタンをクリックします。

7.

①セルC17をクリックし、数値が整数の表示になるまで [ホーム] タブの [小数点以下の表示桁数を減らす] ボタンをクリックします。

8.

数式：=ROUND(B4/C4,0)

①セルD4をクリックし、*fx* [関数の挿入] ボタンをクリックします。

②[関数の挿入] ダイアログボックスの [関数の分類] ボックスの▼をクリックして [数学/三角] をクリックし、[関数名] ボックスの [ROUND] をクリックして、[OK] をクリックします。

③[関数の引数] ダイアログボックスの [数値] ボックスにカーソルが表示されていることを確認し、「B4/C4」と入力します。

④[桁数] ボックスをクリックし、「0」と入力して、[OK] をクリックします。

⑤セルD4のフィルハンドルをポイントし、マウスポインターの形が ✚ になっていることを確認して、セルD17まで右ドラッグして、ショートカットメニューの [書式なしコピー (フィル)] をクリックします。

基礎問題 **5** 仕入予定表

1.

数式：=IF(F4<E4,E4-F4,"")

①セルG4をクリックし、f_x **[関数の挿入]** ボタンをクリックします。

②**[関数の挿入]** ダイアログボックスの **[関数の分類]** ボックスの▼をクリックして **[論理]** をクリックし、**[関数名]** ボックスの **[IF]** をクリックして、**[OK]** をクリックします。

③**[関数の引数]** ダイアログボックスの **[論理式]** ボックスにカーソルが表示されていることを確認し、「F4<E4」と入力します。

④**[値が真の場合]** ボックスをクリックし、「E4-F4」と入力します。

⑤**[値が偽の場合]** ボックスをクリックし、「""」と入力して、**[OK]** をクリックします。

⑥セルG4のフィルハンドルをポイントし、マウスポインターの形が**+**になっていることを確認して、セルG21までドラッグします。

2.

数式：=IF(G4="","",D4*G4)

①セルH4をクリックし、f_x **[関数の挿入]** ボタンをクリックします。

②**[関数の挿入]** ダイアログボックスの **[関数の分類]** ボックスに **[論理]** と表示されていることを確認し、**[関数名]** ボックスの **[IF]** をクリックして、**[OK]** をクリックします。

③**[関数の引数]** ダイアログボックスの **[論理式]** ボックスにカーソルが表示されていることを確認し、「G4=""」と入力します。

④**[値が真の場合]** ボックスをクリックし、「""」と入力します。

⑤**[値が偽の場合]** ボックスをクリックし、「D4*G4」と入力して、**[OK]** をクリックします。

⑥セルH4のフィルハンドルをポイントし、マウスポインターの形が**+**になっていることを確認して、セルH21までドラッグします。

3.

①セルH22をクリックし、**[ホーム]** タブの Σ ・ **[合計]** ボタンをクリックします。

②セルH4～H21を範囲選択し、**[=SUM(H4:H21)]** と表示されていることを確認して、Σ ・ **[合計]** ボタンをクリックします。

4.

①セルD4～D21を範囲選択し、Ctrlキーを押しながらセルH4～H22を範囲選択します。

②**[ホーム]** タブの 🖵・ **[通貨表示形式]** ボタンをクリックします。

5.

①セルA3～H21を範囲選択し、**[データ]** タブの 🔳 **[並べ替え]** ボタンをクリックします。

②**[並べ替え]** ダイアログボックスの **[最優先されるキー]** ボックスの▼をクリックし、**[品番]** をクリックします。

③**[並べ替えのキー]** ボックスに **[セルの値]**、**[順序]** ボックスに **[昇順]** と表示されていることを確認し、**[OK]** をクリックします。

6.

①表内の任意のセルをクリックします。

②**[データ]** タブの 🔻 **[フィルター]** ボタンをクリックします。

③**[商品名]** の▼をクリックして **[テキストフィルター]** をポイントし、**[指定の値を含む]** をクリックします。

④**[カスタムオートフィルター]** ダイアログボックスの **[商品名]** ボックスに「敷パッド」と入力します。

⑤**[OK]** をクリックします。

7.

①**[データ]** タブの 🔻 **[クリア]** ボタンをクリックします。

応用問題 **6** 売上予算管理

1. 過去の達成率を算出する列と見出しを作成します。

①列番号Eをクリックし、**[ホーム]** タブの 🔲 **[挿入]** ボタンをクリックします。

②列番号Hをクリックし、**[ホーム]** タブの 🔲 **[挿入]** ボタンをクリックします。

③セルC3～E3を範囲選択し、**[ホーム]** タブの 🔲 セルを結合して中央揃え ・ **[セルを結合して中央揃え]** ボタンの▼をクリックして、**[セルの結合]**（または **[横方向に結合]**）をクリックします。

④セルF3～H3を範囲選択し、**[ホーム]** タブの 🔲 セルを結合して中央揃え ・ **[セルを結合して中央揃え]** ボタンの▼をクリックして、**[セルの結合]**（また

は［横方向に結合］）をクリックします。
⑤セルE4とH4に「達成率」と入力します。

2. 達成率を算出し、パーセントスタイルを設定します。
数式：=D5/C5
①セルE5をクリックし、「=D5/C5」と入力して、Enterキーを押します。
②セルE5をクリックし、フィルハンドルをポイントし、マウスポインターの形が✚になっていることを確認して、セルE12までドラッグします。
③［ホーム］タブの % ［パーセントスタイル］ボタンをクリックします。
数式：=G5/F5
④セルH5をクリックし、「=G5/F5」と入力して、Enterキーを押します。
⑤セルH5をクリックし、フィルハンドルをポイントし、マウスポインターの形が✚になっていることを確認して、セルH12までドラッグします。
⑥［ホーム］タブの % ［パーセントスタイル］ボタンをクリックします。

3. 過去の予算設定方法を確認します。
①C列、F列の数値のセルをクリックし、数式を確認します。

4. 2023年の予算の数式をコピーして2024年の予算を算出します。
数式：=ROUND(G5*1.03,0)
①セルF5をクリックし、［ホーム］タブの ［コピー］ボタンをクリックします。
②セルI5をクリックし、［ホーム］タブの ［貼り付け］ボタンの▼をクリックして、［数式］をクリックします。
③数式バーに「=ROUND(G5*1.03,0)」と表示されていることを確認します。
④セルI5のフィルハンドルをポイントし、マウスポインターの形が✚になっていることを確認して、セルI12までドラッグします。

5. 数値データに桁区切りスタイルを設定します。
①セルB5～D12を範囲選択し、Ctrlキーを押しながらセルF5～G12、I5～I12を範囲選択します。
②［ホーム］タブの , ［桁区切りスタイル］ボタンをクリックします。

6. 2023年の達成率の高い順にデータを並べ替えます。
①セルA5～I12を範囲選択します。
②［データ］タブの ［並べ替え］ボタンをクリックします。
③［並べ替え］ダイアログボックスの［最優先されるキー］ボックスの▼をクリックし、［達成率］（下から2番目）をクリックします。
④［並べ替えのキー］ボックスに［セルの値］と表示されていることを確認し、［順序］ボックスの▼をクリックし、［大きい順］をクリックして、［OK］をクリックします。

7. 2023年の達成率にアイコンセットを表示します。
①セルH5～H12を範囲選択します。
②［ホーム］タブの ［条件付き書式］ボタンをクリックし、［アイコンセット］をポイントして［評価］の［3種類の星］をクリックします。

応用問題 7 売価算定表（値入率計算）

1. 売価、売上高、粗利益高の見出しを作成します。
①セルE3に「売価」、F3に「売上高」、G3に「粗利益高」と入力します。

2. 売価を算出します。
数式：=ROUND(B4/(1-C4),0)
①セルE4をクリックし、 ［関数の挿入］ボタンをクリックします。
②［関数の挿入］ダイアログボックスの［関数の分類］ボックスの▼をクリックして［数学/三角］をクリックし、［関数名］ボックスの［ROUND］をクリックして、［OK］をクリックします。
③［関数の引数］ダイアログボックスの［数値］ボックスにカーソルが表示されていることを確認し、「B4/(1-C4)」と入力します。
④［桁数］ボックスをクリックし、「0」と入力して、［OK］をクリックします。
⑤セルE4のフィルハンドルをポイントし、マウスポインターの形が✚になっていることを確認して、セルE13までドラッグします。

3. 売上高を算出します。
数式：=D4*E4
①セルF4をクリックし、「=D4*E4」と入力して、

Enterキーを押します。

②セルF4をクリックし、フィルハンドルをポイントし、マウスポインターの形が **✛** になっていることを確認して、セルF13までドラッグします。

4. 粗利益高を算出します。

数式：=(E4-B4)*D4

①セルG4をクリックし、「=(E4-B4)*D4」と入力して、Enterキーを押します。

②セルG4をクリックし、フィルハンドルをポイントし、マウスポインターの形が **✛** になっていることを確認して、セルG13までドラッグします。

5. 売上高の合計と、粗利益高の合計を算出します。

数式：=SUM(F4:F13)

①セルF14を選択し、[**ホーム**] タブの Σ ▾ [**合計**] ボタンをクリックし、数式を確認して Σ ▾ [**合計**] ボタンをクリックします。

②セルF14のフィルハンドルをポイントし、マウスポインターの形が **✛** になっていることを確認して、セルG14までドラッグします。

6. 表の書式を任意に設定します。

①セルA3 〜 G3を範囲選択し、Ctrlキーを押しながらセルA14 〜 G14を範囲選択します。

②[**ホーム**] タブの 🎨 ▾ [**塗りつぶしの色**] ボタンの▼をクリックし、[**テーマの色**] の [**緑、アクセント6、白＋基本色60％**](上から3行目の右端)をクリックします。

③セルE4 〜 G13を範囲選択し、[**ホーム**] タブの 🎨 ▾ [**塗りつぶしの色**] ボタンの▼をクリックして、[**テーマの色**] の [**灰色、アクセント3、白＋基本色80％**](上から2行目の左から7列目)をクリックします。

④セルA3 〜 G3を範囲選択し、[**ホーム**] タブの ☰ [**中央揃え**] ボタンをクリックします。

⑤セルA14 〜 E14を範囲選択し、[**ホーム**] タブの [セルを結合して中央揃え ▾] [**セルを結合して中央揃え**] ボタンをクリックします。

⑥セルB4 〜 B13を範囲選択し、Ctrlキーを押しながらD4 〜 G13、F14 〜 G14を範囲選択して、[**ホーム**] タブの , [**桁区切りスタイル**] ボタンをクリックします。

⑦[**ホーム**] タブの 💹 ▾ [**通貨表示形式**] ボタンをクリックします。

7. 表に罫線を設定し、列幅を整えます。

①セルA3 〜 G14を範囲選択し、[**ホーム**] タブの ⊞ ▾ [**罫線**] ボタンの▼をクリックして、[**格子**] をクリックし、再度 ⊞ ▾ [**罫線**] ボタンの▼をクリックして、[**太い外枠**] をクリックします。

②列番号Aをクリックし、[**ホーム**] タブの [書式] ボタンをクリックして、[**セルのサイズ**] の [**列の幅の自動調整**] をクリックします。

③列番号B 〜 Gを範囲選択し、[**ホーム**] タブの [書式] ボタンをクリックして、[**セルのサイズ**] の [**列の幅**] をクリックします。

④[**列幅**] ダイアログボックスの [**列幅**] ボックスに「12」と入力し、[**OK**] をクリックします。

8. 日付の表示形式をユーザー定義し、「○○年○月度実績」と表示されるように設定します。

①セルA2をクリックし、[**ホーム**] タブの [書式] ボタンをクリックして、[**保護**] の [**セルの書式設定**] をクリックします。

②[**セルの書式設定**] ダイアログボックスの [**表示形式**] タブの [**分類**] ボックスの [**ユーザー定義**] が選択されていることを確認し、[**種類**] ボックスに「yy"年"m"月度実績"」と入力して、[**OK**] をクリックします。

9. 日付の入力方法を促すコメントを挿入します。

①セルA2をクリックし、[**校閲**] タブの [新しいコメント] [**新しいコメント**] ボタンをクリックします。

②コメントボックスに「日付を入力すると、当月の年月が表示されます。」と入力し、[**コメントを投稿する**] ボタンをクリックします。

応用問題 8　新年度予算（季節指数計算）

1. 過去累計、季節指数、2024年予算の見出しを作成して書式を設定します。

①セルA7に「過去累計」、A8に「季節指数」、A9に「2024年予算」と入力します。

②セルA7 〜 N9を範囲選択し、[**ホーム**] タブの ⊞ ▾ [**罫線**] ボタンの▼をクリックして、[**格子**] をクリックします。

③セルA6を選択し、[**ホーム**] タブの 🖌 [**書式のコピー/貼付**] ボタンをクリックします。

④刷毛マークが表示されていることを確認し、セルA7 〜 A9までドラッグします。

2. 過去のデータから月別の過去累計と年間の累計を算出します。

月別の過去累計　数式：=SUM(B4:B6)

年間計　数式：=SUM(N4:N6)

①セルB7を選択し、[ホーム] タブの $\boxed{\Sigma \cdot}$ [合計] ボタンをクリックし、数式を確認して $\boxed{\Sigma \cdot}$ [合計] ボタンをクリックします。

②セルB7のフィルハンドルをポイントし、マウスポインターの形が ✚ になっていることを確認して、セルN7までドラッグします。

3. 年間の累計に対する月別の累計の比率を算出し、パーセントスタイルの小数点第1位までを表示する表示形式を設定します。

数式：=B7/$N$7

①セルB8をクリックし、「=B7/$N$7」と入力して、Enterキーを押します。

②セルB8をクリックし、[ホーム] タブの $\boxed{\%}$ [パーセントスタイル] ボタンをクリックして、$\boxed{\overset{.00}{\leftarrow}}$ [小数点以下の表示桁数を増やす] ボタンをクリックします。

③セルB8のフィルハンドルをポイントし、マウスポインターの形が ✚ になっていることを確認して、セルM8までドラッグします。

4. 季節指数を使って2024年の予算を四捨五入して算出します。

数式：=ROUND(N6*1.05,0)

①セルN9をクリックし、$\boxed{f_x}$ [関数の挿入] ボタンをクリックします。

②[関数の挿入] ダイアログボックスの [関数の分類] ボックスの▼をクリックして [数学/三角] をクリックし、[関数名] ボックスの [ROUND] をクリックして、[OK] をクリックします。

③[関数の引数] ダイアログボックスの [数値] ボックスにカーソルが表示されていることを確認し、「N6*1.05」と入力します。

④[桁数] ボックスをクリックし、「0」と入力して、[OK] をクリックします。

数式：=ROUND($N$9*B8,0)

⑤セルB9をクリックし、$\boxed{f_x}$ [関数の挿入] ボタンをクリックします。

⑥[関数の挿入] ダイアログボックスの [関数の分類] ボックスに [数学/三角] と表示されていることを確認し、[関数名] ボックスの [ROUND] をクリックして、[OK] をクリックします。

⑦[関数の引数] ダイアログボックスの [数値] ボックスにカーソルが表示されていることを確認し、「$N$9*B8」と入力します。

⑧[桁数] ボックスをクリックし、「0」と入力して、[OK] をクリックします。

⑨セルB9のフィルハンドルをポイントし、マウスポインターの形が ✚ になっていることを確認して、セルM9までドラッグします。

⑩セルB9 ～ N9を範囲選択し、[ホーム] タブの $\boxed{,}$ [桁区切りスタイル] ボタンをクリックします。

5. 季節指数を表すマーカー付き折れ線グラフを作成します。

①セルA3 ～ M3を範囲選択し、Ctrlキーを押しながらセルA8 ～ M8を範囲選択します。

②[挿入] タブの $\boxed{\text{\tiny WW} \cdot}$ [折れ線/面グラフの挿入] ボタンをクリックし、[2-D折れ線] の [マーカー付き折れ線]（上から1行目の左から4列目）をクリックします。

6. グラフのサイズと位置を調整します。

①グラフの余白部分をポイントし、[グラフエリア] と表示されていることを確認して、Altキーを押しながらグラフの左上がセルA11と重なるようにドラッグします。

②グラフエリアの右下隅をポイントし、マウスポインターの形が $\boxed{\text{\tiny ↖}}$ になっていることを確認して、Altキーを押しながらセルN26までドラッグします。

③グラフタイトルを選択し、[ホーム] タブの $\boxed{B}$ [太字] ボタンをクリックします。

④グラフの右横にある $\boxed{+}$ [グラフ要素] ボタンをクリックし、[データラベル] にチェックを入れます。[データラベル] の右にある横三角をクリックし [上] を選択します。

⑤グラフの余白部分をポイントし、[グラフエリア] と表示されていることを確認してクリックし、[ホーム] タブの $\boxed{11 \cdot}$ [フォントサイズ] ボックスの▼をクリックして、[11] をクリックします。

$\boxed{\substack{\text{応用}\\\text{問題}}}$ **9** **在庫管理表（不足発注数量計算）**

1. 作成日付として本日の日付が表示されるように設定します。

数式：=TODAY()

①セルK2をクリックし、$\boxed{f_x}$ [関数の挿入] ボタン

をクリックします。

②[関数の挿入]ダイアログボックスの[関数の分類]ボックスの▼をクリックして[日付/時刻]をクリックし、[関数名]ボックスの[TODAY]をクリックして、[OK]をクリックします。

③[関数の引数]ダイアログボックスの[OK]をクリックします。

④セルK2が選択されていることを確認し、[ホーム]タブの[書式]ボタンをクリックして、[保護]の[セルの書式設定]をクリックします。

⑤[セルの書式設定]ダイアログボックスの[表示形式]タブの[分類]ボックスの[ユーザー定義]をクリックし、[種類]ボックスに「yy"年"m"月現在"」と入力して、[OK]をクリックします。

2. 当月在庫数量を算出します。

数式：=IF(COUNT(D4:F4)=0,"",D4+E4-F4)

①セルG4をクリックし、f_x [関数の挿入]ボタンをクリックします。

②[関数の挿入]ダイアログボックスの[関数の分類]ボックスの▼をクリックして[論理]をクリックし、[関数名]ボックスの[IF]をクリックして、[OK]をクリックします。

③[関数の引数]ダイアログボックスの[論理式]ボックスにカーソルが表示されていることを確認し、関数ボックスの▼をクリックして、[COUNT]をクリックするか、[その他の関数]をクリックして[COUNT]を選びます。

④[値1]ボックスに[D4:F4]と表示されていることを確認します。

⑤数式バーの「IF」の関数名をクリックします。

⑥[関数の引数]ダイアログボックスの[論理式]ボックスの「COUNT(D4:F4)」の後ろをクリックし、「=0」と入力します。

⑦[値が真の場合]ボックスをクリックし、「""」と入力します。

⑧[値が偽の場合]ボックスをクリックし、「D4+E4-F4」と入力して、[OK]をクリックします。

⑨セルG4のフィルハンドルをポイントし、マウスポインターの形が **+** になっていることを確認して、セルG11までドラッグします。

3. 在庫金額（円）を算出します。

数式：=IF(OR(G4="",H4=""),"",G4*H4)

①セルI4をクリックし、f_x [関数の挿入]ボタンをクリックします。

②[関数の挿入]ダイアログボックスの[関数の分類]ボックスに[論理]と表示されていることを確認し、[関数名]ボックスの[IF]をクリックして、[OK]をクリックします。

③[関数の引数]ダイアログボックスの[論理式]ボックスにカーソルが表示されていることを確認し、関数ボックスの▼をクリックして、[その他の関数]をクリックします。

④[関数の挿入]ダイアログボックスの[関数の分類]ボックスに[論理]と表示されていることを確認し、[関数名]ボックスの[OR]をクリックして、[OK]を押します。

⑤[関数の引数]ダイアログボックスの[論理式1]ボックスにカーソルが表示されていることを確認し、「G4=""」と入力します。

⑥[論理式2]ボックスをクリックし、「H4=""」と入力します。

⑦数式バーの「IF」の関数名をクリックします。

⑧[関数の引数]ダイアログボックスの[値が真の場合]ボックスをクリックし、「""」と入力します。

⑨[値が偽の場合]ボックスをクリックし、「G4*H4」と入力して、[OK]をクリックします。

⑩セルI4のフィルハンドルをポイントし、マウスポインターの形が **+** になっていることを確認して、セルI11までドラッグします。

4. 不足発注数量を算出します。

数式：=IFS(OR(G4="",J4=""),"",G4>=J4,"",G4<J4,J4-G4)

> IF関数を使用する場合は、以下のように設定します。
>
> 数式：IF(OR(G4="",J4=""),"",IF(G4>=J4,"",J4-G4))

①セルK4をクリックし、f_x [関数の挿入]ボタンをクリックします。

②[関数の挿入]ダイアログボックスの[関数の分類]ボックスに[論理]と表示されていることを確認し、[関数名]ボックスの[IFS]をクリックして、[OK]をクリックします。

③[関数の引数]ダイアログボックスの[論理式1]ボックスにカーソルが表示されていることを確認し、関数ボックスの▼をクリックして、[OR]をクリックします。

④[関数の引数]ダイアログボックスの[論理式1]ボックスにカーソルが表示されていることを確認し、「G4=""」と入力します。

⑤[論理式2]ボックスをクリックし、「J4=""」と入

力します。

⑥数式バーの「IFS」の関数名をクリックします。

⑦[関数の引数]ダイアログボックスの[値が真の場合1]ボックスをクリックし、「""」と入力します。

⑧[論理式2]ボックスをクリックし、「G4>=J4」と入力します。

⑨[値が真の場合2]ボックスをクリックし、「""」と入力します。

⑩[論理式3]ボックスをクリックし、「G4<J4」と入力します。

⑪[値が真の場合3]ボックスをクリックし、「J4-G4」と入力して、[OK]をクリックします。

⑫セルK4のフィルハンドルをポイントし、マウスポインターの形が ✚ になっていることを確認して、セルK11までドラッグします。

5. 当月在庫数量の合計と在庫金額（円）の合計を算出します。

数式：=SUM(G4:G11)

①セルG12を選択し、[ホーム]タブの Σ・[合計]ボタンをクリックし、数式を確認して Σ・[合計]ボタンをクリックします。

数式：=SUM(I4:I11)

②セルI12を選択し、[ホーム]タブの Σ・[合計]ボタンをクリックし、数式を確認して Σ・[合計]ボタンをクリックします。

6. 数値データに桁区切りスタイルを設定し、不足発注数量のフォントの色を赤色に設定します。

①セルD4～K12を範囲選択し、[ホーム]タブの 🔢 [桁区切りスタイル]ボタンをクリックします。

②セルK4～K11を範囲選択し、[ホーム]タブの A・[フォントの色]ボタンをクリックします。

7. 当月在庫数量と適正在庫数量を比較する集合縦棒グラフを作成します。

①セルC3～C11を範囲選択し、Ctrlキーを押しながらセルG3～G11、J3～J11を範囲選択します。

②[挿入]タブの 📊・[縦棒/横棒グラフの挿入]ボタンをクリックし、[2-D縦棒]の[集合縦棒]（1行目の左端）をクリックします。

8. グラフのサイズと位置を調整し、グラフのレイアウトとデザインを任意に設定します。

①グラフの余白部分をポイントし、[グラフエリア]

と表示されていることを確認して、Altキーを押しながらグラフの左上がセルB14と重なるようにドラッグします。

②グラフエリアの右下隅をポイントし、マウスポインターの形が 🔲 になっていることを確認して、Altキーを押しながらセルK27までドラッグします。

③[グラフのデザイン]タブの[グラフのレイアウト]グループの 📊 [クイックレイアウト]をクリックし、[レイアウト10]をクリックします。

④[グラフのデザイン]タブの[グラフのスタイル]グループの ▽ [その他]ボタンをクリックし、[スタイル14]をクリックします。

⑤[グラフのデザイン]タブの 🎨 [色の変更]ボタンをクリックし、[モノクロ]グループの[モノクロパレット5]をクリックします。

9. グラフタイトル、データラベルの設定をします。

①[グラフタイトル]の要素をクリックし、「在庫数量比較」と入力します。

②グラフの右横に表示された ➕ [グラフ要素]ボタンをクリックし、[データラベル]の右にある横三角をクリックし[外側]を選択します。

10. 入力が必要なセルを除いて、その他のセルが編集できないようにワークシートの保護を設定します。

①セルB4～F11を範囲選択し、Ctrlキーを押しながらセルH4～H11、J4～J11を範囲選択します。

②[ホーム]タブの 🔲 [書式]ボタンをクリックし、[保護]の[セルのロック]をクリックします。

③[ホーム]タブの 🔲 [書式]ボタンをクリックし、[保護]の[シートの保護]をクリックします。

④[シートの保護]ダイアログボックスの[OK]をクリックします。

応用問題 10 損益分岐点

1. タイトルを入力します。

①セルA1に「損益分岐点」と入力します。

②セルA1をクリックし、[ホーム]タブの **B** [太字]ボタンをクリックします。

2. 販売価格欄を作成します。

①セルA3に「販売価格（1台あたり）」、B3に

110

「160000」と入力します。

②セルB3が選択されていることを確認し、[ホーム]タブの ， [桁区切りスタイル] ボタンをクリックして [通貨表示形式] ボタンをクリックします。

3. 「固定費（月あたり）」の表のデータを入力し、合計を算出します。

数式：=SUM(B6:B10)

①セルA5に「固定費（月あたり）」と入力します。

②セルA6〜A10に固定費の項目、セルB6〜B10に金額を入力します。

③セルA11に「合計」と入力します。

④セルB11をクリックし、[ホーム] タブの Σ・ [合計] ボタンをクリックし、[=SUM(B6:B10)] と表示されていることを確認して、Σ・ [合計] ボタンをクリックします。

⑤セルB6〜B11を範囲選択し、[ホーム] タブの ， [桁区切りスタイル] ボタンをクリックして [通貨表示形式] ボタンをクリックします。

4. 「変動費（1台あたり）」の表のデータを入力し、合計を算出します。

数式：=SUM(B14:B16)

①セルA13に「変動費（1台あたり）」と入力します。

②セルA14〜A16に変動費の項目、セルB14〜B16に金額を入力します。

③セルA17に「合計」と入力します。

④セルB17をクリックし、[ホーム] タブの Σ・ [合計] ボタンをクリックし、[=SUM(B14:B16)] と表示されていることを確認して、Σ・ [合計] ボタンをクリックします。

⑤セルB14〜B17を範囲選択し、[ホーム] タブの ， [桁区切りスタイル] ボタンをクリックして [通貨表示形式] ボタンをクリックします。

5. 各表の列幅を調整し、書式と罫線を任意に設定します。

①列番号A〜Bを範囲選択し、[ホーム]タブの [書式] ボタンをクリックして、[セルのサイズ] の [列の幅の自動調整] をクリックします。

②セルA5〜B5を範囲選択し、[ホーム] タブの セルを結合して中央揃え ・ [セルを結合して中央揃え] ボタンの▼をクリックして、[横方向に結合] をクリックします。

③セルA13〜B13を範囲選択し、F4キーを押します。

F4キーは直前の操作を繰り返すショートカットキーです。

④セルA3〜B3を範囲選択し、Ctrlキーを押しながらセルA5、A11〜B11、A13、A17〜B17を範囲選択します。

⑤[ホーム] タブの ・ [塗りつぶしの色] ボタンの▼をクリックし、[テーマの色] の [白、背景1、黒+基本色15%]（上から3行目の左端）をクリックします。

⑥セルA3〜B3を範囲選択し、Ctrlキーを押しながらセルA5〜B11、A13〜B17を範囲選択します。

⑦[ホーム] タブの ・ [罫線] ボタンの▼をクリックし、[格子] をクリックし、再度 ・ [罫線] ボタンの▼をクリックして、[太い外枠] をクリックします。

⑧セルA11をクリックし、Ctrlキーを押しながらセルA17をクリックして、[ホーム] タブの ≡ [中央揃え] ボタンをクリックします。

6. 変動費率、損益分岐点売上数、損益分岐点売上高の欄を作成します。

①セルD14に「変動費率」、D16に「損益分岐点売上数」、D17に「損益分岐点売上高」と入力します。

7. 損益分岐点売上数を算出し、切り上げの処理を設定します。

数式：=ROUNDUP(B11/(B3-B17),0)

①セルE16をクリックし、ƒx [関数の挿入] ボタンをクリックします。

②[関数の挿入] ダイアログボックスの [関数の分類] ボックスの▼をクリックして[数学/三角]をクリックし、[関数名] ボックスの [ROUNDUP] をクリックして、[OK] をクリックします。

③[関数の引数] ダイアログボックスの [数値] ボックスにカーソルが表示されていることを確認し、「B11/(B3-B17)」と入力します。

④[桁数] ボックスをクリックし、「0」と入力して、[OK] をクリックします。

小数点以下をROUNDUP関数で切り上げるのは、算出するのが「利益を出すために必要な台数」であるためです。四捨五入や切り捨ての関数では損益分岐点を確実に上回る台数になりません。

8. 損益分岐点売上高を算出するために変動費率を算出します。

数式：=ROUNDUP(B17/B3,3)

①セルE14をクリックし、f_x [関数の挿入] ボタンをクリックします。

②[関数の挿入] ダイアログボックスの [関数の分類] ボックスに [数学/三角] と表示されていることを確認し、[関数名] ボックスの [ROUNDUP] をクリックして、[OK] をクリックします。

③[関数の引数] ダイアログボックスの [数値] ボックスにカーソルが表示されていることを確認し、「B17/B3」と入力します。

④[桁数] ボックスをクリックし、「3」と入力して、[OK] をクリックします。

⑤[ホーム] タブの % [パーセントスタイル] ボタンをクリックし、`.00` [小数点以下の表示桁数を増やす] ボタンをクリックします。

9. 損益分岐点売上高を算出します。

数式：=B11/(1-E14)

①セルE17をクリックし、「=B11/(1-E14)」と入力して、Enterキーを押します。

②セルE17をクリックし、[ホーム] タブの `,` [桁区切りスタイル] ボタンをクリックして [通貨表示形式] ボタンをクリックします。

10.変動費率、損益分岐点売上数、損益分岐点売上高の欄の列幅を調整し、書式と罫線を任意に設定します。

①列番号D～Eを範囲選択し、[ホーム]タブの [書式] ボタンをクリックして、[セルのサイズ] の [列の幅の自動調整] をクリックします。

②セルD14～E14を範囲選択し、Ctrlキーを押しながらセルD16～E17を範囲選択します。

③[ホーム] タブの [塗りつぶしの色] ボタンの▼をクリックし、[テーマの色] の [緑、アクセント6、白+基本色60%]（上から3行目の右端）をクリックします。

④[ホーム] タブの [罫線] ボタンの▼をクリックし、[格子] をクリックし、再度 [罫線] ボタンの▼をクリックして、[太い外枠] をクリックします。

応用問題 **11** 月間勤務表

1. 時間をマイナス表示ができるようにします。

①[ファイル] タブの [その他] をクリックして [オプション] をクリックします。

②[Excelのオプション] ダイアログボックスの [詳細設定] クリックし、[次のブックを計算するとき] にある [1904年から計算する] のチェックボックスをオンにします。

③[OK] をクリックします。

④セルL6をクリックして「8/1」と入力します。

⑤セルL7をクリックして「8/31」と入力します。

2.

数式：=IF($L$7="","",$L$7)

①セルB6をクリックし、f_x [関数の挿入] ボタンをクリックします。

②[関数の挿入] ダイアログボックスの [関数の分類] ボックスの▼をクリックして[論理]をクリックし、[関数名] ボックスの [IF] をクリックして、[OK] をクリックします。

③[関数の引数] ダイアログボックスの [論理式] ボックスにカーソルが表示されていることを確認し、「$L$7=""」と入力します。

> セル番地を入力（またはセルをクリック）した直後に、F4キーを押すことで「$L$7」のような絶対参照のセルに設定することもできます。

④[値が真の場合] ボックスをクリックし、「""」と入力します。

⑤[値が偽の場合] ボックスをクリックし、「$L$7」と入力して、[OK] をクリックします。

⑥セルB6のフィルハンドルをポイントし、マウスポインターの形が **+** になっていることを確認し、セルB7まで右ドラッグして、ショートカットメニューの [書式なしコピー（フィル）] をクリックします。

3. 表示形式を設定します。

①セルB6をクリックします。

②[ホーム] タブの 標準 [数値の書式] ボックスの▼をクリックし、[その他の表示形式] をクリックします。

③[セルの書式設定] ダイアログボックスの [表示形式] タブの [分類] ボックスの [ユーザー定義] をクリックし、[種類] ボックスに「yyyy"年"」と入力して、[OK] をクリックします。

4. 表示形式を設定します。

①セルB7をクリックします。

②[ホーム]タブの 標準 ▼ [数値の書式]ボックスの▼をクリックし、[その他の表示形式]をクリックします。

③[セルの書式設定]ダイアログボックスの[表示形式]タブの[分類]ボックスの[ユーザー定義]をクリックし、[種類]ボックスに「m"月度"」と入力して、[OK]をクリックします。

5. 日付の先頭に開始日を表示します。

数式：=IF(L6="","",L6)

①セルB11をクリックし、f_x [関数の挿入]ボタンをクリックします。

②[関数の挿入]ダイアログボックスの[関数の分類]ボックスに[論理]と表示されていることを確認し、[関数名]ボックスの[IF]をクリックして、[OK]をクリックします。

③[関数の引数]ダイアログボックスの[論理式]ボックスにカーソルが表示されていることを確認し、「L6=""」と入力します。

④[関数の引数]ダイアログボックスの[値が真の場合]ボックスをクリックし、「""」と入力します。

⑤[値が偽の場合]ボックスをクリックし、「L6」と入力して、[OK]をクリックします。

6. 日付の2行目以降に日付を表示します。

数式：=IF(B11>=$L$7,"",B11+1)

①セルB12をクリックし、f_x [関数の挿入]ボタンをクリックします。

②[関数の挿入]ダイアログボックスの[関数の分類]ボックスに[論理]と表示されていることを確認し、[関数名]ボックスの[IF]をクリックして、[OK]をクリックします。

③[関数の引数]ダイアログボックスの[論理式]ボックスにカーソルが表示されていることを確認し、「B11>=$L$7」と入力します。

④[関数の引数]ダイアログボックスの[値が真の場合]ボックスをクリックし、「""」と入力します。

⑤[値が偽の場合]ボックスをクリックし、「B11+1」と入力して、[OK]をクリックします。

⑥セルB12のフィルハンドルをポイントし、マウスポインターの形が╋になっていることを確認し、セルB41まで右ドラッグして、ショートカットメニューの[書式なしコピー（フィル）]をクリックします。

⑦セルB11～B41を範囲選択して、[ホーム]タブ

の 書式 [書式]ボタンをクリックし、[保護]の[セルの書式設定]をクリックします。

⑧[セルの書式設定]ダイアログボックスの[表示形式]タブの[分類]ボックスの[日付]をクリックし、[種類]ボックスの[3月15日]をクリックして、[OK]をクリックします。

7. 日付に対する曜日の文字列を設定します。

数式：=IF(B11="","",TEXT(B11,"aaaa"))

①セルC11をクリックし、f_x [関数の挿入]ボタンをクリックします。

②[関数の挿入]ダイアログボックスの[関数の分類]ボックスに[論理]と表示されていることを確認し、[関数名]ボックスの[IF]をクリックして、[OK]をクリックします。

③[関数の引数]ダイアログボックスの[論理式]ボックスにカーソルが表示されていることを確認し、「B11=""」と入力します。

④[関数の引数]ダイアログボックスの[値が真の場合]ボックスをクリックし、「""」と入力します。

⑤[値が偽の場合]ボックスをクリックし、関数ボックスの▼をクリックして、[その他の関数]をクリックします。

⑥[関数の挿入]ダイアログボックスの[関数の分類]ボックスの▼をクリックして、[文字列操作]をクリックし、[関数名]ボックスの[TEXT]をクリックして、[OK]をクリックします。

⑦[関数の引数]ダイアログボックスの[値]ボックスにカーソルが表示されていることを確認し、「B11」と入力します。

⑧[表示形式]ボックスをクリックし、「"aaaa"」と入力して、[OK]をクリックします。

⑨セルC11のフィルハンドルをポイントし、マウスポインターの形が╋になっていることを確認し、セルC41まで右ドラッグして、ショートカットメニューの[書式なしコピー（フィル）]をクリックします。

8. 勤務時間（定時）を表示する数式を入力します。

数式：=IF(D11="","","8:00")

①セルG11をクリックし、f_x [関数の挿入]ボタンをクリックします。

②[関数の挿入]ダイアログボックスの[関数の分類]ボックスの▼をクリックして[論理]をクリックし、[関数名]ボックスの[IF]をクリックして、[OK]をクリックします。

③[関数の引数] ダイアログボックスの [論理式] ボックスにカーソルが表示されていることを確認し、「D11=""」と入力します。

④[関数の引数] ダイアログボックスの [値が真の場合] ボックスをクリックし、「""」と入力します。

⑤[値が偽の場合] ボックスをクリックし、「"8:00"」と入力して、[OK] をクリックします。

⑥セルG11のフィルハンドルをポイントし、マウスポインターの形が ✚ になっていることを確認し、セルG41まで右ドラッグして、ショートカットメニューの [書式なしコピー（フィル）] をクリックします。

9. 勤務時間（早出・残業）を表示する数式を入力します。

数式：=IF(OR(D11="",E11=""),"",IF(F11="",E11-D11-G11,E11-D11-F11-G11))

①セルH11をクリックし、f_x [関数の挿入] ボタンをクリックします。

②[関数の挿入] ダイアログボックスの [関数の分類] ボックスに [論理] と表示されていることを確認し、[関数名] ボックスの [IF] をクリックして、[OK] をクリックします。

③[関数の引数] ダイアログボックスの [論理式] ボックスにカーソルが表示されていることを確認し、関数ボックスの▼をクリックして、[その他の関数] をクリックします。

④[関数の挿入] ダイアログボックスの [関数の分類] ボックスの▼をクリックして [論理] をクリックし、[関数名] ボックスの [OR] をクリックして、[OK] をクリックします。

⑤[関数の引数] ダイアログボックスの [論理式1] に「D11=""」、[論理式2] に「E11=""」と入力します。

⑥数式バーの「IF」の関数名をクリックします。

⑦[関数の引数] ダイアログボックスの [値が真の場合] ボックスをクリックし、「""」と入力します。

⑧[関数の引数] ダイアログボックスの [値が偽の場合] ボックスをクリックし、関数ボックスの▼をクリックして、[IF] をクリックします。

⑨[関数の引数] ダイアログボックスの [論理式] に「F11=""」、[値が真の場合] に「E11-D11-G11」、[値が偽の場合] に「E11-D11-F11-G11」と入力します。

⑩セルH11のフィルハンドルをポイントし、マウスポインターの形が ✚ になっていることを確認し、

セルH41まで右ドラッグして、ショートカットメニューの [書式なしコピー（フィル）] をクリックします。

早退等により休憩を取らない場合を考慮して、ここではセルF11がブランクの場合は計算式にF11を含めないようにしています。必ず休憩を取る前提であれば、⑩、⑪の操作の代わりに、[値が偽の場合] ボックスに「E11-D11-F11-G11」と入力して [OK] をクリックしてください。なお、労働基準法により労働時間が6時間超〜8時間以下の場合は少なくとも45分、8時間超の場合は少なくとも1時間の休憩を与えなければならないと定められています。

---

10. 深夜の時間を表示するように数式を設定します。

数式：=IF(OR(D11="",E11=""),"",IF(E11>TIME(22,0,0),E11-TIME(22,0,0),"00:00"))

①セルI11をクリックし、f_x [関数の挿入] ボタンをクリックします。

②[関数の挿入] ダイアログボックスの [関数の分類] ボックスに [論理] と表示されていることを確認し、[関数名] ボックスの [IF] をクリックして、[OK] をクリックします。

③[関数の引数] ダイアログボックスの [論理式] ボックスにカーソルが表示されていることを確認し、関数ボックスの▼から [OR] をクリックします。

④[関数の引数] ダイアログボックスの [論理式1] に「D11=""」、[論理式2] に「E11=""」と入力します。

⑤数式バーの「IF」の関数名をクリックします。

⑥[関数の引数] ダイアログボックスの [値が真の場合] ボックスをクリックし、「""」と入力します。

⑦[値が偽の場合] ボックスをクリックして、関数ボックスの▼から [IF] をクリックします。

⑧[関数の引数] ダイアログボックスの [論理式] ボックスをクリックし、「E11>」と入力したあと、関数ボックスの▼をクリックして、[その他の関数] をクリックします。

⑨[関数の挿入] ダイアログボックスの [関数の分類] ボックスの▼をクリックして [日付/時刻] をクリックし、[関数名] ボックスの [TIME] をクリックして、[OK] をクリックします。

⑩[関数の引数] ダイアログボックスの [時] に「22」、[分] に「00」、[秒] に「00」と入力して数式バーの2番目の「IF」の関数名をクリックします。

⑪[関数の引数] ダイアログボックスの [値が真の場合] ボックスをクリックし、「E11-」と入力した

あと、関数ボックスから [TIME] を選びます。

⑫[関数の引数] ダイアログボックスの [時] に「22」、[分] に「00」、[秒] に「00」と入力して数式バーの2番目の「IF」の関数名をクリックします。

⑬[関数の引数] ダイアログボックスの [値が偽の場合] ボックスをクリックし、"00:00" と入力して [OK] をクリックします。

⑭セルI11のフィルハンドルをポイントし、マウスポインターの形が ✚ になっていることを確認し、セルI41まで右ドラッグして、ショートカットメニューの [書式なしコピー（フィル）] をクリックします。

11. 出社時間、退社時間、休憩時間、早出・残業、深夜の表示形式を変更します。

①セルD11〜F41を範囲選択し、Ctrlキーを押しながらセルH11〜I41を範囲選択します。

②[ホーム] タブの 標準 [数値の書式] ボックスの▼をクリックして [その他の表示形式] をクリックします。

③[セルの書式設定] ダイアログボックスの [表示形式] タブにある [分類] の [ユーザー定義] を選びます。

④[種類] ボックスに「[h]:mm」と入力して [OK] をクリックします。

12. 出勤日数の合計を算出します。

①セルD42をクリックし [ホーム] タブの Σ ▾ [合計] ボタンの▼から [数値の個数] をクリックします。

②セルD11〜D41を範囲選択して、[ホーム] タブの Σ ▾ [合計] ボタンをクリックします。

13. 勤務時間を算出します。

①セルG42〜I42を範囲選択します。

②[ホーム] タブの 標準 [数値の書式] ボックスの▼から [その他の表示形式] をクリックします。

③[セルの書式設定] ダイアロボックスの [表示形式] タブの [分類] ボックスの [ユーザー定義] をクリックします。

④[種類] ボックスに「[h]:mm」と入力して [OK] をクリックします。

⑤セルG42をクリックして「=D42*"8:00"」と入力します。

⑥セルH42をクリックして [ホーム] タブの Σ ▾ [合計] ボタンをクリックします。

⑦セルH11〜H41を範囲選択して [=SUM(H11:H41)] と表示されていることを確認して Σ ▾ [合計] ボタンをクリックします。

⑧セルH42のフィルハンドルをポイントし、マウスポインターの形が ✚ になっていることを確認し、セルI42まで右ドラッグして、ショートカットメニューの [書式なしコピー（フィル）] をクリックします。

14. 条件付き書式を使って土曜日と日曜日の行にセルの塗りつぶしの色を設定します。

①セルB11〜J41を範囲選択します。

②[ホーム] タブの 🔲条件付き書式 [条件付き書式] ボタンをクリックし、[新しいルール] をクリックします。

③[新しい書式ルール] ダイアログボックスの [数式を使用して、書式設定するセルを決定] をクリックします。

④[次の数式を満たす場合に値を書式設定] ボックスをクリックし、「=$C11="土曜日"」と入力して、[書式] をクリックします。

⑤[セルの書式設定] ダイアログボックスの [塗りつぶし] タブをクリックし、[背景色] の青系（上から2行目の左から5列目）をクリックして、[OK] をクリックします。

⑥[新しい書式ルール] ダイアログボックスの [OK] をクリックします。

⑦[ホーム] タブの 🔲条件付き書式 [条件付き書式] ボタンをクリックし、[新しいルール] をクリックします。

⑧[新しい書式ルール] ダイアログボックスの [数式を使用して、書式設定するセルを決定] をクリックします。

⑨[次の数式を満たす場合に値を書式設定] ボックスをクリックし、「=$C11="日曜日"」と入力して、[書式] をクリックします。

⑩[セルの書式設定] ダイアログボックスの [塗りつぶし] タブの [背景色] のオレンジ系（上から2行目の左から6列目）をクリックし、[OK] をクリックします。

⑪[新しい書式ルール] ダイアログボックスの [OK] をクリックします。

15. ワークシートの保護の設定をします。

①セルF6〜F7を範囲選択します。

②Ctrlキーを押しながらセルL6〜L7、D11〜F41、J11〜J41を範囲選択します。

③[ホーム] タブの 🔲書式 [書式] ボタンをクリックし、

[保護]の[セルのロック]をクリックします。

④[ホーム]タブの[書式]ボタンをクリックし、[保護]の[シートの保護]をクリックします。

⑤[シートの保護]ダイアログボックスの[OK]をクリックします。

16. ワークシートの枠線を非表示にします。

①[表示]タブの[目盛線]チェックボックスをオフにします。

17. データを入力します。

①[番号]、[氏名]、[開始日]、[締め日]、[出社時間]、[退社時間]、[休憩時間]、[備考]に、以下の数値や文字列を入力します。

F6「2307001」、F7「竹瀬なつみ」

L6「7/1」、L7「7/31」

D13「8:00」、E13「17:30」、F13「1:00」

D15「14:00」、E15「24:00」、F15「1:00」

D17「8:00」、E17「19:00」、F17「1:00」

D20「8:00」、E20「17:30」、F20「1:00」

D22「8:00」、E22「17:00」、F22「1:00」

D24「14:00」、E24「23:00」、F24「1:00」

D28「8:00」、E28「17:30」、F28「1:00」

D30「8:00」、E30「14:00」、F30「1:00」

D32「8:00」、E32「17:00」、F32「1:00」

D35「8:00」、E35「19:00」、F35「1:00」

D37「8:00」、E37「21:00」、F37「2:00」

J15「夜間シフト勤務」

J24「夜間シフト勤務」

J30「病院に行くため早退」

J32「緊急対応のため」

②出勤日数合計が「11」日(セルD42)勤務時間定時が「88:00」(セルG42)、勤務時間早出・残業が「6:30」(セルH42)、勤務時間深夜が「3:00」(セルI42)になっていることを確認します。

第2章
集計

基礎問題 **12** 在庫棚卸表

1.

①セルA1をクリックし、[ホーム]タブの B [太字]ボタンをクリックします。

② 11 ▾ [フォントサイズ]ボックスの▼をクリックし、[16]をクリックします。

③セルA1〜F1を範囲選択し、[ホーム]タブの セルを結合して中央揃え ▾ [セルを結合して中央揃え]ボタンをクリックします。

2.

①セルA2〜F2を範囲選択し、[ホーム]タブの ≡ [中央揃え]ボタンをクリックします。

3.

①セルA3〜A9を範囲選択し、Ctrlキーを押しながらセルA10〜A17、A18〜A23を範囲選択して、[ホーム]タブの セルを結合して中央揃え ▾ [セルを結合して中央揃え]ボタンをクリックします。

②セルB9〜E9を範囲選択し、Ctrlキーを押しながらセルB17〜E17、B23〜E23、A24〜E24を範囲選択して、[ホーム]タブの セルを結合して中央揃え ▾ [セルを結合して中央揃え]ボタンをクリックします。

4.

①セルA2〜F2を範囲選択し、Ctrlキーを押しながらセルA3〜A18、B9〜F9、B17〜F17、B23〜F23、A24〜F24を範囲選択して、[ホーム]タブの B [太字]ボタンをクリックします。

5.

①セルA2〜F2を範囲選択し、Ctrlキーを押しながらセルB9〜F9、B17〜F17、B23〜F23を範囲選択して、[ホーム]タブの [塗りつぶしの色]ボタンの▼をクリックし、[テーマの色]の[緑、アクセント6、白+基本色60%](上から3行目の右端)をクリックします。

②セルA24〜F24を範囲選択し、[ホーム]タブの [塗りつぶしの色]ボタンの▼をクリックして、[テーマの色]の[緑、アクセント6、黒+基

本色25%]（上から5行目の右端）をクリックします。

③[ホーム] タブの A▾ [フォントの色] ボタンの▼をクリックし、[テーマの色]の[白、背景1]（1行目の左端）をクリックします。

6.

数式：=D3*E3

①セルF3をクリックし、「=D3*E3」と入力してEnterキーを押します。

②セルF3をクリックしフィルハンドルをポイントし、マウスポインターの形が ➕ になっていることを確認して、セルF22まで右ドラッグして、ショートカットメニューの[書式なしコピー（フィル）]をクリックします。

7.

数式：=SUM(F3:F8)

数式：=SUM(F10:F16)

数式：=SUM(F18:F22)

①セルF9をクリックし、[ホーム] タブの Σ▾ [合計] ボタンをクリックし、セルF9に「=SUM(F3:F8)」と入力されていることを確認して、Σ▾ [合計] ボタンをクリックします。

②セルF17をクリックし、[ホーム] タブの Σ▾ [合計] ボタンをクリックし、セルF17に「=SUM(F10:F16)」と入力されていることを確認して、Σ▾ [合計] ボタンをクリックします。

③セルF23をクリックし、[ホーム] タブの Σ▾ [合計] ボタンをクリックし、セルF23に「=SUM(F18:F22)」と入力されていることを確認して、Σ▾ [合計] ボタンをクリックします。

> 合計を設定すると、セルの左上に警告マークが表示されて、それをポイントすると「このセルにある数式が、セルの周辺の数式と異なっています」とメッセージが表示される場合があります。設定に間違いがないので警告マークを消したい場合は、セルを選択して表示される警告マークの▼をクリックして[エラーを無視する]をクリックします。

8.

数式：=SUM(F23,F17,F9)

①セルF24をクリックし、[ホーム] タブの Σ▾ [合計] ボタンをクリックし、セルF24に「=SUM(F23,F17,F9)」と入力されていることを確認して、Σ▾ [合計] ボタンをクリックします。

9.

①セルD3〜E8を範囲選択し、Ctrlキーを押しながらセルD10〜E16、D18〜E22、F3〜F24を範囲選択して、[ホーム] タブの , [桁区切りスタイル] ボタンをクリックします。

10.

①セルF3〜F24を範囲選択して、[ホーム] タブの[通貨表示形式] ボタンをクリックします。

基礎問題 **13** 販売店別機種別売上表

1.

①表内の任意のセルをクリックします。

②[データ] タブの [並べ替え] ボタンをクリックします。

③[並べ替え] ダイアログボックスの[最優先されるキー] ボックスの▼をクリックし、[販売店]をクリックします。

④[並べ替えのキー] ボックスに[セルの値]と表示されていることを確認します。

⑤[順序] ボックスに[昇順]と表示されていることを確認します。

⑥[レベルの追加]をクリックします。

⑦[次に優先されるキー] ボックスの▼をクリックし、[機種]をクリックします。

⑧[並べ替えのキー] ボックスに[セルの値]と表示されていることを確認します。

⑨[順序] ボックスに[昇順]と表示されていることを確認し、[OK]をクリックします。

2.

①表内の任意のセルをクリックします。

②[データ] タブの [小計] ボタンをクリックします。

③[集計の設定] ダイアログボックスの[グループの基準] ボックスの▼をクリックし、[販売店]をクリックします。

④[集計の方法] ボックスに[合計]と表示されていることを確認します。

⑤[集計するフィールド] の[数量] チェックボックスをオンにし、[売上額]と[集計行をデータの下に挿入する]のチェックボックスがオンになっていることを確認して、[OK]をクリックします。

⑥販売店ごとの数量と売上額の集計行が挿入され、最終行には総計行が挿入されたことを確認します。

3.

①表内の任意のセルをクリックします。

②[データ] タブの 小計 [小計] ボタンをクリックします。

③[集計の設定] ダイアログボックスの [グループの基準] ボックスの▼をクリックし、[機種] をクリックします。

④[集計の方法] ボックスに [合計] と表示されていることを確認します。

⑤[集計するフィールド] の [数量] と [売上額] のチェックボックスがオンになっていることを確認します。

⑥[現在の小計をすべて置き換える] チェックボックスをオフにし、[OK] をクリックします。

> [現在の小計をすべて置き換える] チェックボックスは既に表を集計しているときに使用します。オンにすると、既存の集計行が削除され、新規の集計行に置き換わります。オフにすると、既存の集計行に新規の集計行が追加されます。

⑦販売店ごとの集計に機種ごとの数量と売上額の集計行と総計行が挿入されたことを確認します。

> 集計した表からすべての集計行を削除するには、[集計の設定] ダイアログボックスの [すべて削除] をクリックします。

4.

①アウトラインのレベル記号 [3] をクリックします。

②集計行と総計行だけが表示されていることを確認します。

5.

①セルA563 ～ J563を範囲選択します。

②Ctrlキーを押しながらセルA1152 ～ J1152、A1736 ～ J1736を範囲選択します。

③[ホーム] タブの [塗りつぶしの色] ボタンの▼をクリックし、[テーマの色] の [緑、アクセント6、白＋基本色80%]（上から2行目の右端）をクリックします。

6.

①セルA1737 ～ J1737を範囲選択します。

②[ホーム] タブの [塗りつぶしの色] ボタンの▼をクリックし、[テーマの色] の [緑、アクセント6、白＋基本色60%]（上から3行目の右端）

をクリックします。

7.

①セルA1をダブルクリックします。

②セル内のカーソル位置を移動し、「売上表」の先頭に「販売店別・機種別」と入力します。

基礎問題 14 売上成績比較（クロス集計）

1.

①表内の任意のセルをクリックします。

②[挿入] タブの [ピボットテーブル] ボタンをクリックします。

③[テーブルまたは範囲からのピボットテーブル] ダイアログボックスの [テーブル/範囲] ボックスに [問題14売上表!$A$3:$F$51] と表示されていることを確認します。

④[新規ワークシート] が選択されていることを確認し、[OK] をクリックします。

2.

①新しいワークシート（Sheet1）が挿入され、空のピボットテーブルが作成されていることを確認します。

②[ピボットテーブルのフィールド] 作業ウィンドウが表示されていることを確認します。

③[担当者][四半期] の順にチェックボックスをオンにします。

④[行] ボックスに表示された [四半期] を [列] ボックスにドラッグします。

⑤[売上数]、[売上額] の順にチェックボックスをオンにします。

3.

①[ピボットテーブルのフィールド] 作業ウィンドウの [列] ボックスの [Σ値] を [行] ボックスの [担当者] の下にドラッグします。

4.

①セルB6 ～ F18を範囲選択します。

②[ホーム] タブの [桁区切りスタイル] ボタンをクリックします。

③列番号B ～ Fを範囲選択し、[ホーム] タブの [書式] ボタンをクリックして、[セルのサイズ] の [列の幅の自動調整] をクリックします。

そのほかにも、[ピボットテーブルのフィールド] 作業ウィンドウの [Σ値] ボックスの値フィールドで表示されている値の項目の横にある▼をクリックし、[値フィールドの設定] をクリックし、[値フィールドの設定] ダイアログボックスの [表示形式] をクリックして、各値フィールドごとに表示形式を設定することができます。

5.
①[デザイン] タブの [ピボットテーブルスタイル] グループの ▼ [その他] ボタンをクリックし、[淡色] の [薄いオレンジ、ピボットスタイル（淡色）17]（上から3行目の左から4列目）をクリックします。

基礎 問題 15 顧客別売上集計表

ここではVLOOKUP関数を使用していますが、Excel2021新機能のXLOOKUP関数を使用する方法もあります。XLOOKUP関数使った設定方法は「問題15完成例_XLOOKUP」を参照ください。

1.
数式：=IF(B5="","",VLOOKUP(B5,問題15顧客リスト!$B$5:$D$11,2,FALSE))
①[問題15顧客別売上集計表] のシート見出しをクリックします。
②セルC5をクリックし、*fx* [関数の挿入] ボタンをクリックします。
③[関数の挿入] ダイアログボックスの [関数の分類] ボックスの▼をクリックして[論理]をクリックし、[関数名] ボックスの [IF] をクリックして、[OK] をクリックします。
④[関数の引数] ダイアログボックスの [論理式] ボックスにカーソルが表示されていることを確認し、「B5=""」と入力します。
⑤[値が真の場合] ボックスをクリックし、「""」と入力します。
⑥[値が偽の場合] ボックスをクリックし、関数ボックスの▼をクリックして、[その他の関数]をクリックします。
⑦[関数の挿入] ダイアログボックスの [関数の分類] ボックスの▼をクリックして[検索/行列]をクリックし、[関数名] ボックスの [VLOOKUP] をクリックして、[OK] をクリックします。

⑧[関数の引数] ダイアログボックスの [検索値] ボックスにカーソルが表示されていることを確認し、「B5」と入力します。
⑨[範囲] ボックスをクリックし、[問題15顧客リスト] のシート見出しをクリックします。
⑩セルB5～D11を範囲選択し、F4キーを押します。
⑪[列番号] ボックスをクリックし、「2」と入力します。
⑫[検索方法] ボックスをクリックし、「FALSE」と入力して、[OK] をクリックします。
⑬セルC5のフィルハンドルをポイントし、マウスポインターの形が ✚ になっていることを確認して、セルC11までドラッグします。

2.
①入力データを参考にデータを入力します。

3.
①[問題15 8月度売上台帳] のシート見出しをクリックします。
②表内の任意のセルをクリックします。
③[データ] タブの 🔢 [並べ替え] ボタンをクリックします。
④[並べ替え] ダイアログボックスの [最優先されるキー] ボックスの▼をクリックし、[顧客NO] をクリックします。
⑤[並べ替えのキー] ボックスに [セルの値] と表示されていることを確認します。
⑥[順序] ボックスに [小さい順] と表示されていることを確認し、[OK] をクリックします。

4.
①表内の任意のセルをクリックします。
②[データ] タブの 🔢小計 [小計] ボタンをクリックします。
③[集計の設定] ダイアログボックスの [グループの基準] ボックスの▼をクリックし、[顧客名] をクリックします。
④[集計の方法] ボックスに [合計] と表示されていることを確認します。
⑤[集計するフィールド] の [売上金額（円）] チェックボックスをオンにし、その他のフィールドのチェックボックスをオフにします。
⑥[集計行をデータの下に挿入する] チェックボックスがオンになっていることを確認し、[OK] をクリックします。

⑦顧客名ごとの売上金額の集計行が挿入され、最終行には総計行が挿入されたことを確認します。

5.

①アウトラインのレベル記号 **[2]** をクリックします。

②集計行と総計行だけが表示されていることを確認します。

6.

①セルL11～L49を範囲選択します。

②**[ホーム]** タブの [検索と選択] ボタンをクリックし、**[ジャンプ]** をクリックします。

③**[ジャンプ]** ダイアログボックスの **[セル選択]** をクリックします。

④**[選択オプション]** ダイアログボックスの **[可視セル]** をクリックし、**[OK]** をクリックします。

> 可視セルだけを選択するショートカットキーは、Altキー＋；(セミコロン) を使用します。

⑤**[ホーム]** タブの [コピー] ボタンをクリックします。

⑥**[問題15顧客別売上集計表]** のシート見出しをクリックします。

⑦セルE5をクリックします。

⑧**[ホーム]** タブの [貼り付け] ボタンをクリックします。

7.

数式：＝SUM(D5:E5)

①セルF5をクリックし、**[ホーム]** タブの Σ **[合計]** ボタンをクリックします。

②セルF5に **[=SUM(D5:E5)]** と表示されていることを確認し、 Σ **[合計]** ボタンをクリックします。

③セルF5のフィルハンドルをポイントし、マウスポインターの形が ✚ になっていることを確認して、セルF11までドラッグします。

8.

数式：＝SUM(D5:D11)

①セルD12をクリックし、**[ホーム]** タブの Σ **[合計]** ボタンをクリックします。

②セルD12に **[=SUM(D5:D11)]** と表示されていることを確認し、 Σ **[合計]** ボタンをクリックします。

③セルD12のフィルハンドルをポイントし、マウス

ポインターの形が ✚ になっていることを確認して、セルF12までドラッグします。

9.

数式：＝F5/$F$12

①セルG5をクリックし、「=F5/$F$12」と入力して、Enterキーを押します。

②セルG5をクリックし、フィルハンドルをポイントし、マウスポインターの形が ✚ になっていることを確認して、セルG11までドラッグします。

10.

①セルH5をクリックし、「=E5/D5」と入力してEnterキーを押します。

②セルH5をクリックし、フィルハンドルをポイントし、マウスポインターの形が ✚ になっていることを確認して、セルH11までドラッグします。

11.

①セルG5～H11を範囲選択します。

②**[ホーム]** タブの ％ **[パーセントスタイル]** ボタンをクリックします。

③**[ホーム]** タブの **[小数点以下の表示桁数を増やす]** ボタンをクリックします。

12.

①セルD5～F12を範囲選択します。

②**[ホーム]** タブの , **[桁区切りスタイル]** ボタンをクリックします。

基礎問題 16 全店経費集計表（シートの統合）

1.

①シート見出しの右にある ⊕ **[新しいシート]** ボタンをクリックします。

②シート **[問題16丸の内本店]** の右に新しいワークシート（Sheet1）を移動します。

2.

①シート見出し **[Sheet1]** をダブルクリックし、シート見出し名が反転したことを確認し、シート名を「全支店合計」に書き換えて、Enterキーを押します。

②**[ホーム]** タブの **[書式]** ボタンをクリックし、**[シートの整理]** の **[シート見出しの色]** をポイントして **[標準の色]** の **[オレンジ]**（左から3列目）

をクリックします。

3.
①[全支店合計]のシート見出しが選択されていることを確認します。
②セルA1をクリックし、「経費集計（全支店）」と入力します。
③セルA1〜N1を範囲選択します。
④[ホーム]タブの セルを結合して中央揃え ▼ [セルを結合して中央揃え]ボタンの▼をクリックし、[横方向に結合]をクリックします。

4.
①セルA3をクリックします。
②[データ]タブの 統合 [統合]ボタンをクリックします。
③[統合の設定]ダイアログボックスの[集計の方法]ボックスに[合計]と表示され、[統合元範囲]ボックスにカーソルが表示されていることを確認します。
④[問題16大宮支店]のシート見出しをクリックします。
⑤セルB4〜H17を範囲選択し、[追加]をクリックします。
⑥[統合元]ボックスに[問題16大宮支店!$B$4:$H$17]と表示されていることを確認します。
⑦[問題16横浜支店]のシート見出しをクリックします。
⑧セルA3〜J16を範囲選択し、[追加]をクリックします。
⑨[統合元]ボックスに[問題16横浜支店!$A$3:$J$16]と表示されていることを確認します。
⑩[問題16丸の内本店]のシート見出しをクリックします。
⑪セルA5〜M16を範囲選択し、[追加]をクリックします。
⑫[統合元]ボックスに[問題16丸の内本店!$A$5:$M$16]と表示されていることを確認します。
⑬[統合の基準]の[上端行]と[左端列]のチェックボックスをオンにし、[OK]をクリックします。

5.
①セルN3をクリックし、「合計」と入力します。
②セルN4をクリックし、[ホーム]タブの Σ▼ [合計]ボタンをクリックします。
③セルN4に[=SUM(B4:M4)]と表示されている

ことを確認し、Σ▼ [合計]ボタンをクリックします。
④セルN4のフィルハンドルをポイントし、マウスポインターの形が ✚ になっていることを確認して、セルN16までドラッグします。

6.
①列番号A〜Nを範囲選択します。
②選択した任意の列番号の右側の境界線をポイントし、マウスポインターの形が ✚ になっていることを確認して、ダブルクリックします。

7.
①セルA3〜N3を範囲選択します。
②Ctrlキーを押しながらセルA4〜A16を範囲選択します。
③[ホーム]タブの ▼ [塗りつぶしの色]ボタンの▼をクリックし、[テーマの色]の[ゴールド、アクセント4、白+基本色80%]（上から2行目の右から3列目）をクリックします。

8.
①セルA1をクリックします。
②[ホーム]タブの [セルのスタイル]ボタンをクリックし、[タイトルと見出し]の[タイトル]をクリックします。
③セルA16〜N16を範囲選択します。
④[ホーム]タブの [セルのスタイル]ボタンをクリックし、[タイトルと見出し]の[集計]をクリックします。

9.
①[ファイル]タブをクリックし[情報]にある[プロパティ]の▼をクリックして[詳細プロパティ]をクリックします。
②[タイトル]ボックスに「経費集計」、[作成者]ボックスに「User00」、[分類]ボックスに「経理部」と入力して[OK]をクリックします。

基礎問題 17 研修会申込記録

1.
①セルA1をクリックし、[ホーム]タブの 11 ▼ [フォントサイズ]ボックスの▼をクリックして、[16]をクリックします。

2.

①列番号A～Bを範囲選択します。

②選択した任意の列番号の右側の境界線をポイントし、マウスポインターの形が✛になっていることを確認して、ダブルクリックします。

③列番号Gをクリックし、**[ホーム]** タブの 📋 **[書式]** ボタンをクリックして、**[セルのサイズ]** の **[列の幅]** をクリックします。

④**[セルの幅]** ダイアログボックスの **[列の幅]** ボックスに「25.00」と入力し、**[OK]** をクリックします。

⑤列番号Hを範囲選択します。

⑥**[ホーム]** タブの 📋 **[書式]** ボタンをクリックして、**[セルのサイズ]** の **[列の幅]** をクリックします。

⑦**[セルの幅]** ダイアログボックスの **[列の幅]** ボックスに「20.00」と入力し、**[OK]** をクリックします。

3.

①セルA3～H20を範囲選択します。

②Ctrlキーを押しながらセルA22～B26を範囲選択します。

③**[ホーム]** タブの ▦ ▾ **[罫線]** ボタンの▼をクリックし、**[その他の罫線]** をクリックします。

④**[セルの書式設定]** ダイアログボックスの **[罫線]** タブの **[スタイル]** ボックスの **[二重線]** をクリックします。

⑤**[色]** ボックスの▼をクリックし、**[テーマの色]** の **[青、アクセント5]**（1行目の右から2列目）をクリックします。

⑥**[プリセット]** の **[外枠]** をクリックします。

⑦**[スタイル]** ボックスの任意の点線をクリックします。

⑧**[プリセット]** の **[内側]** をクリックし、**[OK]** をクリックします。

4.

①セルA3～H4を範囲選択します。

②Ctrlキーを押しながらセルA22、A23～A26を範囲選択します。

③**[ホーム]** タブの 🎨 ▾ **[塗りつぶしの色]** ボタンの▼をクリックし、**[テーマの色]** の **[薄い灰色、背景2]**（上から1行目の左から3列目）をクリックします。

5.

数式：=COUNTA(E5:E20)

①セルB23をクリックし、 𝑓ₓ **[関数の挿入]** ボタンをクリックします。

②**[関数の挿入]** ダイアログボックスの **[関数の分類]** ボックスの▼をクリックして **[統計]** をクリックし、**[関数名]** ボックスの **[COUNTA]** をクリックして、**[OK]** をクリックします。

③**[関数の引数]** ダイアログボックスの **[値1]** ボックスにカーソルが表示されていることを確認し、セル「E5:E20」と入力して、**[OK]** をクリックします。

6.

数式：=COUNTA(F5:F20)

①セルB24をクリックし、 𝑓ₓ **[関数の挿入]** ボタンをクリックします。

②**[関数の挿入]** ダイアログボックスの **[関数の分類]** ボックスに **[統計]** と表示されていることを確認し、**[関数名]** ボックスの **[COUNTA]** をクリックして、**[OK]** をクリックします。

③**[関数の引数]** ダイアログボックスの **[値1]** ボックスにカーソルが表示されていることを確認し、「F5:F20」と入力して、**[OK]** をクリックします。

7.

数式：=COUNT(D5:D20)

①セルB25をクリックし、 𝑓ₓ **[関数の挿入]** ボタンをクリックします。

②**[関数の挿入]** ダイアログボックスの **[関数の分類]** ボックスに **[統計]** と表示されていることを確認し、**[関数名]** ボックスの **[COUNT]** をクリックして、**[OK]** をクリックします。

③**[関数の引数]** ダイアログボックスの **[値1]** ボックスにカーソルが表示されていることを確認し、「D5:D20」と入力して、**[OK]** をクリックします。

> この場合、COUNTA関数を使用しても同じ結果が得られます。

8.

数式：=COUNTBLANK(D5:D20)

①セルB26をクリックし、 𝑓ₓ **[関数の挿入]** ボタンをクリックします。

②**[関数の挿入]** ダイアログボックスの **[関数の分類]** ボックスに **[統計]** と表示されていることを確認し、

[関数名] ボックスの [COUNTBLANK] をクリックして、[OK] をクリックします。

③[関数の引数] ダイアログボックスの [範囲] ボックスにカーソルが表示されていることを確認し、「D5:D20」と入力して、[OK] をクリックします。

9.

①セルD8に「5/12」、セルE8に「○」と入力します。

②セルB23 ～ 26の値がそれぞれ「12」、「4」、「16」、「0」に更新されたことを確認します。

基礎問題 18 アンケート集計（クロス集計）

1.

①表内の任意のセルをクリックします。

②[挿入] タブの [ピボットテーブル] ボタンをクリックします。

③[テーブルまたは範囲からのピボットテーブル] ダイアログボックスの [テーブル/範囲] ボックスに [アンケート調査結果!$A$3:$I$105] と表示されていることを確認します。

④[新規ワークシート] が選択されていることを確認し、[OK] をクリックします。

2.

①新しいワークシート（Sheet1）が挿入され、空のピボットテーブルが作成されていることを確認します。

②[ピボットテーブルのフィールド] 作業ウィンドウが、が表示されていることを確認します。

③[職種] [所属] [理解度] [最も参考になった内容] の順にチェックボックスをオンにします。

④[行] ボックスの [所属] を [フィルター] ボックスにドラッグします。

⑤[行] ボックスの [最も参考になった内容] を [列] ボックスにドラッグします。

⑥[NO] のチェックボックスをオンにし、[Σ値] ボックスに「合計/NO」が表示されていることを確認します。

3.

①セルA3をクリックし、[ピボットテーブル分析] タブの [フィールドの設定] [フィールドの設定] をクリックします。

②[集計方法] タブの [選択したフィールドのデータ] ボックスの [個数] をクリックします。

③[値フィールドの設定] ダイアログボックスの [名前の指定] ボックスに「回答数」と入力し、[OK] をクリックします。

4.

①[ピボットテーブル分析] タブの [ピボットテーブル] の▼をクリックして [オプション] をクリックします。

②[ピボットテーブルオプション] ダイアログボックスの [レイアウトと書式] タブの [書式] の [空白セルに表示する値] チェックボックスがオンになっていることを確認し、「0」と入力して、[OK] をクリックします。

5.

①[デザイン] タブの [レポートのレイアウト] ボタンをクリックし、[アウトライン形式で表示] をクリックします。

6.

①セルB4の▼をクリックし、[降順] をクリックします。

②セルC3の▼をクリックし、[降順] をクリックします。

7.

①[デザイン] タブの [ピボットテーブルスタイル] グループの [その他] ボタンをクリックし、[中間] の [薄い青、ピボットスタイル（中間）2]（1行目の左から2列目）をクリックします。

②列番号A ～ Gを範囲選択します。

③[ホーム] タブの [書式] ボタンをクリックし、[セルのサイズ] の [列の幅] をクリックします。

④[セルの幅] ダイアログボックスの [列の幅] ボックスに「20」と入力し、[OK] をクリックします。

⑤シート見出し [Sheet1] をダブルクリックしてシート見出し名が反転したことを確認し、シート名を「アンケート集計」に書き換えて、Enterキーを押します。

8.

①ピボットテーブル内の任意のセルを選択し、[ピボットテーブル分析] タブの [ピボットテーブル] の▼をクリックして [オプション] の▼をクリックし、[レポートフィルターページの表示] をクリックします。

②[レポートフィルターページの表示] ダイアログ
ボックスの [レポートフィルターページフィール
ド] ボックスの [所属] が選択されていることを
確認し、[OK] をクリックします。

応用問題 **19** 店舗別売上日報

1. 表を店舗ごとの商品番号順に並べ替えます。
①表内の任意のセルをクリックし、[データ] タブの
[並べ替え] [並べ替え] ボタンをクリックします。
②[並べ替え] ダイアログボックスの [最優先される
キー] ボックスの▼をクリックし、[販売店] をク
リックします。
③[並べ替えのキー] ボックスに [セルの値]、[順序]
ボックスに [昇順] と表示されていることを確認
します。
④[レベルの追加] をクリックします。
⑤[次に優先されるキー] ボックスの▼をクリックし、
[商品番号] をクリックします。
⑥[並べ替えのキー] ボックスに [セルの値]、[順序]
ボックスに [昇順] と表示されていることを確認し、
[OK] をクリックします。

2. 店舗ごとの売上数（箱）と売上金額（円）を集
計します。
①表内の任意のセルをクリックし、[データ] タブの
[小計] [小計] ボタンをクリックします。
②[集計の設定] ダイアログボックスの [グループの
基準] ボックスの▼をクリックし、[販売店] をク
リックします。
③[集計の方法] ボックスに [合計] と表示されてい
ることを確認します。
④[集計するフィールド] ボックスの [売上数（箱）]
チェックボックスと [売上金額（円）] チェックボッ
クスをオンに、それ以外をオフにして [OK] をク
リックします。

3. 集計結果に商品名ごとの売上数（箱）と売上金
額（円）の集計の基準を追加します。
①表内の任意のセルをクリックし、[データ] タブの
[小計] [小計] ボタンをクリックします。
②[集計の設定] ダイアログボックスの [グループの
基準] ボックスの▼をクリックし、[商品名] をク
リックします。
③[集計の方法] ボックスに [合計] と表示されてい
ることを確認します。

④[集計するフィールド] の [売上数（箱）] と [売
上金額（円）] のチェックボックスがオンになって
いることを確認し、[現在の小計をすべて置き換え
る] チェックボックスをオフにして、[OK] をクリッ
クします。

4. 表を折りたたんで、販売店ごとの商品名の集計
が表示されるようにします。
①アウトラインのレベル記号 [3] をクリックします。

応用問題 **20** 店舗別商品別売上集計（シートの統合）

1. ワークシートを挿入し、シート名を変更して、
シート見出しの色を任意に設定します。
①シート見出しの右にある ⊕ [新しいシート] ボタ
ンをクリックします。
②シート [問題20 7月] の右に新しいワークシート
（Sheet1）が挿入されたことを確認します。
③シート見出し [Sheet1] をポイントし、シート [問
題20 7月] の左側にドラッグして移動します。
④[ホーム] タブの [書式] [書式] ボタンをクリックし、
[シートの整理] の [シート名の変更] をクリック
します。
⑤シート見出し名が反転したことを確認し、シート
名を「7-9月集計」に書き換えて、Enterキーを押
します。
⑥[ホーム] タブの [書式] [書式] ボタンをクリックし、
[シートの整理] の [シート見出しの色] をポイン
トして、[標準の色] の [薄い緑]（左から5列目）
をクリックします。

2. シート [7-9月集計] に表のタイトルを入力し
ます。
①セルA1をクリックし、「季節の贈答用フルーツ売
上　7-9月度集計」と入力します。
②セルF2をクリックし、「単位：円」と入力します。

3. シート [7-9月集計] に、シート [問題20 7月]
～ [問題20 9月] の売上データを集計します。
①シート [7-9月集計] のセルA3をクリックします。
②[データ] タブの [統合] [統合] ボタンをクリッ
クします。
③[統合の設定] ダイアログボックスの [集計の方法]
ボックスに [合計] と表示され、[統合元範囲] ボッ
クスにカーソルが表示されていることを確認しま
す。

④[**問題20 7月**]のシート見出しをクリックし、セルC4～H9を範囲選択して、[**追加**]をクリックします。

⑤[**統合元**]ボックスに「問題20 7月'!$C$4:$H$9」と表示されていることを確認します。

⑥[**問題20 8月**]のシート見出しをクリックし、セルB5～F10を範囲選択して、[**追加**]をクリックします。

⑦[**統合元**]ボックスに「問題20 8月'!$B$5:$F$10」と表示されていることを確認します。

⑧[**問題20 9月**]のシート見出しをクリックし、セルB3～G10を範囲選択して、[**追加**]をクリックします。

⑨[**統合元**]ボックスに「問題20 9月'!$B$3:$G$10」と表示されていることを確認します。

⑩[**統合の基準**]の[**上端行**]と[**左端列**]のチェックボックスをオンにし、[**OK**]をクリックします。

4. 表の各列幅を均等に設定します。
①列番号A～Fを範囲選択します。
②選択した任意の列番号の右側の境界線をポイントし、マウスポインターの形が✛になっていることを確認して、右方向にドラッグします（14.00程度）。

5. 「季節の贈答用フルーツ売上　7-9月度集計」の表にテーブルスタイルを利用して書式を任意に設定します。
①セルA3～F14を範囲選択します。
②[**ホーム**]タブの [**テーブルとして書式設定**] ボタンをクリックし、[**淡色**]の[**緑、テーブルスタイル（淡色）14**]（上から2行目の右端）をクリックします。
③[**テーブルの作成**]ダイアログボックスの[**テーブルに変換するデータ範囲を指定してください**]ボックスに[**=$A$3:$F$14**]と表示され、[**先頭行をテーブルの見出しとして使用する**]チェックボックスがオンになっていることを確認して、[**OK**]をクリックします。
④テーブル範囲の任意のセルが選択されていることを確認し、[**テーブルデザイン**]タブの 範囲に変換 [**範囲に変換**]ボタンをクリックします。
⑤メッセージを確認し、[**はい**]をクリックします。
⑥セルA3の文字列を「商品名」に変更します。
⑦セルA3～F3を範囲選択します。
⑧[**ホーム**]タブの [**中央揃え**]ボタンをクリッ

クします。

6. 表のタイトルに書式を任意に設定します。
①セルA1をクリックします。
②[**ホーム**]タブの 11 ▾ [**フォントサイズ**]ボックスの▼をクリックし、[**18**]をクリックします。
③[**ホーム**]タブの B [**太字**]ボタンをクリックします。
④[**ホーム**]タブの A ▾ [**フォントの色**]ボタンの▼をクリックし、[**テーマの色**]の[**緑、アクセント6、黒＋基本色25%**]（上から5行目の右端）をクリックします。

応用問題 21 贈答品売上集計（3次元クロス集計）

1. ピボットテーブルを作成します。
①表内の任意のセルをクリックし、[**挿入**]タブの [**ピボットテーブル**]ボタンをクリックします。
②[**テーブルまたは範囲からのピボットテーブル**]ダイアログボックスの[**テーブル/範囲**]ボックスに[**問題21上半期売上!$A$4:$H$70**]と表示されていることを確認します。
③[**新規ワークシート**]が選択されていることを確認し、[**OK**]をクリックします。

2. ピボットテーブルのレイアウトを設定します。
①新しいワークシート（Sheet1）が挿入され、空のピボットテーブルが作成されていることを確認します。
②[**ピボットテーブルのフィールド**]作業ウィンドウが表示されていることを確認します。
③[**日付**][**担当**][**商品区分**][**販売区分**][**売上合計**]の順にチェックボックスにチェックを入れオンにし、それ以外のチェックはオフにします。
④[**行**]ボックスにある[**日付**]を[**列**]ボックスにドラッグします。
⑤[**担当**]を[**フィルター**]ボックスにドラッグします。
⑥[**行**]ボックスで[**商品区分**][**販売区分**]の順になっていることを確認します。
⑦[**Σ値**]ボックスに[**合計/売上合計**]と表示されていることを確認します。

3. 日付を月別にグループ化し、月単位で集計します。
①ピボットテーブル内の日付を表す任意のセルをクリックします。

②[ピボットテーブル分析] タブの → グループの選択 [グ
ループの選択] ボタンをクリックします。

③[グループ化] ダイアログボックスの [単位] ボッ
クスで [月] のみを選択し、[OK]をクリックします。

4. 全体の総計に対する売上の比率を表すように変
更します。

①セルA3をクリックし、[ピボットテーブル分析]
タブの [アクティブなフィールド] グループにあ
る フィールドの設定 [フィールドの設定] ボタンを
クリックします。

②[値フィールドの設定] ダイアログボックスの [計
算の種類] タブをクリックし、[計算の種類] ボッ
クスの▼をクリックし、[総計に対する比率] をク
リックして、[OK] をクリックします。

5. 全体の総計に対する売上の比率にパーセントス
タイルの小数点第1位までを表示する表示形式
を設定します。

①セルA3をクリックし、[ピボットテーブル分析]
タブの [アクティブなフィールド] グループにあ
る フィールドの設定 [フィールドの設定] ボタンを
クリックします。

②[値フィールドの設定] ダイアログボックスの [表
示形式] をクリックします。

③[セルの書式設定] ダイアログボックスの [分類]
ボックスの [パーセンテージ] を選択し、[小数点
以下の桁数] ボックスに「1」を設定して、[OK]
をクリックします。

④[値フィールドの設定]ダイアログボックスの[OK]
をクリックします。

6. ピボットテーブルスタイルを使用して書式を任
意に設定します。

①[デザイン] タブの [ピボットテーブルスタイル]
グループの ▽ [その他] ボタンをクリックし、[淡
色] の [薄い灰色、ピボットスタイル (淡色) 15] (上
から3行目の左から2列目) をクリックします。

7. ピボットテーブルの列幅を整えます。

①列番号Aの右側の境界線をポイントし、マウスポ
インターの形が ✚ になっていることを確認して、
ダブルクリックします。

②列番号B～Hを範囲選択し、選択した任意の列番
号の右側の境界線をポイントし、マウスポインター
の形が ✚ になっていることを確認して、右方向に

ドラッグします（10.00程度）。

8. ピボットテーブルのシート名を変更します。

①シート見出し [Sheet1] をダブルクリックして
シート見出し名が反転したことを確認し、シート
名を「売上比率集計」に書き換えて、Enterキー
を押します。

9. 担当別に、別のワークシートに分けて表示しま
す。

①ピボットテーブル内の任意のセルを選択し、[ピ
ボットテーブル分析] タブの [ピボットテーブル]
の▼をクリックして [オプション] の▼をクリッ
クし、[レポートフィルターページの表示]をクリッ
クします。

②[レポートフィルターページの表示] ダイアログ
ボックスの [レポートフィルターページフィール
ド] ボックスの [担当] が選択されていることを
確認し、[OK] をクリックします。

10.担当別のシートをグループ化し、列B～Hの列
幅を整えます。

①[河本] のシート見出しをクリックします。

②Shiftキーを押しながら [片岡] のシート見出しを
クリックし、タイトルバーに [[グループ] "と表
示されていることを確認します。

③列番号B～Hを範囲選択し、選択した任意の列の
右側の境界線をポイントし、マウスポインターの
形が ✚ になっていることを確認して、右方向にド
ラッグします（10.00程度）。

④任意のシート見出しを右クリックし、ショートカッ
トメニューの [シートのグループ解除] をクリッ
クします。

11.スライサーを作成します。

①[売上比率集計] シートの見出しをクリックし、ピ
ボットテーブル内の任意のセルをクリックします。

②[ピボットテーブル分析] タブの スライサーの挿入 [ス
ライサーの挿入] ボタンをクリックします。

③[スライサーの挿入] ダイアログボックスの [商品
名] チェックボックスをオンにし、[OK] をクリッ
クします。

④[スライサー] の外枠にポイントし、マウスポイン
ターの形が ⊹ になっていることを確認して、Alt
キーを押しながらセルJ3までドラッグします。

⑤[スライサー] の右下隅をポイントし、マウスポ

インターの形が になっていることを確認して、Altキーを押しながらセルL17と重なるようにドラッグします。

⑥[スライサー] タブの [スライサースタイル] グループの [その他] ボタンをクリックし、[濃色]の[薄い緑、スライサースタイル濃色6]（右端）をクリックします。

> スライサーを使うと、ボタンをクリックするだけでフィルター処理をすばやく実行することができます。

12. タイムラインで一定期間のデータを絞り込みます。
①ピボットテーブル内の任意のセルをクリックします。
②[挿入] タブの [タイムライン] ボタンをクリックします。
③[タイムラインの挿入] ダイアログボックスの [日付] のチェックボックスをオンにして、[OK] をクリックします。
④すべての期間の [月] が選択されていることを確認します。
⑤タイムラインの枠の上部をポイントし、マウスポインターの形が になっていることを確認して、Altキーを押しながらセルB21までドラッグします。
⑥[3] と [4] の間をクリックします。
⑦3月のデータが絞り込まれて表示されたことを確認します。
⑧タイムラインの右中央のハンドルをポイントしてマウスポインターの形が になったら、左上の表示が「2020年3月〜6月」となる位置までドラッグします。

第3章
グラフ作成

基礎
問題 **22** 事業別売上高推移（棒グラフ）

1.
①セルA3〜G13を範囲選択し、[挿入] タブの [縦棒/横棒グラフの挿入] ボタンをクリックし、[2-D縦棒] から [積み上げ縦棒] をクリックします。
②グラフ上にある「グラフタイトル」をポイントし、[グラフタイトル] と表示されていることを確認してクリックします。
③[数式] バーをクリックして、「=」と入力し、セルA1をクリックして、数式バーに「=問題22!$A$1」と表示されていることを確認してEnterキーを押します。

2.
①グラフの余白部分をポイントし、[グラフエリア] と表示されていることを確認して、Altキーを押しながらグラフの左上がセルA15と重なるようにドラッグします。
②グラフエリアの右下隅をポイントし、マウスポインターの形が になっていることを確認して、Altキーを押しながらセルG33までドラッグします。

3.
①グラフタイトルをポイントし、[グラフタイトル] と表示されていることを確認して、クリックします。
②[ホーム] タブの 11 [フォントサイズ] ボックスの▼をクリックし、[16] をクリックします。
③[ホーム] タブの B [太字] ボタンをクリックします。

4.
①[グラフのデザイン] タブの [グラフ要素を追加] ボタンをクリックし、[軸ラベル] をポイントして、[第1縦軸] をクリックします。
②[グラフのデザイン] タブの [グラフ要素を追加] ボタンをクリックし、[軸ラベル] をポイントして、[その他の軸ラベルオプション] をクリックします。

③[軸ラベルの書式設定] 作業ウィンドウの [タイトルのオプション] で [サイズとプロパティ] をクリックし、[配置] の [文字列の方向] ボックスの▼をクリックして、[横書き] をクリックします。

④[閉じる] ボタンをクリックして、作業ウィンドウを閉じます。

⑤グラフ上の「軸ラベル」が選択されていることを確認し、「数式」バーをクリックして、「=」と入力し、セルG2をクリックします。

⑥数式バーに「=問題22!$G$2」と表示されていることを確認して、Enterキーを押します。

⑦「単位：千円」と表示された軸ラベルの外枠をポイントし、マウスポインターの形状が 🖑 になっていることを確認して、縦軸の「250,000」の上にドラッグして配置します。

5.

①[グラフのデザイン] タブの 📊 [グラフ要素を追加] ボタンをクリックし、[凡例] をポイントして、[右] をクリックします。

6.

①[グラフのデザイン] タブの 📊 [グラフ要素を追加] ボタンをクリックし、[線] をポイントして、[区分線] をクリックします。

7.

①[書式] タブの [現在の選択範囲] グループにある 〔グラフ エリア ▼〕[グラフ要素] ボックスの▼をクリックし、[系列"ビル管理事業"] をクリックします。

②[書式] タブの [現在の選択範囲] グループにある 〔🖌 選択対象の書式設定〕[選択対象の書式設定] をクリックします。

③[データ系列の書式設定] 作業ウィンドウの [系列のオプション] で、[要素の間隔] ボックスの値を「50%」にします。

④[閉じる] ボタンをクリックして、作業ウィンドウを閉じます。

8.

①[グラフのデザイン] タブの 🎨 [色の変更] ボタンをクリックし、[カラフル] の [カラフルなパレット2] （2行目）をクリックします。

基礎問題 23 商品別問合せ件数推移 （折れ線グラフ）

1.

①セルA3 ～ F15を範囲選択し、[挿入] タブの 〔📉▼〕[折れ線/面グラフの挿入] ボタンをクリックして、[2-D折れ線] から [マーカー付き折れ線] をクリックします。

②グラフ上にある「グラフタイトル」をポイントし、[グラフタイトル] と表示されていることを確認してクリックします。

③[数式] バーをクリックして、「=」と入力し、セルA1をクリックして、数式バーに「=問題23!$A$1」と表示されていることを確認してEnterキーを押します。

2.

①グラフの余白部分をポイントし、[グラフエリア] と表示されていることを確認して、Altキーを押しながらグラフの左上がセルA17と重なるようにドラッグします。

②グラフエリアの右下隅をポイントし、マウスポインターの形が ⤡ になっていることを確認して、Altキーを押しながらセルF33までドラッグします。

3.

①グラフタイトルをポイントし、[グラフタイトル] と表示されていることを確認して、クリックします。

②[ホーム] タブの 〔11 ▼〕[フォントサイズ] ボックスの▼をクリックし、[16] をクリックします。

③[ホーム] タブの 〔B〕[太字] ボタンをクリックします。

4.

①[グラフのデザイン] タブの 📊 [グラフ要素を追加] ボタンをクリックし、[軸ラベル] をポイントして、[第1縦軸] をクリックします。

②[グラフのデザイン] タブの 📊 [グラフ要素を追加] ボタンをクリックし、[軸ラベル] をポイントして、[その他の軸ラベルオプション] をクリックします。

③[軸ラベルの書式設定] 作業ウィンドウの [タイトルのオプション] で [サイズとプロパティ] をクリックし、[配置] の [文字列の方向] ボックスの▼をクリックして、[横書き] をクリックします。

④[閉じる] ボタンをクリックして、作業ウィンドウ

を閉じます。

⑤グラフ上の「軸ラベル」が選択されていることを確認し、「数式」バーをクリックして、「=」と入力し、セルF2をクリックします。

⑥数式バーに「=問題23!$F$2」と表示されていることを確認して、Enterキーを押します。

⑦「単位：件」と表示された軸ラベルの外枠にポイントし、マウスポインターの形状が になっていることを確認して、垂直に上へドラッグして17行目と18行目の間あたりに配置します。

⑧[プロットエリア]をクリックして、左中央のハンドルをポイントし、マウスポインターが になっていることを確認して、左にドラッグし、点線の左端が軸ラベル「単位：件」の左端と揃うようにします。

5.

①[グラフのデザイン]タブの[グラフスタイル]から、[スタイル11]（左から3列目）をクリックします。

6.

①[グラフのデザイン]タブの [グラフ要素を追加]ボタンをクリックし、[凡例]をポイントして、[下]をクリックします。

7.

①[グラフのデザイン]タブの [グラフ要素を追加]ボタンをクリックし、[データラベル]をポイントして、[上]をクリックします。

②[書式]タブの[現在の選択範囲]グループにある グラフ エリア [グラフ要素]ボックスの▼をクリックし、[系列"冷蔵庫"データラベル]をクリックします。

③[グラフのデザイン]タブの [グラフ要素を追加]ボタンをクリックし、[データラベル]をポイントして、[下]をクリックします。

④ほかにも、折れ線と重なるデータラベルがあれば、ドラッグして位置を変更します（「パソコン」のデータラベルの「7,662」（1月度）と「2,604」（12月度）、「エアコン」のデータラベルの「4,885」（5月度）など）。

> 移動したいデータラベルをクリックすると、同じデータ系列のすべてのデータラベルが選択されます。もう1回クリックすると、該当のデータラベルのみの選択となります。

8.

①[グラフのデザイン]タブの [グラフ要素を追加]ボタンをクリックし、[目盛線]をポイントして、[第1補助横軸]をクリックします。

9.

①[書式]タブの グラフ エリア [グラフ要素]ボックスの▼をクリックし、[縦（値）軸]をクリックします。

②[書式]タブの現在の選択範囲グループにある 選択対象の書式設定 [選択対象の書式設定]ボタンをクリックします。

③[軸の書式設定]作業ウィンドウの[軸のオプション]にある[境界値]の[最大値]ボックスの値を「11000」にし、[最小値]ボックスにカーソルを移動させます。

④[最小値]ボックスの値を「0」にしてEnterキーを押します。

⑤[閉じる]ボタンをクリックして、作業ウィンドウを閉じます。

基礎問題 24 社員構成比率（円グラフ）

1.

①セルA4〜B7を範囲選択し、[挿入]タブの [円またはドーナツグラフの挿入]ボタンをクリックして、[2-D円]から[円]をクリックします。

②グラフ上にある「グラフタイトル」をポイントし、[グラフタイトル]と表示されていることを確認してクリックします。

③[数式]バーをクリックして、「=」と入力し、セルA1をクリックして、数式バーに「=問題24!$A$1」と表示されていることを確認してEnterキーを押します。

2.

①グラフの余白部分をポイントし、[グラフエリア]と表示されていることを確認して、Altキーを押しながらグラフの左上がセルA9と重なるようにドラッグします。

②グラフエリアの右下隅をポイントし、マウスポインターの形が になっていることを確認して、Altキーを押しながらセルD25までドラッグします。

3.

① グラフタイトルをポイントし、[**グラフタイトル**] と表示されていることを確認して、クリックします。

② [**ホーム**] タブの 11 ▾ [**フォントサイズ**] ボックスの▼をクリックし、[**18**] をクリックします。

③ [**ホーム**] タブの B [**太字**] ボタンをクリックします。

4.

① [**グラフのデザイン**] タブの [**グラフ要素を追加**] ボタンをクリックし、[**データラベル**] をポイントして、[**その他のデータラベルオプション**] をクリックします。

② [**データラベルの書式設定**] 作業ウィンドウの [**ラベルオプション**] で [**ラベルの内容**] の [**分類名**] と [**パーセンテージ**] のチェックボックスをオンにし、[**値**] のチェックボックスをオフにします。[**引き出し線を表示する**] のチェックボックスはオンにしたままにします。

③ [**区切り文字**] ボックスの▼をクリックし、[**(改行)**] をクリックします。

④ [**表示形式**] をクリックし、[**カテゴリ**] ボックスの▼をクリックして、[**パーセンテージ**] をクリックします。

⑤ [**小数点以下の桁数**] ボックスの値を「1」にして Enter キーを押します。

⑥ [**閉じる**] ボタンをクリックして、作業ウィンドウを閉じます。

5.

① [**グラフのデザイン**] タブの [**色の変更**] ボタンをクリックし、[**モノクロ**] から [**モノクロパレット5**]（5行目）をクリックします。

② [**書式**] タブの [**現在の選択範囲**] グループにある グラフ エリア ▾ [**グラフ要素**] ボックスの▼をクリックし、[**系列1**] をクリックします。

③ [**グラフツール**] の [**書式**] タブの [**選択対象の書式設定**] ボタンをクリックします。

④ [**データ系列の書式設定**] 作業ウィンドウの [**塗りつぶしと線**] をクリックし、[**枠線**] をクリックして [**線なし**] をオンにします。

6.

① [**書式**] タブの [**現在の選択範囲**] グループにある グラフ エリア ▾ [**グラフ要素**] ボックスの

▼をクリックし、[**系列1データラベル**] をクリックします。

② [**ホーム**] タブの 11 ▾ [**フォントサイズ**] ボックスの▼をクリックし、[**10.5**] をクリックします。

③ [**ホーム**] タブの A ▾ [**フォントの色**] ボタンの▼をクリックし、[**テーマの色**] の [**白、背景1**]（1行目左端）をクリックします。

④ [**ホーム**] タブの B [**太字**] ボタンをクリックします。

⑤ 「アルバイト・その他」のデータラベルをクリックし、[**ホーム**] タブの A ▾ [**フォントの色**] ボタンの▼をクリックして、[**自動**] をクリックします。

7.

① 「アルバイト・その他」のデータラベルのテキストボックス右中央や左中央のハンドルをポイントし、マウスポインターの形状が⬌になったことを確認してドラッグし、「アルバイト・その他」の文字列が1行で収まるように調整します。

② 「アルバイト・その他」のデータラベルの外枠をポイントし、マウスポインターの形状が✢になったことを確認してドラッグし、位置を調整します。

8.

① 「正社員」のデータラベルを2回クリックして、「正社員」のデータラベルだけを選択します。

② [**データラベルの書式設定**] 作業ウィンドウの [**ラベルオプション**] で [**ラベルオプション**] をクリックし、[**ラベルの位置**] の [**中央**] をクリックします。

③ ①～②と同様の操作で、「期間契約社員」のデータラベルも [**ラベルの位置**] を [**中央**] にします。

④ [**閉じる**] ボタンをクリックして、作業ウィンドウを閉じます。

9.

① [**書式**] タブの グラフ エリア ▾ [**グラフ要素**] ボックスの▼をクリックし、[**凡例**] をクリックします。

② [**ホーム**] タブの 11 ▾ [**フォントサイズ**] ボックスの▼をクリックし、[**10**] をクリックします。

③ [**凡例**] の外枠にポイントし、マウスポインターの形状が✢になったことを確認して、完成例を参考にドラッグしてやや上に配置します。

応用 問題 25 月別分野別売上集計（積み上げ横棒グラフ）

1. 表のデータを4月度の分野別に多い順に並び替えます。

① セルA3 ～ E9を選択します。

② [ホーム] タブの 〔並べ替えとフィルター〕 [並べ替えとフィルター] ボタンをクリックして [ユーザー設定の並べ替え] をクリックします。

③ [並べ替え] ダイアログボックスの [最優先されるキー] ボックスの▼をクリックして [4月] をクリックします。

④ [並べ替えのキー] ボックスに [セルの値] と表示されていることを確認します。

⑤ [順序] ボックスの▼をクリックし、[大きい順] をクリックします。

⑥ [レベルの追加] をクリックします。

⑦ [次に優先されるキー] ボックスの▼をクリックして [分野] をクリックします。

⑧ [並べ替えのキー] ボックスに [セルの値] と表示されていることを確認します。

⑨ [順序] ボックスの▼をクリックし、[降順] をクリックして、[OK] をクリックします。

2. 積み上げ横棒グラフを作成します。

① セルB3 ～ E9を範囲選択し、[挿入] タブの 〔縦棒/横棒グラフの挿入〕 [縦棒/横棒グラフの挿入] ボタンをクリックして、[2-D横棒] の [積み上げ横棒]（1行目の左から2列目）をクリックします。

3. グラフが月別になるようにします。

① グラフの余白をポイントし、[グラフエリア] と表示されていることを確認してクリックし、[グラフのデザイン] タブの 〔行/列の切り替え〕 [行/列の切り替え] ボタンをクリックします。

4. グラフのサイズと位置を調整します。

① グラフの余白部分をポイントし、[グラフエリア] と表示されていることを確認してクリックし、Altキーを押しながらグラフの左上がセルA12と重なるようにドラッグします。

② グラフエリアの右下隅をポイントし、マウスポインターの形が 〔矢印〕 になっていることを確認して、Altキーを押しながらセルF26までドラッグします。

5. グラフの縦軸の4月が一番上に来るようにします。

① グラフの縦軸をクリックし、[書式] タブの 〔選択対象の書式設定〕 [選択対象の書式設定] ボタンをクリックします。

② [軸の書式設定] 作業ウィンドウが表示されたら、[軸のオプション] グループの [軸を反転する] にチェックを入れます。

6. 横軸（金額）の目盛を下に配置します。

① グラフの横軸をクリックします。

② [軸の書式設定] 作業ウィンドウの [軸のオプション] の [ラベル] をクリックして [ラベルの位置] ボックスの▼をクリックして [上端/右端] をクリックします。

7. 横軸の表示単位を「万」に変更します。

① グラフの横軸をクリックし、[書式] タブの 〔選択対象の書式設定〕 [選択対象の書式設定] ボタンをクリックします。

② [軸の書式設定] 作業ウィンドウが開いたら [軸のオプション] の [表示単位] ボックスの▼をクリックし、[万] をクリックします。

③ [表示単位のラベルをグラフに表示する] チェックボックスがオンになっていることを確認します。同様にグラフの右下に文字列「万」と単位が表示されたことを確認します。

④ 文字列「万」を右クリックし、メニューから [テキストの編集] をクリックします。

⑤ カーソルを「万」の右側に移動して、「円」と入力して、Escキーを押します。

8. データラベルを追加します。

① グラフエリアを選択して、グラフの右横にある 〔＋〕 [グラフ要素] ボタンをクリックして [データラベル] にチェックを入れます。

9. グラフ全体の文字のサイズを変更します。

① グラフの余白部分をポイントし、[グラフエリア] と表示されていることを確認してクリックし、[ホーム] タブの 〔11〕 [フォントサイズ] ボックスの▼をクリックして、[10] をクリックします。

10. グラフタイトルを入力します。

① [グラフタイトル] をクリックして「グラフタイトル」を削除し、「月別分野別売上集計表」と入力します。

②タイトルを選択して［ホーム］タブの ⌜11 ▾⌟ ［フォントサイズ］ボックスの▼をクリックして［14］をクリックします。

11. 売上傾向に対する考察を記入します。

①［挿入］タブの ⌜テキスト⌟ ［テキスト］ボタンをクリックして、［テキストボックス］をクリックします。

②カーソルが↓になっていることを確認し、Altキーを押しながら、セルA28〜F32までドラッグします。

③作成したテキストボックスに、次のテキストを入力します。

【考察】

●新生活に向けて4月はベッド・寝具・インテリアの売上が好調だった。

●5月はインテリア・照明・衣料雑貨が伸びた。

●6月は全体に売上が低調だった。新生活需要が落ち着くこの時期は、別のキャンペーンが必要だったと考える。

応用問題 26 上半期売上実績

1. 売上数合計を算出します。

数式：=SUM(E4:J4)

①セルL4をクリックし、［ホーム］タブの ⌜Σ ▾⌟ ［合計］ボタンをクリックします。

②セルE4〜J4を範囲選択し、［=SUM(E4:J4)］と表示されていることを確認して、⌜Σ ▾⌟ ［合計］ボタンをクリックします。

③セルL4のフィルハンドルをポイントし、マウスポインターの形が ╋ になっていることを確認して、セルL27までドラッグします。

2. 売上金額（円）を算出します。

数式：=C4*L4

①セルM4をクリックし、「=C4*L4」と入力して、Enterキーを押します。

②セルM4をクリックし、フィルハンドルをポイントし、マウスポインターの形が ╋ になっていることを確認して、セルM27までドラッグします。

3. 数値データに桁区切りスタイルを設定します。

①セルC4〜M27を範囲選択します。

②［ホーム］タブの ⌜9⌟ ［桁区切りスタイル］ボタンをクリックします。

4. 売上数合計と売上金額（円）にセルの値を相対的に比較するデータバーを設定します。

①セルL4〜L27を範囲選択します。

②［ホーム］タブの ⌜条件付き書式⌟ ［条件付き書式］ボタンをクリックし、［データバー］をポイントして［塗りつぶし（グラデーション）］の［緑のデータバー］をクリックします。

③セルM4〜M27を範囲選択します。

④［ホーム］タブの ⌜条件付き書式⌟ ［条件付き書式］ボタンをクリックし、［データバー］をポイントして［塗りつぶし（グラデーション）］の［赤のデータバー］をクリックします。

5. コードの値をグループに分類してデータの傾向を分析するアイコンセットを設定します。

①セルA4〜A27を範囲選択します。

②［ホーム］タブの ⌜条件付き書式⌟ ［条件付き書式］ボタンをクリックし、［アイコンセット］をポイントして［図形］の［3つの信号（枠なし）］をクリックします。

6. 表のデータをコードの独自の分類順（1000番台、5000番台、3000番台）、売上金額の多い順に並べ替えます。

①表内の任意のセルをクリックします。

②［データ］タブの ⌜並べ替え⌟ ［並べ替え］ボタンをクリックします。

③［並べ替え］ダイアログボックスの［最優先されるキー］ボックスの▼をクリックし、［コード］をクリックします。

④［並べ替えのキー］ボックスの▼をクリックし、［条件付き書式のアイコン］をクリックします。

⑤［順序］ボックスの▼をクリックし、［輪郭付きの赤い円］をクリックします。

⑥［レベルの追加］をクリックします。

⑦［次に優先されるキー］ボックスの▼をクリックし、［コード］をクリックします。

⑧［並べ替えのキー］ボックスの▼をクリックし、［条件付き書式のアイコン］をクリックします。

⑨［順序］ボックスの▼をクリックし、［緑の丸］をクリックします。

⑩［レベルの追加］をクリックします。

⑪［次に優先されるキー］ボックスの▼をクリックし、［コード］をクリックします。

⑫［並べ替えのキー］ボックスの▼をクリックし、［条件付き書式のアイコン］をクリックします。

⑬［順序］ボックスに［黄色の丸］が選択されている

ことを確認します。

⑭[レベルの追加]をクリックします。

⑮[次に優先されるキー]ボックスの▼をクリックし、[売上金額（円）]をクリックします。

⑯[並べ替えのキー]ボックスに[セルの値]と表示されていることを確認します。

⑰[順序]ボックスの▼をクリックし、[大きい順]をクリックして、[OK]をクリックします。

7. 各月の売上数の推移を表現するスパークラインを設定します。

①セルK4～K27を範囲選択します。

②[挿入]タブの[スパークライン]グループの [折れ線]ボタンをクリックします。

③[スパークラインの作成]ダイアログボックスの[データ範囲]にカーソルがあることを確認して、セルE4～J27を範囲選択します。

④[場所の範囲]ボックスに"$K$4:$K$27"と表示されていることを確認して、[OK]をクリックします。

⑤[スパークライン]タブの[マーカー]チェックボックスをオンにします。

⑥[スタイル]グループの ▽ [その他]ボタンをクリックし、[濃い灰色、スパークラインスタイルアクセント3、黒＋基本色50%]（1行目の左から3列目）をクリックします。

| 応用 問題 **27** | 第2四半期売上集計（グラフ上での絞り込み） |

1. ピボットテーブルを作成します。

①表内の任意のセルをクリックし、[挿入]タブの [ピボットテーブル]ボタンをクリックします。

②[テーブルまたは範囲からのピボットテーブル]ダイアログボックスの[テーブル/範囲]ボックスに[問題27第2四半期!$A$3:$J$2883]と表示されていることを確認します。

③[新規ワークシート]が選択されていることを確認し、[OK]をクリックします。

2. ピボットテーブルのレイアウトを設定します。

①新しいワークシート（Sheet1）が挿入され、空のピボットテーブルが作成されていることを確認します。

②[ピボットテーブルのフィールド]作業ウィンドウが表示されていることを確認します。

③[レポートに追加するフィールドを追加してくださ

い]で、[売上年月日][販売店][製品コード]の順にチェックボックスをオンにして、それ以外はオフにします。

④[行]ボックスの[販売店]を[フィルター]ボックスにドラッグします。

⑤[行]ボックスの[製品コード]を[列]ボックスにドラッグします。

⑥[レポートに追加するフィールドを追加してください]で、[売上額]のチェックボックスをオンにします。[Σ値]ボックスに[合計/売上額]が表示されていることを確認します。

3. 売上年月日を月別にグループ化し、月単位で集計します。

①ピボットテーブル内の日付を表す任意のセルをクリックします。

②[ピボットテーブル分析]タブの [グループの選択] [グループの選択]ボタンをクリックします。

③[グループ化]ダイアログボックスの[単位]ボックスで、[日]の選択を解除し、[月]のみを選択して[OK]をクリックします。

4. 値フィールドのフィールド名を「売上額（千円）」に変更し、数値データの表示単位を千円に変更して、桁区切りスタイルの表示形式を設定します。

①セルA3をクリックし、[ピボットテーブル分析]タブの[アクティブなフィールド]グループにある [フィールドの設定] [フィールドの設定]ボタンをクリックします。

②[値フィールドの設定]ダイアログボックスの[名前の指定]ボックスに「売上額（千円）」と入力します。

③[表示形式]をクリックします。

④[セルの書式設定]ダイアログボックスの[分類]ボックスの[ユーザー定義]をクリックし、[種類]ボックスに「#,###,」と入力して、[OK]をクリックします。

⑤[値フィールドの設定]ダイアログボックスの[OK]をクリックします。

> 表示形式で「#,###,」というように、末尾に「,」を付けると千を基本単位として表示できます。「,,」を付けると百万を基本単位として表示できます。

5. ピボットテーブルの行ラベルと列ラベルのラベ

ル名を変更します。

①セルA4をクリックし、「売上年月日」と入力します。

②セルB3をクリックし、「製品コード」と入力します。

6. ピボットテーブルの列幅を整えます。

①列番号A～Gを範囲選択し、選択した任意の列番号の右側の境界線をポイントし、マウスポインターの形が↔になっていることを確認して、右方向にドラッグします（12.00程度）。

7. ピボットグラフを作成します。

①ピボットテーブル内の任意のセルをクリックします。

②[ピボットテーブル分析]タブの [ピボットグラフ]ボタンをクリックします。

③[グラフの挿入]ダイアログボックスの[縦棒]が選択されていることを確認し、[積み上げ縦棒]（1行目の左から2列目）をクリックして、[OK]をクリックします。

8. ピボットグラフのサイズと位置を調整します。

①グラフの余白部分をポイントし、[グラフエリア]と表示されていることを確認して、Altキーを押しながらグラフの左上がセルA10と重なるようにドラッグします。

②グラフエリアの右下隅をポイントし、マウスポインターの形が になっていることを確認して、Altキーを押しながらセルG27までドラッグします。

> ピボットグラフに表示されるフィールドボタンをクリックすると、ピボットグラフ上で絞込みをすることができます。この機能をピボットチャートといいます。

9. ピボットグラフのタイトルを入力します。

①グラフをクリックして、グラフの右横にある +
[グラフ要素]ボタンをクリックし、[グラフタイトル]にチェックを入れます。

②[グラフタイトル]が選択されていることを確認し、「グラフタイトル」を削除して「第2四半期売上」と入力します。

10. グラフの色を変更します。

①[デザイン]タブの [色の変更]ボタンをクリックします。

②[モノクロ]の[モノクロパレット5]をクリック

します。

応用問題 **28** 買上率（複合グラフ）

1. 買上点数、買上単価、客単価、買上率の見出しを作成します。

①セルE3に「買上点数」、F3に「買上単価」、G3に「客単価」、H3に「買上率」と入力します。

②セルA3をクリックし、[ホーム]タブの [書式のコピー/貼り付け]ボタンをクリックして、セルE3～H3までドラッグします。

2. 買上点数を入力します。

①セルE4～E15に買上点数を参考にデータを入力します。

3. 客単価を算出し、小数点第1位で四捨五入の処理をして、1の位まで表示するように設定します。

数式：=ROUND(D4/C4,0)

①セルG4をクリックし、 [関数の挿入]ボタンをクリックします。

②[関数の挿入]ダイアログボックスの[関数の分類]ボックスの▼をクリックして[数学/三角]をクリックし、[関数名]ボックスの[ROUND]をクリックして、[OK]をクリックします。

③[関数の引数]ダイアログボックスの[数値]ボックスにカーソルが表示されていることを確認し、「D4/C4」と入力します。

④[桁数]ボックスをクリックし、「0」と入力して、[OK]をクリックします。

> ROUND関数の桁数は、四捨五入した結果の小数点以下の桁数を指定します。

⑤セルG4のフィルハンドルをポイントし、マウスポインターの形が + になっていることを確認して、セルG15までドラッグします。

4. 買上単価を算出し、小数点第1位で四捨五入の処理をして、1の位まで表示するように設定します。

数式：=ROUND(G4/E4,0)

①セルF4をクリックし、 [関数の挿入]ボタンをクリックします。

②[関数の挿入]ダイアログボックスの[関数の分類]ボックスに[数学/三角]と表示されていることを

確認し、[関数名] ボックスの [ROUND] をクリックして、[OK] をクリックします。

③[関数の引数] ダイアログボックスの [数値] ボックスにカーソルが表示されていることを確認し、「G4/E4」と入力します。

④[桁数] ボックスをクリックし、「0」と入力して、[OK] をクリックします。

⑤セルF4のフィルハンドルをポイントし、マウスポインターの形が ✚ になっていることを確認して、セルF15までドラッグします。

5. 買上率を算出し、パーセントの小数点第2位で四捨五入の処理をして、パーセントの小数点第1位まで表示するように設定します。

数式：=ROUND(C4/B4,3)

①セルH4をクリックし、🔢 [関数の挿入] ボタンをクリックします。

②[関数の挿入] ダイアログボックス [関数の分類] ボックスに [数学/三角] と表示されていることを確認し、[関数名] ボックスの [ROUND] をクリックして、[OK] をクリックします。

③[関数の引数] ダイアログボックスの [数値] ボックスにカーソルが表示されていることを確認し、「C4/B4」と入力します。

④[桁数] ボックスをクリックし、「3」と入力して、[OK] をクリックします。

⑤セルH4のフィルハンドルをポイントし、マウスポインターの形が ✚ になっていることを確認して、セルH15までドラッグします。

⑥[ホーム] タブの % [パーセントスタイル] ボタンをクリックして、[小数点以下の表示桁数を増やす] ボタンをクリックします。

6. 来店客数、買上客数、売上高の平均を算出します。

数式：=AVERAGE(B4:B15)

①セルA16に「平均」と入力します。

②セルA3をクリックし、[ホーム] タブの [書式のコピー /貼り付け] ボタンをクリックして、セルA16をクリックします。

③セルB16を選択し、[ホーム] タブの Σ▾ [合計] ボタンの▼をクリックして [平均] をクリックします。

④セルB16に [=AVERAGE(B4:B15)] と表示されていることを確認し、Σ▾ [合計] ボタンをクリックします。

⑤セルB16のフィルハンドルをポイントし、マウス

ポインターの形が ✚ になっていることを確認して、セルD16までドラッグします。

7. 買上点数、買上単価、客単価、買上率の平均を算出します。

数式：=ROUND(AVERAGE(E4:E15),1)

①セルE16をクリックし、🔢 [関数の挿入] ボタンをクリックします。

②[関数の挿入] ダイアログボックスの [関数の分類] ボックスに [数学/三角] と表示されていることを確認し、[関数名] ボックスの [ROUND] をクリックして、[OK] をクリックします。

③[関数の引数] ダイアログボックスの [数値] ボックスにカーソルが表示されていることを確認し、関数ボックスの▼をクリックして、[その他の関数] をクリックします。

④[関数の挿入] ダイアログボックスの [関数の分類] ボックスから [統計] を選択して、[関数名] ボックスの [AVERAGE] をクリックして、[OK] をクリックします。

⑤[関数の引数] ダイアログボックスの [数値1] ボックスに [E4:E15] と表示されていることを確認し、数式バーの「ROUND」の関数名をクリックします。

⑥[関数の引数] ダイアログボックスの [桁数] ボックスをクリックし、「1」と入力して、[OK] をクリックします。

数式：=ROUND(AVERAGE(F4:F15),0)

⑦セルF16をクリックし、🔢 [関数の挿入] ボタンをクリックします。

⑧[関数の挿入] ダイアログボックスの [関数の分類] ボックスから [数学/三角] を選択し、[関数名] ボックスの [ROUND] をクリックして、[OK] をクリックします。

⑨[関数の引数] ダイアログボックスの [数値] ボックスにカーソルが表示されていることを確認し、関数ボックスの▼をクリックして、[AVERAGE] をクリックします。

⑩[関数の引数] ダイアログボックスの [数値1] ボックスに [F4:F15] と表示されていることを確認し、数式バーの「ROUND」の関数名をクリックします。

⑪[関数の引数] ダイアログボックスの [桁数] ボックスをクリックし、「0」と入力して、[OK] をクリックします。

⑫セルF16のフィルハンドルをポイントし、マウスポインターの形が ✚ になっていることを確認し

て、セルG16までドラッグします。

数式：=AVERAGE(H4:H15)

⑬セルH16をクリックし、[ホーム] タブの Σ▾ [合計] ボタンの▼をクリックして [平均] をクリックし、[=AVERAGE(H4:H15)] と表示されていることを確認して、Σ▾ [合計] ボタンをクリックします。

8. 数値データに桁区切りスタイルを設定し、表全体の列幅を自動調整して罫線を設定します。

①セルF4 ～ G16を範囲選択し、[ホーム] タブの ﹐ [桁区切りスタイル] ボタンをクリックします。

②列番号A ～ Hを範囲選択し、[ホーム] タブの 書式 [書式] ボタンをクリックして、[セルのサイズ] の [列の幅の自動調整] をクリックします。

③セルA3 ～ H16を範囲選択し、[ホーム] タブの ▦ ▾ [罫線] ボタンの▼をクリックして、[格子] をクリックします。

9. 売上高を集合縦棒グラフ、第2軸として買上率を折れ線グラフにして比較する複合グラフを作成します。

①セルA3 ～ A15を範囲選択し、Ctrlキーを押しながらセルD3 ～ D15、H3 ～ H15を範囲選択します。

②[挿入] タブの ▥ ▾ [縦棒/横棒グラフの挿入] ボタンをクリックし、[2-D縦棒] の [集合縦棒]（1行目の左端）をクリックします。

10. グラフのサイズや位置を任意に調整します。

①グラフの余白部分をポイントし、[グラフエリア] と表示されていることを確認して、Altキーを押しながらグラフの左上がセルA18と重なるようにドラッグします。

②グラフエリアの右下隅をポイントし、マウスポインターの形が ⤢ になっていることを確認して、Altキーを押しながらセルH31までドラッグします。

11. 買上率を第2軸を使用する折れ線グラフに変更します。

①[グラフのデザイン] タブの ▥ [グラフの種類の変更] ボタンをクリックします。

②[グラフの種類の変更] ダイアログボックスの [すべてのグラフ] タブで [組み合わせ] をクリックし、[集合縦棒 - 第2軸の折れ線]（左から2列目）をク

リックします。

③ダイアログボックス下部にある系列名とグラフの種類の設定画面で、系列「売上高」のグラフの種類が「集合縦棒」で第2軸はチェックなしに、系列「買上率」のグラフの種類が「折れ線」で第2軸はチェックありになっているのを確認し、[OK] をクリックします。

12. グラフの書式を任意に変更します。

①[グラフのデザイン] タブの ▥ [グラフ要素を追加] ボタンをクリックし、[グラフタイトル] をポイントして、[なし] をクリックします。

②[グラフのデザイン] タブの ▥ [グラフ要素を追加] ボタンをクリックし、[凡例] をポイントして、[上] をクリックします。

13. 表とグラフを統一した配色を任意に設定します。

①[ページレイアウト] タブの ▦配色▾ [配色] ボタンをクリックし、[緑] をクリックします。

応用問題 **29** 海外売上比率推移（複合グラフ）

1. 海外売上高を計算します。

①セルE3をクリックし、「海外売上高合計（万円）」と入力します。

②列番号Eをクリックし、[ホーム] タブの 書式 「書式」ボタンをクリックして、[セルのサイズ] の [列の幅] をクリックします。

③[セルの幅] ダイアログボックスの [列の幅] ボックスに「20」と入力し、[OK] をクリックします。

④セルE4に「=C4+D4」と入力し、Enterキーを押します。

⑤セルE4をクリックしてフィルハンドルをポイントし、マウスポインターの形が ✛ になっていることを確認して、セルE13までドラッグします。

2. 海外売上比率を計算します。

①セルF3をクリックし、「海外売上比率」と入力します。

②列番号Fをクリックし、[ホーム] タブの 書式 「書式」ボタンをクリックして、[セルのサイズ] の [列の幅] をクリックします。

③[セルの幅] ダイアログボックスの [列の幅] ボックスに「20」と入力し、[OK] をクリックします。

④セルF4をクリックし、「=E4/(B4+C4+D4)」と入力してEnterキーを押します。

「B4+C4+D4」の部分は、SUM関数を使って「SUM
（B4:D4）」と設定しても同じ結果になります。ここ
では合計するセルが3つなので大差がありませんが、
隣接する多数のセルを合計する場合はSUM関数の
ほうが式が短くなって設定が簡単です。

⑤セルF4をクリックしてフィルハンドルをポイント
し、マウスポインターの形が **＋** になっていること
を確認して、セルF13までドラッグします。

3. 表の見栄えを整えます。

①セルE3～F13を範囲選択し、[**ホーム**] タブにあ
る 田▼ [**罫線**] ボタンの▼をクリックして、[**格子**]
をクリックします。

②セルA3～F13を範囲選択し、[**ホーム**] タブに
ある 田▼ [**罫線**] ボタンの▼をクリックして、[**太
い外枠**] をクリックします。

③セルA3～F3を範囲選択し、Ctrlキーを押しなが
らセルA4～A13、E4～E13を範囲選択します。

④[**ホーム**] タブの 田▼ [**罫線**] ボタンの▼をクリッ
クし、[**太い外枠**] をクリックします。

⑤セルF4～F13を範囲選択し、[**ホーム**] タブの
% [**パーセントスタイル**] ボタンをクリックして、
.00 [**小数点以下の表示桁数を増やす**] ボタンをク
リックします。

4. 複合グラフを作成します。

①セルA3～D13を範囲選択し、Ctrlキーを押しな
がらセルF3～F13を範囲選択します。

②[**挿入**] タブの [**複合グラフの挿入**] ボタンを
クリックし、[**ユーザー設定の複合グラフを作成す
る**] をクリックします。

③[**グラフの挿入**] ダイアログボックスの [**すべての
グラフ**] タブの [**データ系列に使用するグラフの
種類と軸を選択してください**] ボックスにある [**系
列名**] の [**海外売上比率**] の [**第2軸**] チェックボッ
クスをオンにします。

④[**グラフの挿入**] ダイアログボックスの [**すべての
グラフ**] タブの [**データ系列に使用するグラフの
種類と軸を選択してください**] ボックスにある [**系
列名**] の [**ヨーロッパ（万円）**] の [**グラフの種類**]
の▼をクリックし、[**縦棒**] にある [**積み上げ縦棒**]
をクリックして、[**OK**] をクリックします。

5. 複合グラフの見栄えを整えます。

①グラフの余白部分をポイントし、[**グラフエリア**]

と表示されていることを確認して、Altキーを押し
ながらグラフの左上がセルA15と重なるようにド
ラッグします。

②グラフエリアの右下隅をポイントし、マウスポイ
ンターの形が になっていることを確認して、
Altキーを押しながらセルF30までドラッグしま
す。

③[**グラフのデザイン**] タブの [**グラフ要素を追
加**] ボタンをクリックし、[**グラフタイトル**] をポ
イントして、[**なし**] をクリックします。

④[**グラフのデザイン**] タブの [**グラフ要素を追
加**] ボタンをクリックし、[**軸ラベル**] をポイント
して、[**第1縦軸**] をクリックします。

⑤[**グラフのデザイン**] タブの [**グラフ要素を追
加**] ボタンをクリックし、[**軸ラベル**] をポイント
して、[**その他の軸ラベルオプション**] をクリック
します。

⑥[**軸ラベルの書式設定**] 作業ウィンドウの [**文字の
オプション**] をクリックし、 [**テキストボッ
クス**] をクリックします。

⑦[**文字列の方向**] ボックスの▼をクリックし、[**横
書き**] をクリックします。

⑧グラフエリアに表示された「軸ラベル」のテキス
トをクリックし、[**数式**] バーに「単位：万円」と
入力して、Enterキーを押します。

⑨軸ラベル「単位：万円」の外枠をドラッグし、縦
軸の右上に配置します。

⑩[**書式**] タブの グラフ エリア ▼ [**グラフ要素**]
ボックスの▼をクリックして [**系列"海外売上比
率"**] をクリックします。

⑪[**データ系列の書式設定**] 作業ウィンドウの [**塗り
つぶしと線**] をクリックし、[**線**] の [**色**] ボック
スの▼をクリックして、[**標準の色**] から [**濃い赤**]
（左端）をクリックします。

⑫[**書式**] タブの グラフ エリア ▼ [**グラフ要素**]
ボックスの▼をクリックして [**系列"日本（万円）"**]
をクリックします。

⑬[**データ系列の書式設定**] 作業ウィンドウで [**塗り
つぶし**] をクリックして [**色**] ボックスの▼をクリッ
クし、[**テーマの色**] から [**オレンジ、アクセント2、
白＋基本色60%**]（3行目の左から6列目）をクリック
します。

⑭[**書式**] タブの グラフ エリア ▼ [**グラフ要素**]
ボックスの▼をクリックして [**系列"アジア（万
円）"**] をクリックします。

⑮[**データ系列の書式設定**] 作業ウィンドウで [**塗り

つぶし] の [色] ボックスの▼をクリックし、[テーマの色] から [青、アクセント1] (上から1行目、左から5列目) をクリックします。

⑯ [書式] タブの `グラフ エリア` [グラフ要素] ボックスの▼をクリックして [系列"ヨーロッパ(万円)"] をクリックします。

⑰ [データ系列の書式設定] 作業ウィンドウで [塗りつぶし] の [色] ボックスの▼をクリックし、[テーマの色] から [青、アクセント1、白+基本色40%] (上から4行目、左から5列目) をクリックします。

⑱ [データ系列の書式設定] 作業ウィンドウの [系列のオプション] をクリックし、[要素の間隔] ボックスの値を「50%」にしてEnterキーを押します。

⑲ [閉じる] ボタンをクリックして、作業ウィンドウを閉じます。

応用問題 **30** 予算実績比較と将来予測

1. 2023年実績、差異、予算達成率の見出しを作成し、罫線を任意に設定します。
① セルA12をクリックし、[ホーム] タブの [書式のコピー /貼り付け] ボタンをクリックします。
② セルA14 ～ A16を範囲選択します。
③ セルA14に「2023/1/1」、A15に「予算との差異」、A16に「予算達成率」と入力します。
④ セルA3をクリックし、[ホーム] タブの [書式のコピー /貼り付け] ボタンをクリックします。
⑤ セルB14 ～ N16を範囲選択します。

2. 今期の売上実績を入力し、桁区切りスタイルを設定します。
① セルC14 ～ N14に2023年の売上実績のデータを入力します。

> データを入力すると年間計は自動的に計算されます。

② セルB14 ～ N16を範囲選択し、[ホーム] タブの [桁区切りスタイル] ボタンをクリックします。

3. 2023年予算との差異と年間計を算出します。
数式：=B14-B13
① セルB15をクリックし、「=B14-B13」と入力して、Enterキーを押します。
② セルB15をクリックし、フィルハンドルをポイントし、マウスポインターの形が ✛ になっているこ

とを確認して、セルN15までドラッグします。

4. 予算達成率を算出し、パーセントスタイルの小数点第1位までを表示する表示形式を設定します。
数式：=B14/B13
① セルB16をクリックし、「=B14/B13」と入力して、Enterキーを押します。
② セルB16をクリックし、フィルハンドルをポイントし、マウスポインターの形が ✛ になっていることを確認して、セルN16までドラッグします。
③ [ホーム] タブの % [パーセントスタイル] ボタンをクリックし、 [小数点以下の表示桁数を増やす] ボタンをクリックします。

5. 予測グラフを作成します。
① 行番号13をクリックします。
② [ホーム] タブの [書式] ボタンをクリックし、[表示設定] の [非表示/再表示] をポイントして、[行を表示しない] をクリックします。
③ セルA4 ～ B14を範囲選択します。
④ [データ] タブの [予測シート] ボタンをクリックします。
⑤ [予測ワークシートの作成] ダイアログボックスで、右上にある [折れ線グラフの作成] が選択されていることを確認し、[作成] をクリックします。
⑥ 新しいシート [Sheet1] が作成され、予測グラフと予測テーブルが作成されていることを確認します。

> 予測シートに関するメッセージが表示された場合は [閉じる] ボタンをクリックします。[OK] をクリックすると、次回以降、このメッセージは表示されなくなります。

6. グラフのサイズと位置を調整します。
① グラフの余白部分をポイントし、[グラフエリア] と表示されていることを確認して、Altキーを押しながらグラフの左上がセルA17と重なるようにドラッグします。
② グラフエリアの右下隅をポイントし、マウスポインターの形が になっていることを確認して、Altキーを押しながらセルH30までドラッグします。

7. グラフのラベルを任意に設定します。

①グラフの横軸を選択して、[書式] タブから [選択対象の書式設定] [選択対象の書式設定] をクリックします。

②[軸の書式設定] 作業ウィンドウの [軸オプション] の [表示形式] をクリックして、[カテゴリ] ボックスの▼をクリックして [ユーザー設定] をクリックします。

③[種類] ボックスの▼をクリックし、「yyyy"年実績"」をクリックして、[表示形式コード] ボックスの文字列を「yyyy"年"」に書き換えて [追加] ボタンをクリックします。

④グラフの縦軸を選択します。

⑤[軸の書式設定] 作業ウィンドウの [軸オプション] の [表示形式] をクリックして、[カテゴリ] ボックスの▼をクリックして [数値] をクリックし、「桁区切り（,）を使用する」がオンになっていることを確認します。

⑥[グラフのデザイン] タブの [グラフ要素を追加] [グラフ要素を追加] ボタンをクリックして [軸ラベル] をポイントして [第1縦軸] をクリックします。

⑦縦軸の「軸ラベル」が選択されていることを確認して、[軸ラベルの書式設定] 作業ウィンドウの [文字のオプション] にある [テキストボックス] をクリックします。

⑧[文字列の方向] ボックスの▼をクリックして、「縦書き」をクリックします。

⑨グラフの縦軸の「軸ラベル」を選択し、「単位　千円」に書き換えてEscキーを押します。

⑩[軸ラベルの書式設定] 作業ウィンドウの [閉じる] ボタンをクリックして、作業ウィンドウを閉じます。

⑪[ホーム] タブの [書式] ボタンをクリックし、[シートの整理] にある [シート名の変更] をクリックします。

⑫「予測グラフ」と入力して、Enterキーを押します。

8. グラフフィルターで一定期間のデータに絞り込みます。

①グラフを選択して、グラフの右にある [グラフフィルター] ボタンをクリックします。

②カテゴリの [(すべて選択)] をクリックしてチェックボックスをオフにします。

③[2020年] ～ [2027年] のチェックボックスをオンにします。

④[適用] をクリックします。

応用 問題 31 TOEIC スコア分布（ヒストグラム）

1. 集計表を作成します。

①セルG3をクリックして「点数分布」と入力します。次に、セルH3をクリックして「人数」と入力します。

②セルG4からG13に次のように入力します。

100点以下
100点超200点以下
200点超300点以下
300点超400点以下
400点超500点以下
500点超600点以下
600点超700点以下
700点超800点以下
800点超900点以下
900点超

③列番号Gを選択し、GとHの境界をダブルクリックします。

④セルG3 ～ H13を範囲選択します。

⑤[ホーム] タブの [罫線] ボタンの▼をクリックし、[格子] をクリックします。

2. 100点以下と900点超えを集計します。

数式：=COUNTIF($D$4:$D$206,"<=100")

数式：=COUNTIF($D$4:$D$206,">900")

①セルH4をクリックして、[関数の挿入] ボタンをクリックします。

②[関数の挿入] ダイアログボックスの [関数の分類] ボックスの▼をクリックして [統計] をクリックし、[関数名] ボックスの [COUNTIF] をクリックして、[OK] をクリックします。

③[関数の引数] ダイアログボックスの [範囲] ボックスにカーソルが表示されていることを確認し、「D4」と入力してF4キーを押し、「:D206」と入力してF4キーを押します。

④[検索条件] ボックスをクリックし、「<=100」と入力して、[OK] をクリックします。

⑤[ホーム] タブの [コピー] ボタンをクリックします。

⑥セルH13をクリックし、[ホーム] タブの [貼り付け] ボタンをクリックします。

⑦ [関数の挿入] ボタンをクリックし、[関数の引数] ダイアログボックスの [範囲] ボックスに「$D$4:$D$206」と入力されていることを確認し、[検索条件] ボックスの「"<=100"」を削除し、「>900」と入力して、[OK] をクリックします。

3. 100点超200点以下を集計します。

①セルH5をクリックし、 f_x 【関数の挿入】ボタンをクリックします。

②【関数の挿入】ダイアログボックスの【関数の分類】ボックスの▼をクリックして【統計】をクリックし、【関数名】ボックスの【COUNTIFS】をクリックして、【OK】をクリックします。

③【関数の引数】ダイアログボックスの【検索条件範囲1】ボックスにカーソルが表示されていることを確認し、「D4」と入力してF4キーを押し、「:D206」と入力してF4キーを押します。

④【検索条件1】ボックスをクリックし、「>100」と入力します。

⑤【検索条件範囲2】ボックスをクリックし、「D4」と入力してF4キーを押し、「:D206」と入力してF4キーを押します。

⑥【検索条件2】ボックスをクリックし、「<=200」と入力して、【OK】をクリックします。

4. 数式をコピーして、数式の内容を一部変更します。

①セルH5をクリックし、フィルハンドルをポイントし、マウスポインターの形が ✚ になっていることを確認して、セルH12まで右ドラッグし、ショートカットメニューの【書式なしコピー（フィル）】をクリックします。

②セルH6をクリックし、 f_x 【関数の挿入】ボタンをクリックします。

③【検索条件1】ボックスの内容を「>200」、【検索条件2】ボックスの内容を「<=300」と、それぞれ書き換えます。

④セルH7をクリックし、 f_x 【関数の挿入】ボタンをクリックします。

⑤【検索条件1】ボックスの内容を「>300」、【検索条件2】ボックスの内容を「<=400」と、それぞれ書き換えます。

⑥セルH8をクリックし、 f_x 【関数の挿入】ボタンをクリックします。

⑦【検索条件1】ボックスの内容を「>400」、【検索条件2】ボックスの内容を「<=500」と、それぞれ書き換えます。

⑧セルH9をクリックし、 f_x 【関数の挿入】ボタンをクリックします。

⑨【検索条件1】ボックスの内容を「>500」、【検索条件2】ボックスの内容を「<=600」と、それぞれ書き換えます。

⑩セルH10をクリックし、 f_x 【関数の挿入】ボタンをクリックします。

⑪【検索条件1】ボックスの内容を「>600」、【検索条件2】ボックスの内容を「<=700」と、それぞれ書き換えます。

⑫セルH11をクリックし、 f_x 【関数の挿入】ボタンをクリックします。

⑬【検索条件1】ボックスの内容を「>700」、【検索条件2】ボックスの内容を「<=800」と、それぞれ書き換えます。

⑭セルH12をクリックし、 f_x 【関数の挿入】ボタンをクリックします。

⑮【検索条件1】ボックスの内容を「>800」、【検索条件2】ボックスの内容を「<=900」と、それぞれ書き換えます。

5. ヒストグラムを作成します。

①シート見出しの右にある ⊕ 【新しいシート】ボタンをクリックし、「Sheet1」のシート見出しをダブルクリックし、「ヒストグラム」と入力してEnterキーを押します。

②シート見出し「ヒストグラム」が選ばれていることを確認し、セルA1をクリックして「社員のTOEICスコア分布と考察」と入力します。

③セルA1を選択して【ホーム】タブの B 【太字】ボタンをクリックし、 11 ▾ 【フォントサイズ】ボックスの▼をクリックし【16】をクリックします。

④シート見出し「問題31」をクリックし、セルD4～D206を範囲選択し、【挿入】タブの【グラフ】グループにある ▮▮▾ 【統計グラフの挿入】ボタンをクリックして、【ヒストグラム】をクリックします。

⑤作成したヒストグラムが選択されている状態で、【ホーム】タブの ✂ 【切り取り】ボタンをクリックします。

⑥シート見出し「ヒストグラム」をクリックし、セルA3をクリックして、【ホーム】タブの 【貼り付け】ボタンをクリックします。

⑦ヒストグラムの右下隅のハンドルをポイントし、マウスポインターの形が になっていることを確認して、Altキーを押しながらセルI18までドラッグします。

⑧【書式】タブの グラフ エリア ▾ 【グラフ要素】ボックスの▼をクリックし、【横 軸】を選びます。

⑨【書式】タブの 選択対象の書式設定 【選択対象の書式設定】ボタンをクリックします。

⑩ [軸の書式設定] 作業ウィンドウの [軸のオプション] の中にある、[ビン] から [ビンの幅] をオンにして数値ボックスに「100」と入力します。

⑪ [ビンのオーバーフロー] チェックボックスをオンにして、数値ボックスに「900」と入力します。

⑫ [ビンのアンダーフロー] チェックボックスをオンにして、数値ボックスに「100」と入力します。

6. グラフの見栄えを整えます。

① ヒストグラムが選択されている状態で、右横にある ➕ [グラフ要素] ボタンをクリックし、[グラフタイトル] チェックボックスをオフにします。

② ➕ [グラフ要素] ボタンをクリックし、[データラベル] チェックボックスをオンにします。

③ ヒストグラムの外側に表示されたデータラベルをクリックし、[ホーム] タブの 11 ▼ [フォントサイズ] ボックスの▼をクリックして、[12] をクリックします。

④ [ホーム] タブの B [太字] ボタンをクリックします。

⑤ [グラフのデザイン] タブの [色の変更] ボタンをクリックし、[カラフル] から [カラフルなパレット3]（3行目）をクリックします。

7. 考察を入力します。

① セルA19をクリックし、「教育部より」と入力します。

② セルA19を選択して、[ホーム] タブの B [太字] ボタンをクリックします。

③ セルA20をクリックして、「・400 〜 500点と700 〜 800点の社員が多く、次いで300 〜 400点、600 〜 700点が続いている。」と入力します。

④ セルA21をクリックして、「・英語力の基本はクリアしている層（A層）と大幅に不足している層（B層）に2極化している。」と入力します。

⑤ セルA22をクリックして、「・A層向けには、英語学校の上級クラス受講料補助制度を設けて、さらに英語力向上を図る。」と入力します。

⑥ セルA23をクリックして、「・B層向けには、英語学校の出張レッスンを依頼し、できるだけ参加させるなどの施策が必要。」と入力します。

応用問題 32 **不良品発生原因（パレート図）**

1. 製造工程別、不良現象別で並べ替えを実行します。

① 表内の任意のセルを選択した状態で、[データ] タブの 🔤 [並べ替え] ボタンをクリックします。

② [並べ替え] ダイアログボックスの [最優先されるキー] ボックスの▼をクリックし、[製造工程番号] をクリックします。

③ [並べ替えのキー] ボックスに [セルの値]、[順序] ボックスに [昇順] と表示されていることを確認します。

④ [並べ替え] ダイアログボックスの [レベルの追加] ボタンをクリックします。

⑤ [次に優先されるキー] ボックスの▼をクリックし、[不良現象] をクリックします。

⑥ [並べ替えのキー] ボックスに [セルの値]、[順序] ボックスに [昇順] と表示されていることを確認して、[OK] をクリックします。

2. 小計機能で工程ごとの不良品を集計します。

① 表内の任意のセルを選択した状態で、[データ] タブの 📊小計 [小計] ボタンをクリックします。

② [集計の設定] ダイアログボックスの [グループの基準] ボックスの▼をクリックし、[製造工程番号] をクリックします。

③ [集計の方法] ボックスの▼をクリックし、[個数] をクリックします。

④ [集計するフィールド] の [製造工程番号] チェックボックスをオンにし、それ以外のチェックボックスをオフにします。

⑤ [現在の小計をすべて置き換える] と [集計行をデータの下に挿入する] のチェックボックスがオンになっていることを確認し、[OK] をクリックします。

⑥ 製造工程ごとの不良品の個数の集計行が挿入され、最終行には総合計行が挿入されたことを確認します。

⑦ アウトラインボタンの [2] をクリックします。工程ごとの小計と総合計のみが表示されたことを確認します。

3. 工程別のパレート図を作成します。

① セルA16、A117、A129、A145、A160の文字列から「 個数」を削除し、それぞれ「工程1」、「工程2」、「工程3」、「工程4」、「工程5」となるようにします。

② セルA16 〜 B160を範囲選択し、[ホーム] タブの 🔍 [検索と選択] ボタンをクリックして、[条件を選択してジャンプ] をクリックします。

③ [選択オプション] ダイアログボックスの [可視セル] をオンにして [OK] をクリックします。

④ [挿入] タブの ⯐ [統計グラフの挿入] ボタンをクリックし、[ヒストグラム] の [パレート図] (右端) をクリックします。

⑤ グラフの余白部分をポイントし、[グラフエリア] と表示されていることを確認して、Altキーを押しながらグラフの左上がセルA162と重なるようにドラッグします。

⑥ グラフエリアの右下隅をポイントし、マウスポインターの形が になっていることを確認して、Altキーを押しながらセルD175までドラッグします。

⑦ 「グラフタイトル」をクリックして選択し、「工程別不良品発生個数」に書き換えてEscキーを押します。

⑧ 縦軸(左側)をダブルクリックします。

⑨ [軸の書式設定] 作業ウインドウの [軸のオプション] の最大値を「152」(不良現象個数合計の値)、最小値を「0」にします。

4. 「考察」を入力します。
① [挿入] タブの [テキスト] ボタンをクリックし、[テキストボックス] をクリックして、Altキーを押しながらセルA176～D181までドラッグします。

A176～D181にぴったりの大きさのテキストボックスが書きづらい場合は、おおよその大きさで書いてから、Altキーを押しながらテキストボックスの左上端や右下端をドラッグして大きさを調節します。

② 作成したテキストボックスに次のテキストを入力します。見やすいように適宜改行するなどして調整します。
【考察】
● パレート図作成の結果、「工程2」の不良品発生個数が突出して多いことがわかる。
● 他の工程については横並びであり、「工程2」の不良発生原因をさらに追及する必要がある。

③ シート見出しをダブルクリックして、「工程別パレート図」と入力してEnterキーを押します。

5. 工程別に「不良現象」の個数を算出します。
① [ホーム] タブの [書式] ボタンをクリックし、[シートの整理] の [シートの移動またはコピー] をクリックします。

② [移動またはコピー] ダイアログボックスの [挿入先] ボックスから [(末尾へ移動)] を選び、[コピーを作成する] チェックボックスをオンにして、[OK] をクリックします。

③ コピーしたシート見出しをダブルクリックして、「工程2パレート図」と書き換えてEnterキーを押します。

④ A176～D181にあるテキストボックスの外枠を選択してDeleteキーを押します。

⑤ グラフを選択してDeleteキーを押します。

⑥ アウトラインボタンの [3] をクリックします。

⑦ 表内の任意のセルを選択した状態で、[データ] タブの [小計] ボタンをクリックします。

⑧ [集計の設定] ダイアログボックスの [グループの基準] ボックスの▼をクリックし、[不良現象] をクリックします。

⑨ [集計の方法] ボックスが [個数] になっているか確認します。

⑩ [集計するフィールド] の [製造工程番号] と [不良現象] チェックボックスをオンにし、それ以外のチェックボックスをオフにします。

⑪ [現在の小計をすべて置き換える] のチェックをオフにし、[OK] をクリックします。

⑫ アウトラインボタンの [3] をクリックします。

⑬ アウトラインボタンの [2] をクリックします。

⑭ セルA129の「工程2」の左方向にある「+」ボタンをクリックします。

⑮ 「工程2」の「不良現象」の個数が表示されたことを確認します。

6. 工程2の不良現象のパレート図を描きます。
① セルB51、B100、B107、B113、B120、B128の文字列から「 個数」を削除し、それぞれ「キズ」、「接続不良」、「塗装不良」、「部品違い」、「部品不足」、「汚れ」となるようにします。

② セルA51～A128を範囲選択し、Ctrlキーを押しながらC51～C128をドラッグして範囲選択し、[ホーム] タブの [検索と選択] ボタンをクリックして、[条件を選択してジャンプ] をクリックします。

③ [選択オプション] ダイアログボックスの [可視セル] をオンにして [OK] をクリックします。

④ [挿入] タブの ⯐ [統計グラフの挿入] ボタンをクリックし、[ヒストグラム] の [パレート図] (右端) をクリックします。

⑤ グラフの余白部分をポイントし、[グラフエリア]

と表示されていることを確認して、Altキーを押し
ながらグラフの左上がセルA189と重なるように
ドラッグします。
⑥グラフエリアの右下隅をポイントし、マウスポイ
ンターの形が🔲 になっていることを確認して、
Altキーを押しながらセルD202までドラッグしま
す。
⑦「グラフタイトル」をクリックして選択し、「工程
2不良品発生原因」に書き換えてEscキーを押し
ます。
⑧縦軸（左側）をダブルクリックします。
⑨[軸の書式設定]作業ウインドウの[軸のオプショ
ン]の最大値を「100」（工程2の不良現象個数合
計の値）、最小値を「0」にします。

7. 「考察」を入力します。
①[挿入]タブの[テキスト]ボタンをクリックし、
[テキストボックス]をクリックして、Altキーを
押しながらセルA203～D208までドラッグしま
す。
②作成したテキストボックスに次のテキストを入力
します。見やすいように適宜改行するなどして調
整します。
【考察】
●パレート図作成の結果、接続不良の発生個数が
突出して多いことがわかる。
●また、キズを原因とした不良品発生が多いこと
もわかる。
●接続不良とキズに対する改善策を導入する必要
がある。

第**4**章

自動化・マクロ

基礎
問題 **33** 受注一覧（自動入力）

ここではVLOOKUP関数を使用していますが、
Excel 2021の新機能のXLOOKUP関数を使用する
方法もあります。XLOOKUP関数使った設定方法は
「問題33完成例_XLOOKUP」を参照ください。

1.
①セルH1をクリックし、[ホーム]タブの🖌 [書
式のコピー/貼り付け]ボタンをクリックして、
セルA1をクリックします。

2.
①セルⅠ3をクリックし、[ホーム]タブの🖌 [書
式のコピー/貼り付け]ボタンをクリックして、
セルA3～F3を範囲選択します。

3.
①セルH4～J10を範囲選択します。
②[数式]タブの[名前の定義 ▼][名前の定義]ボタ
ンをクリックします。
③[新しい名前]ダイアログボックスの[名前]ボッ
クスに「商品リスト」と入力し、[OK]をクリッ
クします。

セル範囲に付けた名前は、名前ボックスの▼をクリ
ックして表示し、選択することができます。また、
セル範囲に付けた名前は、[数式]タブの[名前
の管理]ボタンをクリックして表示される[名前の管
理]ダイアログボックスで削除することができます。

4.
数式：=VLOOKUP(B4,商品リスト,2,FALSE)
①セルC4をクリックし、𝑓ₓ [関数の挿入]ボタン
をクリックします。
②[関数の挿入]ダイアログボックスの[関数の分類]
ボックスの▼をクリックして[検索/行列]をクリッ
クし、[関数名]ボックスの[VLOOKUP]をクリッ
クして、[OK]をクリックします。
③[関数の引数]ダイアログボックスの[検索値]ボッ
クスにカーソルが表示されていることを確認し、

「B4」と入力します。

④ [範囲] ボックスをクリックし、「商品リスト」と入力します。

⑤ [列番号] ボックスをクリックし、「2」と入力します。

⑥ [検索方法] ボックスをクリックし、「FALSE」と入力して、[OK] をクリックします。

⑦ セルC4のフィルハンドルをポイントし、マウスポインターの形が➕になっていることを確認して、セルC22までドラッグします。

5.

数式：=VLOOKUP(B4,商品リスト,3,FALSE)

① セルE4をクリックし、f_x [関数の挿入] ボタンをクリックします。

② [関数の挿入] ダイアログボックスの [関数の分類] ボックスに [検索/行列] と表示されていることを確認し、[関数名] ボックスの [VLOOKUP] をクリックして、[OK] をクリックします。

③ [関数の引数] ダイアログボックスの [検索値] ボックスにカーソルが表示されていることを確認し、「B4」と入力します。

④ [範囲] ボックスをクリックし、「商品リスト」と入力します。

⑤ [列番号] ボックスをクリックし、「3」と入力します。

⑥ [検索方法] ボックスをクリックし、「FALSE」と入力して、[OK] をクリックします。

⑦ セルE4のフィルハンドルをポイントし、マウスポインターの形が➕になっていることを確認して、セルE22までドラッグします。

6.

数式：=D4*E4

① セルF4をクリックし、「=D4*E4」と入力して、Enterキーを押します。

② セルF4をクリックし、フィルハンドルをポイントし、マウスポインターの形が➕になっていることを確認して、セルF22までドラッグします。

7.

① セルE4 ～ F22を範囲選択します。

② [ホーム] タブの [通貨表示形式] ボタンをクリックします。

8.

① セルA3 ～ F22を範囲選択します。

② [ホーム] タブの [罫線] ボタンの▼をクリックし、[格子] をクリックし、再度 [罫線] ボタンの▼をクリックして、[太い外枠] をクリックします。

9.

① 列番号Aをクリックし、Ctrlキーを押しながら列番号Hをクリックします。

② [ホーム] タブの [書式] ボタンをクリックし、[セルのサイズ] の [列の幅] をクリックします。

③ [セルの幅] ダイアログボックスの [列の幅] ボックスに「10」と入力し、[OK] をクリックします。

④ 列番号B ～ Dを範囲選択します。

⑤ Ctrlキーを押しながら列番号Iをクリックします。

⑥ [ホーム] タブの [書式] ボタンをクリックし、[セルのサイズ] の [列の幅の自動調整] をクリックします。

⑦ 列番号E ～ Fを範囲選択します。

⑧ Ctrlキーを押しながら列番号Jをクリックします。

⑨ [ホーム] タブの [書式] ボタンをクリックし、[セルのサイズ] の [列の幅] をクリックします。

⑩ [セルの幅] ダイアログボックスの [列の幅] ボックスに「10」と入力し、[OK] をクリックします。

⑪ 列番号Gをクリックします。

⑫ [ホーム] タブの [書式] ボタンをクリックし、[セルのサイズ] の [列の幅] をクリックします。

⑬ [セルの幅] ダイアログボックスの [列の幅] ボックスに「2」と入力し、[OK] をクリックします。

基礎問題 34 営業成績一覧（自動入力）

XLOOKUP関数とXMATCH関数はExcel2021の新機能です。VLOOKUP関数とMATCH関数を使った設定方法は「問題34完成例_VLOOKUP&MATCH」を参照ください。

1.

数式：=XLOOKUP(A6,営業部社員名簿!$A$3:$A$32,営業部社員名簿!$B$3:$D$32)

① セルB6をクリックし、f_x [関数の挿入] ボタンをクリックします。

② [関数の挿入] ダイアログボックスの [関数の分類] ボックスの▼をクリックして [検索/行列] をクリッ

クし、[関数名] ボックスの [XLOOKUP] をクリックして、[OK] をクリックします。

③[関数の引数] ダイアログボックスの [検索値] ボックスにカーソルが表示されていることを確認し、「A6」と入力します。

④[検索範囲] ボックスをクリックし、シート「営業部社員名簿」を表示してセルA3 ～ A32をドラッグして選択し、F4キーを押します。

⑤[戻り範囲] ボックスをクリックし、シート「営業部社員名簿」を表示してセルB3 ～ D32をドラッグして選択し、F4キーを押します。

⑥[関数の引数] ダイアログボックスの[OK]をクリックします。

⑦セルB6のフィルハンドルをポイントし、マウスポインターの形が+になっていることを確認して、セルB35までドラッグします。

> セルB6にシート「営業部社員名簿」の氏名、フリガナ、所属課を検索する式を設定すると、スピル機能によってセルC6 ～ D6にも自動的に値が表示されるので、セルC6、セルD6には数式の設定が不要です。

2.
①セルA5 ～ E35を範囲選択します。
②[データ] タブの [並べ替え] ボタンをクリックします。
③[並べ替え] ダイアログボックスの [最優先されるキー] ボックスの▼をクリックし、[年間売上高]をクリックします。
④[並べ替えのキー] ボックスに [セルの値] と表示されていることを確認し、[順序] ボックスの▼をクリックし、[大きい順] をクリックして、[OK]をクリックします。

3.
数式：=XMATCH(D3,E6:E35,1)
①セルE3をクリックし、 [関数の挿入] ボタンをクリックします。
②[関数の挿入] ダイアログボックスの [関数の分類] ボックスに [検索/行列] と表示されていることを確認し、[関数名] ボックスの [XMATCH] をクリックして [OK] をクリックします。
③[関数の引数] ダイアログボックスの [検索値] ボックスにカーソルが表示されていることを確認し、「D3」と入力します。

④[検索範囲] ボックスをクリックして、セルE6 ～ E35をドラッグして選択します。
⑤[一致モード] ボックスをクリックして、「1」と入力します。
⑥[関数の引数]ダイアログボックスの[OK]をクリックします。

4.
①セルG3に「1971663」と入力します。

5.
数式：=XLOOKUP(G3,A6:A35,B6:B35)
①セルH3をクリックし、 [関数の挿入] ボタンをクリックします。
②[関数の挿入] ダイアログボックスの [関数の分類] ボックスに [検索/行列] と表示されていることを確認し、[関数名] ボックスの [XLOOKUP] をクリックして [OK] をクリックします。
③[関数の引数] ダイアログボックスの [検索値] ボックスにカーソルが表示されていることを確認し、「G3」と入力します。
④[検索範囲] ボックスをクリックし、セルA6 ～ A35をドラッグして選択します。
⑤[戻り範囲] ボックスをクリックし、セルB6 ～ B35をドラッグして選択します。
⑥[関数の引数] ダイアログボックスの[OK]をクリックします。
⑦セルH3に該当する氏名が表示されるのを確認します。

6.
数式：=XMATCH(G3,A6:A35)
①セルI3をクリックし、 [関数の挿入] ボタンをクリックします。
②[関数の挿入] ダイアログボックスの [関数の分類] ボックスに [検索/行列] と表示されていることを確認し、[関数名] ボックスの [XMATCH] をクリックして [OK] をクリックします。
③[関数の引数] ダイアログボックスの [検索値] ボックスにカーソルが表示されていることを確認し、「G3」と入力します。
④[検索範囲] ボックスをクリックして、セルA6 ～ A35をドラッグして選択します。
⑤[関数の引数] ダイアログボックスの[OK]をクリックします。
⑥セルI3に成績順位が表示されるのを確認します。

7.

①セルG3に「1971110」と入力して、該当する氏名と順位が表示されるのを確認します。

基礎問題 35 会議室予約表（マクロの記録／登録）

1.

①入力データを参考にデータを入力します。

2.

①セルA1をクリックします。

②［ホーム］タブの ⑪ ▼ ［フォントサイズ］ボタンの▼をクリックし、［16］をクリックします。

③［ホーム］タブの Ｂ ［太字］ボタンをクリックします。

④セルA1～K1を範囲選択し、［ホーム］タブの 🔲セルを結合して中央揃え ▼ ［セルを結合して中央揃え］ボタンをクリックします。

3.

①セルB2～C2を範囲選択し、［ホーム］タブの 🔲セルを結合して中央揃え ▼ ［セルを結合して中央揃え］ボタンをクリックします。

②セルB3～C3を範囲選択し、F4キーを押します。

③セルB2～B3を範囲選択し、［ホーム］タブの 🖌 ［書式のコピー/貼り付け］ボタンをクリックして、D2～K3までドラッグします。

4.

①セルB2～B3を範囲選択します。

②［ホーム］タブの 🎨 ▼ ［塗りつぶしの色］ボタンの▼をクリックし、［テーマの色］の［青、アクセント1、白＋基本色60％］（上から3行目の左から5列目）をクリックします。

③［ホーム］タブの 🔲 ▼ ［罫線］ボタンの▼をクリックし、［格子］をクリックします。

④［ホーム］タブの 🔲 ▼ ［罫線］ボタンの▼をクリックし、［太い外枠］をクリックします。

⑤セルB2～B3を範囲選択します。

⑥セルB3のフィルハンドルをポイントし、マウスポインターの形が ✚ になっていることを確認し、セルJ2～J3まで右ドラッグして、ショートカットメニューの［書式のみコピー（フィル）］をクリックします。

5.

①セルA5～A6を範囲選択します。

②［ホーム］タブの 🎨 ▼ ［塗りつぶしの色］ボタンの▼をクリックし、［テーマの色］の［青、アクセント1、白＋基本色60％］（上から3行目の左から5列目）をクリックします。

③［ホーム］タブの 🔲 ▼ ［罫線］ボタンの▼をクリックし、［その他の罫線］をクリックします。

④［セルの書式設定］ダイアログボックスの［罫線］タブの［スタイル］ボックスの［太線］（上から6行目の2列目）をクリックし、［罫線］の上罫線と下罫線のボタンをクリックして、罫線が表示されていることを確認します。

⑤［スタイル］ボックスの［点線］（任意のもの）をクリックし、［罫線］の中罫線のボタンをクリックし、罫線が表示されていることを確認して、［OK］をクリックします。

⑥セルA5～A6を範囲選択します。

⑦セルA6のフィルハンドルをポイントし、マウスポインターの形が ✚ になっていることを確認し、セルA27～A28まで右ドラッグして、ショートカットメニューの［書式のみコピー（フィル)］をクリックします。

6.

①セルB4～C4を範囲選択します。

②［ホーム］タブの ☰ ［中央揃え］ボタンをクリックします。

③セルB4をクリックします。

④［ホーム］タブの 🎨 ▼ ［塗りつぶしの色］ボタンの▼をクリックし、［テーマの色］の［オレンジ、アクセント2、白＋基本色60％］（上から3行目の左から6列目）をクリックします。

⑤セルC4をクリックします。

⑥［ホーム］タブの 🎨 ▼ ［塗りつぶしの色］ボタンの▼をクリックし、［テーマの色］の［緑、アクセント6、白＋基本色60％］（上から3行目の右端）をクリックします。

⑦セルB4～C4を範囲選択します。

⑧セルC4のフィルハンドルをポイントし、マウスポインターの形が ✚ になっていることを確認し、セルJ4～K4までドラッグします。

7.

①列番号A～Kを範囲選択します。

②［ホーム］タブの 📋 ［書式］ボタンをクリックし、

[セルのサイズ]の[列の幅]をクリックします。

③[セルの幅]ダイアログボックスの[列の幅]ボックスに「10」と入力し、[OK]をクリックします。

8.

①行番号2～3を範囲選択します。

②[ホーム]タブの [書式]ボタンをクリックし、[セルのサイズ]の[行の高さ]をクリックします。

③[セルの高さ]ダイアログボックスの[行の高さ]ボックスに「21」と入力し、[OK]をクリックします。

9.

> マクロに関する操作は[表示]タブか[開発]タブの [マクロ]ボタンで行います。[開発]タブを表示するには、[ファイル]タブをクリックして[その他]をクリックし、[オプション]をクリックします。[Excelのオプション]ダイアログボックスの[リボンのユーザー設定]をクリックし、[開発]チェックボックスをオンにします。ここでは、[開発]タブを表示して説明をしています。

①セルB5～B6を範囲選択し、[開発]タブの [マクロの記録][マクロの記録]ボタンをクリックします。

> ここでクリックするセルは、セルB5よりも下、あるいは右にある任意のセルでもかまいません。

②[マクロの記録]ダイアログボックスの[マクロ名]ボックスの「Macro1」を削除し、[予約]と入力します。

③[マクロの保存先]ボックスに[作業中のブック]と表示されていることを確認し、[OK]をクリックします。

④[ホーム]タブの セルを結合して中央揃え [セルを結合して中央揃え]ボタンをクリックします。

⑤[ホーム]タブの [罫線]ボタンの▼をクリックし、[太い外枠]をクリックします。

⑥[ホーム]タブの[塗りつぶしの色]ボタンの▼をクリックし、[標準の色]の[黄](左から4列目)をクリックします。

⑦[開発]タブの 記録終了 [記録終了]ボタンをクリックします。

10.

①[開発]タブの [挿入]ボタンをクリックし、[フォームコントロール]の [ボタン（フォームコントロール）]をクリックし、Altキーを押しながらセルA2の上をドラッグして、セルと同じ大きさの四角形を描画します。

②[マクロの登録]ダイアログボックスの[マクロ名]ボックスの[予約]をクリックし、[OK]をクリックします。

> このボタンは印刷されません。

③ボタンが選択されている状態で、「ボタン1」を「予約」に書き換えます。

> ボタンを選択するにはCtrlキーを押しながらクリックします。

④Escキーを押してボタンの選択を解除します。

11.

①セルB9～B11を範囲選択し、操作**10.**で作成した[予約]ボタンをクリックします。

②「営業部」と入力し、Enterキーを押します。

12.

①[開発]タブの [相対参照で記録]ボタンが選択されていないことを確認します。

②セルB5をクリックし、[開発]タブの [マクロの記録][マクロの記録]ボタンをクリックします。

> ここでは操作**10.**でマクロの記録に使用したセルをクリックします。

③[マクロの記録]ダイアログボックスの[マクロ名]ボックスの「Macro2」を削除し、「取り消し」と入力します。

④[マクロの保存先]ボックスに[作業中のブック]と表示されていることを確認し、[OK]をクリックします。

⑤Delキーを押します。

⑥[ホーム]タブの セルを結合して中央揃え [セルを結合して中央揃え]ボタンをクリックします。

⑦[ホーム]タブの [罫線]ボタンの▼をクリックし、[枠なし]をクリックします。

⑧[ホーム]タブの [塗りつぶしの色]ボタンの▼をクリックし、[塗りつぶしなし]をクリックします。

⑨セルA4をクリックします。

⑩[開発]タブの 記録終了 [記録終了]ボタンをクリックします。

148

13.

①[開発] タブの [挿入] ボタンをクリックし、[フォームコントロール] の □ [ボタン（フォームコントロール）] をクリックし、Altキーを押しながらセルA3の上をドラッグして、セルと同じ大きさの四角形を描画します。

②[マクロの登録] ダイアログボックスの [マクロ名] ボックスの [取り消し] をクリックし、[OK] をクリックします。

③ボタンが選択されている状態で、「ボタン2」を「取り消し」に書き換えます。

④Escキーを押してボタンの選択を解除します。

14.

①Ctrlキーを押しながら [予約] ボタンをクリックします。

②[ホーム] タブの [書式] ボタンをクリックし、[保護] の [コントロールの書式設定] をクリックします。

③[コントロールの書式設定] ダイアログボックスの [フォント] タブの [スタイル] ボックスの [太字] をクリックし、[サイズ] ボックスの [12] をクリックします。

④[色] ボックスの▼をクリックし、[青]（上から2行目の左から6列目）をクリックして、[OK] をクリックします。

⑤Escキーを押します。

⑥Ctrlキーを押しながら [取り消し] ボタンをクリックします。

⑦[ホーム] タブの [書式] ボタンをクリックし、[保護] の [コントロールの書式設定] をクリックします。

⑧[コントロールの書式設定] ダイアログボックスの [フォント] タブの [スタイル] ボックスの [太字] をクリックし、[サイズ] ボックスの [12] をクリックします。

⑨[色] ボックスの▼をクリックし、[赤]（上から3行目の左端）をクリックして、[OK] をクリックします。

15.

①セルB9をクリックし、操作**13.**で作成した [取り消し] ボタンをクリックします。

②セルH13～H14を範囲選択し、操作**10.**で作成した [予約] ボタンをクリックして、「営業　山田」と入力して、Enterキーを押します。

16.

①ファイルの保存先を指定します。

②[ファイル] タブの [名前を付けて保存] をクリックし、[このPC] をダブルクリックして表示される [名前を付けて保存] ダイアログボックスで保存先を指定して、ファイル名を「問題35-2E」と入力します。

③[ファイル種類] ボックスの▼をクリックして、[Excelマクロ有効ブック] をクリックします。

④[保存] ボタンをクリックします。

> 既定のファイル形式である「Excelブック」では、セキュリティへの配慮からマクロを保存できないようになっています。マクロを記録したブックを保存するには、ファイルを保存する際に [ファイルの種類] から [Excelマクロ有効ブック] を選択する必要があります。
> マクロを記録したブックを開くと、いったんマクロは強制的に無効にされます。セキュリティの警告を示すメッセージバーの [コンテンツの有効化] をクリックすることで、マクロを利用できます。

基礎問題 36 顧客満足度調査

1.

①列番号Bを選択し [ホーム] タブの [挿入] ボタンをクリックします。

②セルB3に「平均」と入力します。

③セルC3をクリックし [ホーム] タブの [書式のコピー /貼り付け] ボタンをクリックして、セルB3をクリックします。

2.

①セルA14をクリックし、「最小値」と入力します。

②セルA15をクリックし、「最大値」と入力します。

③セルA16をクリックし、「平均点」と入力します。

④セルA13をクリックし [ホーム] タブの [書式のコピー /貼り付け] ボタンをクリックして、A14～A16までドラッグします。

3.

①セルB14～G16を範囲選択します。

②[ホーム] タブの [罫線] ボタンの▼をクリックし、[格子] をクリックします。

③セルA3～G3を範囲選択します。

④[ホーム] タブの [罫線] ボタンの▼をクリックし、[太い外枠] をクリックします。

⑤セルB3～B16を範囲選択します。

⑥[ホーム]タブの[罫線]ボタンの▼をクリックし、[太い外枠]をクリックします。

⑦セルA3～G16を範囲選択します。

⑧[ホーム]タブの[罫線]ボタンの▼をクリックし、[太い外枠]をクリックします。

⑨セルA13～G13を範囲選択します。

⑩[ホーム]タブの[罫線]ボタンの▼をクリックし、[下二重罫線]をクリックします。

4.

①セルA3～セルG3を範囲選択します。

②Ctrlキーを押しながらセルA4～A16を範囲選択します。

③[ホーム]タブの[塗りつぶしの色]ボタンの▼をクリックし、[テーマの色]の[緑、アクセント6、白+基本色60%](上から3行目の右端)をクリックします。

5.

数式：=AVERAGE(C4:G4)

①セルB4をクリックします。

②[ホーム]タブの[合計]ボタンの▼をクリックして[平均]をクリックします。

③セルC4～G4を範囲選択し、セルB4に数式が[=AVERAGE(C4:G4)]と表示されていることを確認し、[合計]ボタンをクリックします。

④セルB4をクリックし、フィルハンドルをポイントし、マウスポインターの形が＋になっていることを確認し、セルB5～B13まで右ドラッグして、ショートカットメニューの[書式なしコピー(フィル)]をクリックします。

6.

数式：=MIN(B4:B13)

①セルB14をクリックします。

②[ホーム]タブの[合計]ボタンの▼をクリックして[最小値]をクリックします。

③セルB14に数式が[=MIN(B4:B13)]と表示されていることを確認し、[合計]ボタンをクリックします。

④セルB14をクリックし、フィルハンドルをポイントし、マウスポインターの形が＋になっていることを確認し、セルC14～G14まで右ドラッグして、ショートカットメニューの[書式なしコピー(フィル)]をクリックします。

7.

数式：=MAX(B4:B13)

①セルB15をクリックします。

②[ホーム]タブの[合計]ボタンの▼をクリックして[最大値]をクリックします。

③セルB15に数式が[=MAX(B4:B13)]と表示されるように範囲選択し、[合計]ボタンをクリックします。

④セルB15をクリックし、フィルハンドルをポイントし、マウスポインターの形が＋になっていることを確認し、セルC15～G15まで右ドラッグして、ショートカットメニューの[書式なしコピー(フィル)]をクリックします。

8.

数式：=AVERAGE(B4:B13)

①セルB16をクリックします。

②[ホーム]タブの[合計]ボタンの▼をクリックして[平均]をクリックします。

③セルB16に数式が[=AVERAGE(B4:B13)]と表示されるように範囲選択し、[合計]ボタンをクリックします。

④セルB16をクリックし、フィルハンドルをポイントし、マウスポインターの形が＋になっていることを確認し、セルC16～G16まで右ドラッグして、ショートカットメニューの[書式なしコピー(フィル)]をクリックします。

9.

①セルB4～B16を範囲選択し、[ホーム]タブの[右揃え]ボタンをクリックします。

②セルB14～B16を範囲選択し、[ホーム]タブの[太字]ボタンをクリックします。

③セルB4～B16を範囲選択し、Ctrlキーを押しながらセルC16～G16を範囲選択します。

④[ホーム]タブの[小数点以下の表示桁数を減らす]ボタンを、表示が小数第1位までになるまでクリックします。

10.

①セルC4～G13を範囲選択します。

②[ホーム]タブの[条件付き書式]ボタンの▼をクリックして[セルの強調表示ルール]をポイントし、[その他のルール]をクリックします。

③[新しい書式ルール]ダイアログボックスの[ルールの内容を編集してください]のところにある、

左のボックスが [セルの値] になっていることを確認し、真ん中のボックスの▼をクリックして [次の値以上] をクリックし、右のボックスに「4」と入力して [書式] をクリックします。

④[セルの書式設定] ダイアログボックスの [フォント] タブの [スタイル] ボックスの [太字] をクリックし、[色] ボックスの▼をクリックして [標準の色] の [濃い青]（右から2列目）をクリックします。

⑤[セルの書式設定] ダイアログボックスの [塗りつぶし] タブをクリックし、[背景色] から [青、アクセント1、白＋基本色60%]（上から3行目の左から5列目）をクリックして [OK] をクリックします。

⑥[新しい書式ルール] ダイアログボックスの [OK] をクリックします。

> ここの塗りつぶしで表示されるカラーパレットでは、色をポイントしても色名がポップアップ表示されませんが、色のパターンは通常のセルの塗りつぶしと同様です。

⑦セルC4 ～ G13を範囲選択します。

⑧[ホーム] タブの [条件付き書式] ボタンの▼をクリックして [セルの強調表示ルール] をポイントし、[指定の値より小さい] をクリックします。

⑨[指定の値より小さい] ダイアログボックスの [次の値より小さいセルを書式設定] ボックスに「3」と入力し、[書式] ボックスの▼をクリックし [ユーザー設定の書式] をクリックします。

⑩[セルの書式設定] ダイアログボックスの [フォント] タブの [スタイル] ボックスの [太字] をクリックし、[色] ボックスの▼をクリックして [標準の色] の [赤]（左から2列目）をクリックします。

⑪[セルの書式設定] ダイアログボックスの [塗りつぶし] タブをクリックし、[背景色] から [ゴールド、アクセント4、白＋基本色60%]（上から3行目の右から3列目）をクリックして [OK] をクリックします。

⑫[指定の値より小さい] ダイアログボックスの [OK] をクリックします。

11.

①セルB4 ～ G16を範囲選択します。

②[ホーム] タブの [書式] ボタンをクリックして、[保護] の [セルの書式設定] をクリックします。

③[セルの書式設定] ダイアログボックスの [表示形式] タブの [分類] ボックスの [ユーザー定義]

をクリックして [種類] ボックスに「0.0"点"」と入力して、[OK] をクリックします。

応用 問題 37　出荷伝票（自動入力）

> XLOOKUP関数はExcel2021の新機能です。IF関数とVLOOKUP関数を使った設定方法は「問題34完成例_VLOOKUP&MATCH」を参照ください。

1.　得意先番号に自動入力の設定を行います。

数式：=XLOOKUP(B4,問題37契約リスト!A4:A28,問題37契約リスト!C4:C28,"")

①セルB6をクリックし、[関数の挿入] ボタンをクリックします。

②[関数の挿入] ダイアログボックスの [関数の分類] ボックスの▼をクリックして [検索/行列] をクリックし、[関数名] ボックスの [XLOOKUP] をクリックして、[OK] をクリックします。

③[関数の引数] ダイアログボックスの [検索値] ボックスにカーソルが表示されていることを確認し、「B4」と入力します。

④[検索範囲] ボックスをクリックし、シート「問題37契約リスト」を表示してセルA4 ～ A28をドラッグして選択します。

⑤[戻り範囲] ボックスをクリックし、シート「問題37契約リスト」を表示してセルC4 ～ C28をドラッグして選択します。

⑥[見つからない場合] ボックスをクリックし、「""」と入力します。

⑦[関数の引数] ダイアログボックスの [OK] をクリックします。

2.　得意先名に自動入力の設定を行います。

数式：=XLOOKUP(B6,問題37得意先リスト!A4:A18,問題37得意先リスト!E4:E18,"")

①セルC6をクリックし、[関数の挿入] ボタンをクリックします。

②[関数の挿入] ダイアログボックスの [関数の分類] ボックスに [検索/行列] と表示されていることを確認し、[関数名] ボックスの [XLOOKUP] をクリックして、[OK] をクリックします。

③[関数の引数] ダイアログボックスの [検索値] ボックスにカーソルが表示されていることを確認し、「B6」と入力します。

④[検索範囲] ボックスをクリックし、シート「問題

37得意先リスト」を表示してセルA4 〜 A18を
ドラッグして選択します。

⑤[戻り範囲]ボックスをクリックし、シート「問題
37得意先リスト」を表示してセルE4 〜 E18を
ドラッグして選択します。

⑥[見つからない場合]ボックスをクリックし、「""」
と入力します。

⑦[関数の引数]ダイアログボックスの[OK]をクリッ
クします。

3. 届先住所に自動入力の設定を行います。

数式：=XLOOKUP(B6,問題37得意先リスト!A4:
A18,問題37得意先リスト!C4:C18,"")

①セルB8をクリックし、 fx [関数の挿入] ボタン
をクリックします。

②[関数の挿入] ダイアログボックスの [関数の分類]
ボックスに [検索/行列] と表示されていることを
確認し、[関数名] ボックスの [XLOOKUP] を
クリックして、[OK] をクリックします。

③[関数の引数] ダイアログボックスの [検索値] ボッ
クスにカーソルが表示されていることを確認し、
「B6」と入力します。

④[検索範囲] ボックスをクリックし、シート「問題
37得意先リスト」を表示してセルA4 〜 A18を
ドラッグして選択します。

⑤[戻り範囲] ボックスをクリックし、シート「問題
37得意先リスト」を表示してセルC4 〜 C18を
ドラッグして選択します。

⑥[見つからない場合] ボックスをクリックし、「""」
と入力します。

⑦[関数の引数]ダイアログボックスの[OK]をクリッ
クします。

4. 製品番号に自動入力の設定を行います。

数式：=XLOOKUP(B4,問題37契約リスト!A4:
A28,問題37契約リスト!E4:E28,"")

①セルB10をクリックし、 fx [関数の挿入] ボタ
ンをクリックします。

②[関数の挿入] ダイアログボックスの [関数の分類]
ボックスに [検索/行列] と表示されていることを
確認し、[関数名] ボックスの [XLOOKUP] を
クリックして、[OK] をクリックします。

③[関数の引数] ダイアログボックスの [検索値] ボッ
クスにカーソルが表示されていることを確認し、
「B4」と入力します。

④[検索範囲] ボックスをクリックし、シート「問題

37契約リスト」を表示してセルA4 〜 A28をド
ラッグして選択します。

⑤[戻り範囲] ボックスをクリックし、シート「問題
37契約リスト」を表示してセルE4 〜 E28をド
ラッグして選択します。

⑥[見つからない場合] ボックスをクリックし、「""」
と入力します。

⑦[関数の引数]ダイアログボックスの[OK]をクリッ
クします。

5. 製品名に自動入力の設定を行います。

数式：=XLOOKUP(B10,問題37製品リスト!A4:
A20,問題37製品リスト!B4:B20,"")

①セルC10をクリックし、 fx [関数の挿入] ボタ
ンをクリックします。

②[関数の挿入] ダイアログボックスの [関数の分類]
ボックスに [検索/行列] と表示されていることを
確認し、[関数名] ボックスの [XLOOKUP] を
クリックして、[OK] をクリックします。

③[関数の引数] ダイアログボックスの [検索値] ボッ
クスにカーソルが表示されていることを確認し、
「B10」と入力します。

④[検索範囲] ボックスをクリックし、シート「問題
37製品リスト」を表示してセルA4 〜 A20をド
ラッグして選択します。

⑤[戻り範囲] ボックスをクリックし、シート「問題
37製品リスト」を表示してセルB4 〜 B20をド
ラッグして選択します。

⑥[見つからない場合] ボックスをクリックし、「""」
と入力します。

⑦[関数の引数]ダイアログボックスの[OK]をクリッ
クします。

6. 型番に自動入力の設定を行います。

数式：=XLOOKUP(B10,問題37製品リスト!A4:
A20,問題37製品リスト!C4:C20,"")

①セルF10をクリックし、 fx [関数の挿入] ボタ
ンをクリックします。

②[関数の挿入] ダイアログボックスの [関数の分類]
ボックスに [検索/行列] と表示されていることを
確認し、[関数名] ボックスの [XLOOKUP] を
クリックして、[OK] をクリックします。

③[関数の引数] ダイアログボックスの [検索値] ボッ
クスにカーソルが表示されていることを確認し、
「B10」と入力します。

④[検索範囲] ボックスをクリックし、シート「問題

37製品リスト」を表示してセルA4 ～ A20をドラッグして選択します。

⑤[戻り範囲] ボックスをクリックし、シート「問題37製品リスト」を表示してセルC4 ～ C20をドラッグして選択します。

⑥[見つからない場合] ボックスをクリックし、「""」と入力します。

⑦[関数の引数]ダイアログボックスの[OK]をクリックします。

7. 出荷日に本日の日付を表示し、「○○○○年○○月○○日」の表示形式に設定します。

数式：=IF(B4="","",TODAY())

①セルB12をクリックし、 f_x [関数の挿入] ボタンをクリックします。

②[関数の挿入] ダイアログボックスの [関数の分類] ボックスの▼をクリックして[論理]をクリックし、[関数名] ボックスの [IF] をクリックして、[OK] をクリックします。

③[関数の引数] ダイアログボックスの [論理式] ボックスにカーソルが表示されていることを確認し、「B4=""」と入力します。

④[値が真の場合] ボックスをクリックし、「""」と入力します。

⑤[値が偽の場合] ボックスをクリックし、「TODAY()」と入力して、[OK] をクリックします。

⑥[ホーム] タブの 日付 ▾ [数値の書式] ボックスの▼をクリックし、[長い日付形式] をクリックします。

8. 数量に自動入力の設定を行います。

数式：=XLOOKUP(B4,問題37契約リスト!A4:A28,問題37契約リスト!H4:H28,"")

①セルC12をクリックし、 f_x [関数の挿入] ボタンをクリックします。

②[関数の挿入] ダイアログボックスの [関数の分類] ボックスの▼をクリックして[検索/行列]をクリックし、[関数名] ボックスの [XLOOKUP] をクリックして、[OK] をクリックします。

③[関数の引数] ダイアログボックスの [検索値] ボックスにカーソルが表示されていることを確認し、「B4」と入力します。

④[検索範囲] ボックスをクリックし、シート「問題37契約リスト」を表示してセルA4 ～ A28をドラッグして選択します。

⑤[戻り範囲] ボックスをクリックし、シート「問題

37契約リスト」を表示してセルH4 ～ H28をドラッグして選択します。

⑥[見つからない場合] ボックスをクリックし、「""」と入力します。

⑦[関数の引数]ダイアログボックスの[OK]をクリックします。

9. 単価に自動入力の設定を行い、通貨スタイルを設定します。

数式：=XLOOKUP(B10,問題37製品リスト!A4:A20,問題37製品リスト!D4:D20,"")

①セルD12をクリックし、 f_x [関数の挿入] ボタンをクリックします。

②[関数の挿入] ダイアログボックスの [関数の分類] ボックスに [検索/行列] と表示されていることを確認し、[関数名] ボックスの [XLOOKUP] をクリックして、[OK] をクリックします。

③[関数の引数] ダイアログボックスの [検索値] ボックスにカーソルが表示されていることを確認し、「B10」と入力します。

④[検索範囲] ボックスをクリックし、シート「問題37製品リスト」を表示してセルA4 ～ A20をドラッグして選択します。

⑤[戻り範囲] ボックスをクリックし、シート「問題37製品リスト」を表示してセルD4 ～ D20をドラッグして選択します。

⑥[見つからない場合] ボックスをクリックし、「""」と入力します。

⑦[関数の引数]ダイアログボックスの[OK]をクリックします。

⑧[ホーム] タブの [通貨表示形式] ボタンをクリックします。

10. 合計を算出し、通貨スタイルを設定します。

数式：=IF(OR(C12="",D12=""),"",C12*D12)

①セルE12をクリックし、 f_x [関数の挿入] ボタンをクリックします。

②[関数の挿入] ダイアログボックスの [関数の分類] ボックスの▼をクリックして[論理]をクリックし、[関数名] ボックスの [IF] をクリックして [OK] をクリックします。

③[関数の引数] ダイアログボックスの [論理式] ボックスにカーソルが表示されていることを確認し、関数ボックスの▼をクリックして、[その他の関数] をクリックします。

④[関数の挿入] ダイアログボックスの [関数の分類]

ボックスに［論理］と表示されていることを確認し、［関数名］ボックスの［OR］をクリックして、［OK］をクリックします。

⑤［関数の引数］ダイアログボックスの［論理式1］ボックスに「C12=""」、［論理式2］ボックスに「D12=""」と入力します。

⑥数式バーの「IF」の関数名をクリックします。

⑦［値が真の場合］ボックスをクリックし、「""」と入力します。

⑧［値が偽の場合］ボックスをクリックし、「C12*D12」と入力して、［OK］をクリックします。

⑨［ホーム］タブの ［通貨表示形式］ボタンをクリックします。

11. 担当者名に自動入力の設定を行います。

数 式：=XLOOKUP(B4,問題37契約リスト!A4:A28,問題37契約リスト!B4:B28,"")

①セルH12をクリックし、 ［関数の挿入］ボタンをクリックします。

②［関数の挿入］ダイアログボックスの［関数の分類］ボックスの▼をクリックして［検索/行列］をクリックし、［関数名］ボックスの［XLOOKUP］をクリックして、［OK］をクリックします。

③［関数の引数］ダイアログボックスの［検索値］ボックスにカーソルが表示されていることを確認し、「B4」と入力します。

④［検索範囲］ボックスをクリックし、シート「問題37契約リスト」を表示してセルA4～A28をドラッグして選択します。

⑤［戻り範囲］ボックスをクリックし、シート「問題37契約リスト」を表示してセルB4～B28をドラッグして選択します。

⑥［見つからない場合］ボックスをクリックし、「""」と入力します。

⑦［関数の引数］ダイアログボックスの［OK］をクリックします。

12. ユーザーの入力する契約番号、伝票番号、備考のセルに書式を任意に設定します。

①セルB4～F4を範囲選択し、Ctrlキーを押しながらセルB14をクリックします。

②［ホーム］タブの ［塗りつぶしの色］ボタンの▼をクリックし、［テーマの色］の［オレンジ、アクセント2、白+基本色80%］（上から2行目の左から6列目）をクリックします。

13. ワークシートの枠線を非表示に設定します。

①［表示］タブの［目盛線］チェックボックスをオフにします。

14. ユーザーの入力するセル（契約番号、伝票番号、備考）以外の編集ができないように設定します。

①セルB4～F4を範囲選択し、Ctrlキーを押しながらセルB14をクリックします。

②［ホーム］タブの ［書式］ボタンをクリックし、［保護］の［セルのロック］をクリックします。

③［ホーム］タブの ［書式］ボタンをクリックし、［保護］の［シートの保護］をクリックします。

④［シートの保護］ダイアログボックスの［OK］をクリックします。

15. 出荷伝票が「A4横」に収まるようにページの設定をします。

①［ページレイアウト］タブの ［サイズ］ボタンをクリックし、［A4］が選択されていることを確認します。

②［ページレイアウト］タブの ［印刷の向き］ボタンをクリックし、［横］をクリックします。

③セルB1～B14を範囲選択します。

④［ページレイアウト］タブの ［印刷範囲］ボタンをクリックし、［印刷範囲の設定］をクリックします。

⑤［ページレイアウト］タブの［拡大縮小印刷］グループの［横］と［縦］を［1ページ］にします。

応用問題 38　支払予定一覧表

1. 支払予定日に年数も表示するように「○○○○/○○/○○」の表示形式を設定します。

①セルB4～B40を範囲選択し、［ホーム］タブの 標準 ［数値の書式］ボックスの▼をクリックして、［短い日付形式］をクリックします。

2. 支払先の文字列が長い場合、セルの幅を変更することなく縮小して表示するように設定します。

①セルC4～C40を範囲選択し、［ホーム］タブの ［書式］ボタンをクリックして、［保護］の［セルの書式設定］をクリックします。

②［セルの書式設定］ダイアログボックスの［配置］タブをクリックし、［文字の制御］の［縮小して全体を表示する］チェックボックスをオンにして、［OK］をクリックします。

3. 支払方法を入力する際にリストから候補が選択
できるように設定します。

① セルE4 ～ E40を範囲選択し、[**データ**] タブの
[データの入力規則] ボタンをクリックしま
す。

② [**データの入力規則**] ダイアログボックスの [**設定**]
タブの [**入力値の種類**] ボックスの▼をクリックし、
[**リスト**] をクリックします。

③ [**元の値**] ボックスをクリックし、セルH4 ～ H8
を範囲選択します。

④ [**元の値**] ボックスに [**=$H$4:$H$8**] と表示
されていることを確認し、[**OK**] をクリックします。

4. リストの参照に使用したセル範囲を非表示に設
定します。

① 列番号Hをクリックします。

② [**ホーム**] タブの [**書式**] ボタンをクリックし、
[**表示設定**] の [**非表示/再表示**] をポイントして [**列
を表示しない**] をクリックします。

5. 支払額合計を算出し、通貨スタイルを設定しま
す。

数式：=IF(COUNT(D4:D40)=0,"",SUM(D4:D40))

① セルD41をクリックし、[**fx**] [**関数の挿入**] ボタ
ンをクリックします。

② [**関数の挿入**] ダイアログボックスの [**関数の分類**]
ボックスの▼をクリックして [**論理**] をクリックし、
[**関数名**] ボックスの [**IF**] をクリックして、[**OK**]
をクリックします。

③ [**関数の引数**] ダイアログボックスの [**論理式**] ボッ
クスにカーソルが表示されていることを確認し、
関数ボックスの▼をクリックして、[**その他の関数**]
をクリックします。

④ [**関数の挿入**] ダイアログボックスの [**関数の分類**]
ボックスの [**統計**] をクリックして、[**関数名**] ボッ
クスの [**COUNT**] をクリックして [**OK**] をクリッ
クします。

⑤ [**値1**] ボックスに「D4:D40」と入力します。

⑥ 数式バーの「IF」の関数名をクリックします。

⑦ [**関数の引数**] ダイアログボックスの [**論理式**] ボッ
クスの「COUNT(D4:D40)」の後ろをクリックし、
「=0」と入力します。

⑧ [**値が真の場合**] ボックスをクリックし、「""」と
入力します。

⑨ [**値が偽の場合**] ボックスをクリックし、関数ボッ
クスの▼をクリックして、[**その他の関数**] をクリッ

クします。

⑩ [**関数の挿入**] ダイアログボックスの [**関数の分類**]
ボックスの [**数学/三角**] をクリックして、[**関数名**]
ボックスの [**SUM**] をクリックして [**OK**] をクリッ
クします。

⑪ [**関数の引数**] ダイアログボックスの [**数値1**] ボッ
クスに「D4:D40」と入力し、[**OK**] をクリック
します。

⑫ [**ホーム**] タブの [**通貨表示形式**] ボタンを
クリックします。

6. 予定件数を算出し、セルに独自の表示形式を設
定します。

数式：=COUNTIF(D4:D40,">=1")

① セルE41をクリックし、[**fx**] [**関数の挿入**] ボタ
ンをクリックします。

② [**関数の挿入**] ダイアログボックスの [**関数の分類**]
ボックスの▼をクリックして [**統計**] をクリックし、
[**関数名**] ボックスの [**COUNTIF**] をクリックし
て、[**OK**] をクリックします。

③ [**関数の引数**] ダイアログボックスの [**範囲**] ボッ
クスにカーソルが表示されていることを確認し、
セルD4 ～ D40を範囲選択します。

④ [**検索条件**] ボックスをクリックし、「>=1」と入
力して、[**OK**] をクリックします。

⑤ [**ホーム**] タブの [**書式**] ボタンをクリックし、
[**保護**] の [**セルの書式設定**] をクリックします。

⑥ [**セルの書式設定**] ダイアログボックスの [**表示形
式**] タブをクリックし、[**分類**] ボックスの [**ユー
ザー定義**] をクリックし、[**種類**] ボックスに
「"（予定件数："0"件）"」と入力して、[**OK**] をク
リックします。

> 任意の文字列を表示するには" "（ダブルクォーテー
> ション）で囲みます。

7. ウィンドウ枠を固定します。

① セルB4をクリックします。

② [**表示**] タブの [**ウィンドウ枠の固定**] ボタ
ンをクリックし、[**ウィンドウ枠の固定**] をクリッ
クします。

8. 支払方法を参考にデータを入力します。

① セルE4 ～ E8にリストから選択し、各支払方式の
データを入力します。

9. ワークシートをコピーして支払予定一覧表の左側に、入金予定一覧表を作成します。

① [ホーム] タブの [書式] ボタンをクリックし、[シートの整理] の [シートの移動またはコピー] をクリックします。

② [シートの移動またはコピー] ダイアログボックスの [挿入先] ボックスの [問題38支払予定一覧表] が選択されていることを確認し、[コピーを作成する] チェックボックスをオンにして、[OK] をクリックします。

③ [ホーム] タブの [書式] ボタンをクリックし、[シートの整理] の [シート名の変更] をクリックします。

④シート名見出しが反転したことを確認し、シート名を「入金予定一覧表」と入力して、Enterキーを押します。

⑤ [ホーム] タブの [検索と選択] ボタンをクリックし、[置換] をクリックします。

⑥ [検索と置換] ダイアログボックスの [置換] タブの [検索する文字列] ボックスに「支払」と入力します。

⑦ [置換後の文字列] ボックスに「入金」と入力し、[すべて置換] をクリックします。

⑧メッセージを確認し、[OK] をクリックします（非表示にしてあるセルH3も置換されるため、全部で7箇所の置換となります）。

⑨ [検索と置換] ダイアログボックスの [閉じる] をクリックします。

⑩セルB4 ～ E8を範囲選択し、Delキーを押して支払予定一覧表のデータを削除します。

10. 入金予定一覧表に任意のセルの塗りつぶしの色を設定し、支払予定一覧表と区別します。

①セルB3 ～ F3を範囲選択し、Ctrlキーを押しながらセルE4 ～ E40、B41 ～ E41を範囲選択します。

② [ホーム] タブの [塗りつぶしの色] ボタンの▼をクリックし、[テーマの色] の [ゴールド、アクセント4、白＋基本色80%]（上から2行目の右から3列目）をクリックします。

応用問題 39 DVD売上ベスト10自動抽出（マクロ）

1. 抽出を行うマクロを作成します。

ここでは、[開発] タブを表示して説明をしています。

① [開発] タブの [マクロの記録] [マクロの記録] ボタンをクリックします。

② [マクロの記録] ダイアログボックスの [マクロ名] ボックスの「Macro1」を削除し、「売上ベスト10」と入力します。

③ [マクロの保存先] ボックスに [作業中のブック] と表示されていることを確認し、[OK] をクリックします。

2. 金額の多い上位10件のデータを抽出し、金額の多い順に並べ替えを行う操作をマクロに記録します。

①表内の任意のセルをクリックし、[データ] タブの [フィルター] ボタンをクリックします。

② [金額] 列の▼をクリックし、[数値フィルター] をポイントして [トップテン] をクリックします。

③ [トップテンオートフィルター] ダイアログボックスの左のボックスに [上位]、中央のボックスに [10]、右のボックスに [項目] と表示されていることを確認し、[OK] をクリックします。

④ [金額] の列内の任意のセルをクリックし、[データ] タブの [降順] ボタンをクリックします。

3. マクロの記録を終了します。

① [開発] タブの [記録終了] [記録終了] ボタンをクリックします。

4. 抽出結果の解除を行うマクロを作成します。

① [開発] タブの [マクロの記録] [マクロの記録] ボタンをクリックします。

② [マクロの記録] ダイアログボックスの [マクロ名] ボックスの「Macro2」を削除し、「リセット」と入力します。

③ [マクロの保存先] ボックスに [作業中のブック] と表示されていることを確認し、[OK] をクリックします。

5. 抽出結果を解除し、売上日順に並べ替えを行う操作をマクロに記録します。

①表内の任意のセルをクリックし、[データ] タブの [フィルター] ボタンをクリックします。

② [売上日] の列内の任意のセルをクリックし、[データ] タブの [昇順] ボタンをクリックします。

6. マクロの記録を終了します。

① [開発] タブの [記録終了] [記録終了] ボタンをク

リックします。

7. ［売上ベスト10］マクロを登録するボタンを作成し、マクロの登録を行います。

①［開発］タブの［挿入］ボタンをクリックし、［フォームコントロール］の□［ボタン（フォームコントロール）］をクリックし、セルF2の上をドラッグして、セルと同じ大きさの四角形を描画します。

> 挿入したボタンは印刷されないので、押しやすい位置に自由に作成します。また、Altキーを押しながらドラッグすると、位置やサイズの変更などの際にセルのグリッドに合わせることができます。

②［マクロの登録］ダイアログボックスの［マクロ名］ボックスの［売上ベスト10］をクリックします。

③［マクロの保存先］ボックスの▼をクリックし、［作業中のブック］をクリックして、［OK］をクリックします。

④ボタンが選択されている状態で、「ボタン1」のテキストを選択して「売上ベスト10」と書き換えます。

⑤Escキーを押してボタンの選択を解除します。

> ボタンを選択するにはCtrlキーを押しながらクリックします。

8. ［リセット］マクロを登録するボタンを作成し、マクロの登録を行います。

①［開発］タブの［挿入］ボタンをクリックし、［フォームコントロール］の□［ボタン（フォームコントロール）］をクリックし、セルG2の上をドラッグして、セルと同じ大きさの四角形を描画します。

②［マクロの登録］ダイアログボックスの［マクロ名］ボックスの［リセット］をクリックします。

③［マクロの保存先］ボックスに［作業中のブック］と表示されていることを確認し、［OK］をクリックします。

④ボタンが選択されている状態で、「ボタン2」のテキストを選択して「リセット」と書き換えます。

⑤Escキーを押してボタンの選択を解除します。

9. 設定したマクロの動作を確認します。

①「売上ベスト10」ボタンをクリックして、「金額」が大きい順に売上ベスト10が表示されることを確

認します。

②「リセット」ボタンを押して、売上ベスト10が解除され、日付順に並び替わることを確認します。

10. Excelマクロ有効ブックとして、名前を付けて保存します。

①［ファイル］タブをクリックし、［名前を付けて保存］をクリックします。

②［名前を付けて保存］画面の［ファイルの種類］ボックスの▼をクリックし、［Excelマクロ有効ブック］をクリックして、「問題39-2E」という名前で保存します。

第5章
データベース

基礎問題 40 社員名簿

1.

①セルC4をクリックします。

②[表示]タブの ［ウィンドウ枠の固定］ボタンをクリックし、[ウィンドウ枠の固定]をクリックします。

2.

①セルA4～A65を範囲選択します。

②[データ]タブの ［データの入力規則］ボタンをクリックします。

③[データの入力規則]ダイアログボックスの[設定]タブの[入力値の種類]ボックスの▼をクリックし、[文字列（長さ指定）]をクリックします。

④[データ]ボックスの▼をクリックし、[次の値に等しい]をクリックします。

⑤[長さ]ボックスに「7」と入力します。

⑥[エラーメッセージ]タブをクリックし、[スタイル]ボックスに[停止]と表示されていることを確認します。

⑦[タイトル]ボックスに「社員番号入力エラー」と入力します。

⑧[エラーメッセージ]ボックスに「社員番号は7桁です。」と入力し、[OK]をクリックします。

3.

①セルB4～B65を範囲選択します。

②Ctrlキーを押しながらセルF4～F65、J4～L65を範囲選択します。

③[データ]タブの ［データの入力規則］ボタンをクリックします。

④[データの入力規則]ダイアログボックスの[日本語入力]タブをクリックし、[日本語入力]ボックスの▼をクリックし、[ひらがな]をクリックして、[OK]をクリックします。

4.

①セルC4～C65を範囲選択します。

②[データ]タブの ［データの入力規則］ボタンをクリックします。

③[データの入力規則]ダイアログボックスの[入力

時メッセージ]タブをクリックし、[タイトル]ボックスに「フリガナ入力」と入力します。

④[入力時メッセージ]ボックスに「姓名の間に空白を入力してください。」と入力します。

⑤[日本語入力]タブをクリックし、[日本語入力]ボックスの▼をクリックし、[全角カタカナ]をクリックして、[OK]をクリックします。

5.

①セルH4～I65を範囲選択します。

②Ctrlキーを押しながらセルM4～M65を範囲選択します。

③[データ]タブの ［データの入力規則］ボタンをクリックします。

④[データの入力規則]ダイアログボックスの[日本語入力]タブをクリックし、[日本語入力]ボックスの▼をクリックし、[オフ（英語モード）]をクリックして、[OK]をクリックします。

6.

①セルD4に「タキザワ」と入力してEnterキーを押します。

②[データ]タブの ［フラッシュフィル］ボタンをクリックします。

③セルD54までフリガナの姓が表示されたことを確認します。

7.

①セルE4に「ショウ」と入力してEnterキーを押します。

②[データ]タブの ［フラッシュフィル］ボタンをクリックします。

③セルE54までフリガナの名が表示されたことを確認します。

8.

数　式：=IF(A4="","",LOWER(G4)&A4&"@example.jp")

①セルN4をクリックし、 ［関数の挿入］ボタンをクリックします。

②[関数の挿入]ダイアログボックスの[関数の分類]ボックスの▼をクリックして[論理]をクリックし、[関数名]ボックスの[IF]をクリックして、[OK]をクリックします。

③[関数の引数]ダイアログボックスの[論理式]ボックスにカーソルが表示されていることを確認し、

「A4=""」と入力します。

④[値が真の場合]ボックスをクリックし、「""」と入力します。

⑤[値が偽の場合]ボックスをクリックし、関数ボックスの▼をクリックして、[その他の関数]をクリックします。

⑥[関数の挿入]ダイアログボックスの[関数の分類]ボックスの▼をクリックして[文字列操作]をクリックし、[関数名]ボックスの[LOWER]をクリックして、[OK]をクリックします。

⑦[関数の引数]ダイアログボックスの[文字列]ボックスにカーソルが表示されていることを確認し、「G4」と入力します。

⑧数式バーの「IF」の関数名をクリックします。

⑨[偽の場合]ボックスの「LOWER(G4)」の後ろをクリックし、「&A4&"@example.jp"」と入力して、[OK]をクリックします。

⑩セルN4のフィルハンドルをポイントし、マウスポインターの形が╋になっていることを確認し、セルN65まで右ドラッグして、ショートカットメニューの[書式なしコピー（フィル）]をクリックします。

9.

①[ページレイアウト]タブの[ページ設定]グループの右下にある▣[ページ設定]ボタンをクリックします。

②[ページ設定]ダイアログボックスの[ページ]タブの[印刷の向き]の[横]をクリックします。

③[拡大縮小印刷]の[次のページ数に合わせて印刷]をクリックし、[横]ボックスに「1」と表示されていることを確認して、[縦]ボックスに「2」を入力します。

④[シート]タブをクリックし、[印刷範囲]ボックスをクリックして「A1:N54」と入力します。

⑤[印刷タイトル]の[タイトル行]ボックスをクリックして「$1:$3」と入力し、[OK]をクリックします。

10.

①[ファイル]タブをクリックし、[情報]をクリックして[問題のチェック]をクリックし、[ドキュメント検査]をクリックします。

②[ドキュメント検査]ダイアログボックスの[検査]をクリックします。

③検査結果から[コメント]の[すべて削除]をクリッ

ク し、さらに[ドキュメントのプロパティと個人情報]の[すべて削除]をクリックして、[閉じる]をクリックします。

> ドキュメント検査を実行すると、検査結果の画面に詳細な情報が表示されます。削除したい項目の[すべて削除]をクリックすると、情報が削除されます。削除されたデータは原則として復元できないので、元のファイルをコピーしてバックアップしてから行いましょう。

基礎 問題 41 宿泊施設一覧

1.

①列番号A 〜 Gを範囲選択します。

②選択した任意の列番号の右側の境界線をポイントし、マウスポインターの形が╋になっていることを確認して、ダブルクリックします。

2.

①セルA2 〜 G18を範囲選択します。

②[ホーム]タブの▦▾[罫線]ボタンの▼をクリックし、[格子]をクリックします。

3.

①セルA1をクリックします。

②[ホーム]タブの11▾[フォントサイズ]ボックスの▼をクリックし、[12]をクリックします。

③[ホーム]タブの B [太字]ボタンをクリックします。

4.

①セルA2 〜 G2を範囲選択します。

②[ホーム]タブの▤[中央揃え]ボタンをクリックします。

③[ホーム]タブの🎨▾[塗りつぶしの色]ボタンの▼をクリックし、[テーマの色]の[青、アクセント1、白＋基本色40%]（上から4行目の左から5列目）をクリックします。

5.

①セルC3 〜 C18を範囲選択します。

②[ホーム]タブの , [桁区切りスタイル]ボタンをクリックします。

6.

①セルA2 〜 G2を範囲選択します。

②[ホーム]タブの[コピー]ボタンをクリックします。

③セルA21をクリックし、[ホーム]タブの[貼り付け]ボタンをクリックします。

7.

①セルA20をクリックし、「検索条件入力」と入力します。

②セルA25をクリックし、「検索結果一覧」と入力します。

③セルA1をクリックし、[ホーム]タブの[書式のコピー/貼り付け]ボタンをダブルクリックします。

④セルA20をクリックします。

⑤セルA25をクリックします。

⑥Escキーを押します。

> [書式のコピー/貼り付け]ボタンをダブルクリックすると、連続して使用することができます。複数の場所に同じ書式を適用する場合に便利です。

8.

①セルB22をクリックし、「新横浜」と入力します。

②セルC22をクリックし、「<10000」と入力します。

③セルB23をクリックし、「東京」と入力します。

④セルC23をクリックし、「<10000」と入力します。

⑤表「提携宿泊施設一覧」の任意のセルをクリックします。

⑥[データ]タブの[詳細設定][詳細設定]ボタンをクリックします。

⑦[フィルターオプションの設定]ダイアログボックスの[抽出先]の[指定した範囲]をクリックします。

⑧[リスト範囲]ボックスに[$A$2:$G$18]と表示されていることを確認します。

⑨[検索条件範囲]ボックスをクリックし、セルA21～G23を範囲選択して、[問題41!$A$21:$G$23]と表示されていることを確認します。

⑩[抽出範囲]ボックスをクリックし、セルA26をクリックし、[問題41!$A$26]と表示されていることを確認して、[OK]をクリックします（シート名は環境によって異なります）。

基礎 問題 42 売上台帳

1.

①セルA1をクリックし、[ホーム]タブの[11▼][フォ

ントサイズ]ボックスの▼をクリックして、[24]をクリックします。

②[ホーム]タブの[B][太字]ボタンをクリックします。

③[ホーム]タブの[A▼][フォントの色]ボタンの▼をクリックし、[テーマの色]の[オレンジ、アクセント2]（1行目の左から6列目）をクリックします。

2.

①表内の任意のセルをクリックします。

②[ホーム]タブの[テーブルとして書式設定]ボタンをクリックし、[中間]の[オレンジ、テーブルスタイル（中間）3]（1行目の左から3列目）をクリックします。

③[テーブルとして書式設定]ダイアログボックスの[テーブルに変換するデータ範囲を指定してください]ボックスに[=$A$3:$I$116]と表示され、[先頭行をテーブルの見出しとして使用する]チェックボックスがオンになっていることを確認して、[OK]をクリックします。

3.

①テーブル範囲が選択されていることを確認し、[テーブルデザイン]タブの[集計行]チェックボックスをオンにします。

②表の最終行（117行目）に売上高を合計した集計行が追加されていることを確認します。

③数量の集計行（セルG117）をクリックします。

> テーブルをスクロールして列見出しが隠れた場合、自動的に列見出しが列番号として表示されます。

④セルの▼をクリックし、[合計]をクリックします。

4.

①Ctrl+↑キーを押します。

> Ctrl+方向キーを押すと、ワークシートのデータ入力範囲の指定した方向の端にアクティブセルが移動します。Ctrl+Homeキーを押すと、ワークシートの先頭のセル（A1）にアクティブセルが移動します。

②セルJ3をクリックし、「備考」と入力します。

③列番号Jをクリックします。

④[ホーム]タブの[書式]ボタンをクリックし、[セルのサイズ]の[列の幅]をクリックします。

⑤[セルの幅]ダイアログボックスの[列の幅]ボッ

クスに「50」と入力し、[OK] をクリックします。

5.

①セルJ3をクリックし、Ctrl+↓キーを押します。

②セルJ116をクリックし、Tabキーを押します。

③新しい行が挿入されたことを確認し、追加データを参考にデータを入力します。

④セルⅠ117に売上高の数式が自動的に入力されたことを確認します。

6.

①Ctrl+Homeキーを押して、Ctrl+↑キーを押します。

②セルA3の▼をクリックし、[昇順] をクリックします。

7.

①テーブル範囲の任意のセルを選択し、[テーブルデザイン] タブの [重複の削除] [重複の削除] ボタンをクリックします。

②[重複の削除] ダイアログボックスの [列] の各見出しのチェックボックスがオンになっていることを確認し、[OK] をクリックします。

③メッセージを確認し、[OK] をクリックします。

8.

①テーブル範囲の任意のセルが選択されていることを確認し、[テーブルデザイン] タブの [範囲に変換] [範囲に変換] ボタンをクリックします。

②メッセージを確認し、[はい] をクリックします。

9.

①[ページレイアウト] タブの [ページ設定] グループの右下にある [ページ設定] ボタンをクリックします。

②[ページ設定] ダイアログボックスの [ページ] タブの [印刷の向き] の [横] をクリックします。

③[余白] タブをクリックし、[上] ボックスを [2.4] に設定して、[ページ中央] の [水平] チェックボックスをオンにします。

④[ヘッダー /フッター] タブをクリックし、[ヘッダーの編集] をクリックします。

⑤[ヘッダー] ダイアログボックスの [右側] ボックスをクリックし、「社外秘」と入力します。

⑥「社外秘」の文字列を範囲選択し、 A [文字書式] ボタンをクリックします。

⑦[フォント] ダイアログボックスの [スタイル] ボックスの [太字斜体] をクリックし、[サイズ] ボックスの [12] をクリックして、[OK] をクリックします。

⑧[ヘッダー] ダイアログボックスの [OK] をクリックします。

⑨[フッターの編集] をクリックします。

⑩[フッター] ダイアログボックスの [中央部] ボックスをクリックし、 [ページ番号の挿入] ボタンをクリックします。

⑪[& [ページ番号]] の後ろにカーソルが表示されていることを確認し、続けて「/」を入力します。

⑫[& [ページ番号] /] の後ろにカーソルが表示されていることを確認し、 [ページ数の挿入] ボタンをクリックして、[OK] をクリックします。

⑬[シート] タブをクリックし、[印刷タイトル] の [タイトル行] ボックスをクリックして、行番号3をクリックします。

⑭[タイトル行] ボックスに [$3:$3] と表示されていることを確認し、[OK] をクリックします。

10.

①[表示] タブの [改ページプレビュー] ボタンをクリックします。

②Ⅰ列とJ列の間にある青い点線にマウスをポイントし、↔の形になったらJ列とK列の間までドラッグします。

③行番号29と30の間にある青い点線にマウスをポイントし、マウスポインターの形が ↕ になっていることを確認して、行番号33と34の間までドラッグして青い実線になったことを確認します。

④行番号67と68にある青い点線にマウスをポイントし、マウスポインターの形が ↕ になっていることを確認して、行番号63と64の間までドラッグして青い実線になったことを確認します。

⑤行番号97と98にある青い点線にマウスをポイントし、マウスポインターの形が ↕ になっていることを確認して、行番号93と94の間までドラッグして青い実線になったことを確認します。

⑥[表示] タブの [標準] ボタンをクリックします。

> 改ページは、改ページ後の先頭行にしたい行にあるセルを選択して、[ページレイアウト] タブの [改ページ] ボタンをクリックし、[改ページの挿入] をクリックすることでも設定できます。

11.

①[ファイル]タブの[印刷]ボタンをクリックします。

②印刷プレビューで全体の印刷イメージを確認します。

応用 問題 43 売上分析（条件抽出）

1. 検索条件範囲を作成します。

①行番号3〜8を範囲選択し、[ホーム]タブの [挿入] ボタンをクリックします。

②セルA9〜F10を範囲選択し、[ホーム]タブの [コピー] ボタンをクリックします。

③セルA3をクリックし、[ホーム]タブの [貼り付け] ボタンをクリックします。

④セルA3の文字列を「■検索条件」に変更します。

2. 検索条件範囲に条件を入力します。

①セルA5に「飲料」、A6に「炭製品」、A7に「UV対策」と入力します。

②セルD5〜D7にそれぞれ「<1000」と入力します。

③セルF5〜F7にそれぞれ「>=10000000」と入力します。

> 手順②と③のデータを、オートフィル機能を使用して入力する場合は、フィルハンドルをドラッグした後に現れるショートカットメニューで[セルのコピー]をクリックします。または、Ctrlキーを押しながらフィルハンドルをドラッグします。

3. 条件に合ったデータだけを表示します。

①「売上一覧」の表内の任意のセルをクリックし、[データ]タブの 詳細設定 [詳細設定]ボタンをクリックします。

②[フィルターオプションの設定]ダイアログボックスの[抽出先]の[選択範囲内]が選択されていることを確認し、[リスト範囲]ボックスに[$A$10:$F$35]と表示されていることを確認します。

③[検索条件範囲]ボックスをクリックし、セルA4〜F7を範囲選択して、[検索条件範囲]ボックスに[問題43売上一覧!$A$4:$F$7]と表示されていることを確認し、[OK]をクリックします。

4. 抽出したデータを売上金額（円）の多い順に並べ替えます。

①[売上金額(円)]の列内の任意のセルをクリックし、

[データ]タブの 降順 [降順]ボタンをクリックします。

応用 問題 44 社員満足度調査

1. 職種別の評価項目の平均を算出するためにデータを並べ替えます。

①表内の任意のセルをクリックし、[データ]タブの 並べ替え [並べ替え]ボタンをクリックします。

②[先頭行をデータの見出しとして使用する]チェックボックスをオンにします。

③[並べ替え]ダイアログボックスの[最優先されるキー]ボックスの▼をクリックし、「職種番号」をクリックします。

④[最優先されるキー]ボックスが「セルの値」、[順序]ボックスが「小さい順」になっていることを確認します。

⑤[並べ替え]ダイアログボックスの[レベルの追加]ボタンをクリックします。

⑥[次に優先されるキー]ボックスの▼をクリックし、「年代」をクリックします。

⑦[並べ替えのキー]ボックスが「セルの値」、[順序]ボックスが「小さい順」になっていることを確認します。

⑧[並べ替え]ダイアログボックスの[レベルの追加]ボタンをクリックします。

⑨[次に優先されるキー]ボックスの▼をクリックし、「性別」をクリックします。

⑩[並べ替えのキー]ボックスが「セルの値」になっていることを確認し、[順序]ボックスの▼をクリックし、「降順」をクリックして、[OK]をクリックします。

2. 職種別の評価項目の平均を算出します。

①表内の任意のセルをクリックし、[データ]タブの 小計 [小計]ボタンをクリックします。

②メッセージが表示されたら[OK]をクリックします。

③[集計の設定]ダイアログボックスの[グループの基準]ボックスの▼をクリックし、「職種」をクリックします。

④[集計の方法]ボックスの▼をクリックし、「平均」をクリックします。

⑤[集計するフィールド]ボックスの「評価項目」「(列F)」「(列G)」「(列H)」「(列I)」「(列J)」「(列K)」のチェックボックスをオンにします。

162

⑥［現在の小計をすべて置き換える］チェックボックス、［グループごとに改ページを挿入する］チェックボックス、［集計行をデータの下に挿入する］チェックボックスを、それぞれオンにし、［OK］を押します。

3. 条件付き書式を用いて評価5のセルに色を付けます。

①セルE5 ～ K33を範囲選択し、Ctrlキーを押しながらセルE35 ～ K61、E63 ～ K83、E85 ～ K106、E108 ～ K129を範囲選択します。

②［ホーム］タブの [条件付き書式] ボタンをクリックし、［セルの強調表示ルール］をポイントして、［指定の値に等しい］をクリックします。

③［指定の値に等しい］ダイアログボックスの［値］ボックスに「5」を入力し、［書式］ボックスの▼をクリックして、［ユーザー設定の書式］をクリックします。

④［セルの書式設定］ダイアログボックスの［フォント］タブにある［色］ボックスの▼をクリックして、［テーマの色］の［白、背景1］（1行目の左端）をクリックします。

⑤［塗りつぶし］タブをクリックし、［背景色］から［テーマの色］の［青、アクセント1、黒＋基本色50%］（6行目の右から6列目）をクリックして、［OK］を押します。

⑥［指定の値に等しい］ダイアログボックスの［OK］をクリックします。

> ここの塗りつぶしで表示されるカラーパレットでは、色をポイントしても色名がポップアップ表示されませんが、色のパターンは通常のセルの塗りつぶしと同様です。

4. 条件付き書式を用いて評価4のセルに色を付けます。

①［ホーム］タブの [条件付き書式] ボタンをクリックし、［セルの強調表示ルール］をポイントして、［指定の値に等しい］をクリックします。

②［指定の値に等しい］ダイアログボックスの［値］ボックスに「4」を入力し、［書式］ボックスの▼をクリックして、［ユーザー設定の書式］をクリックします。

③［セルの書式設定］ダイアログボックスの［フォント］タブをクリックし、［色］ボックスの▼をクリックして、［テーマの色］の［白、背景1］（1行目の左端）をクリックします。

④［塗りつぶし］タブをクリックし、［背景色］から［テーマの色］の［青、アクセント1］（1行目の右から6列目）をクリックして、［OK］を押します。

⑤［指定の値に等しい］ダイアログボックスの［OK］をクリックします。

5. 条件付き書式を用いて評価3のセルに色を付けます。

①［ホーム］タブの [条件付き書式] ボタンをクリックし、［セルの強調表示ルール］をポイントして、［指定の値に等しい］をクリックします。

②［指定の値に等しい］ダイアログボックスの［値］ボックスに「3」を入力し、［書式］ボックスの▼をクリックして、［ユーザー設定の書式］をクリックします。

③［塗りつぶし］タブにある［背景色］から［テーマの色］の［青、アクセント1、基本色＋40%］（4行目の右から6列目）をクリックし、［OK］を押します。

④［指定の値に等しい］ダイアログボックスの［OK］をクリックします。

6. 条件付き書式を用いて評価2のセルに色を付けます。

①［ホーム］タブの [条件付き書式] ボタンをクリックし、［セルの強調表示ルール］をポイントして、［指定の値に等しい］をクリックします。

②［指定の値に等しい］ダイアログボックスの［値］ボックスに「2」を入力し、［書式］ボックスの▼をクリックして、［ユーザー設定の書式］をクリックします。

③［塗りつぶし］タブにある［背景色］から［テーマの色］の［オレンジ、アクセント2、白＋基本色40%］（4行目の右から5列目）をクリックし、［OK］を押します。

④［指定の値に等しい］ダイアログボックスの［OK］をクリックします。

7. 条件付き書式を用いて評価1のセルに色を付けます。

①［ホーム］タブの [条件付き書式] ボタンをクリックし、［セルの強調表示ルール］をポイントして、［指定の値に等しい］をクリックします。

②［指定の値に等しい］ダイアログボックスの［値］ボックスに「1」を入力し、［書式］ボックスの▼をクリックして、［ユーザー設定の書式］をクリックします。

③[セルの書式設定]ダイアログボックスの[フォント]タブをクリックし、[スタイル]ボックスの[太字]をクリックし、[色]ボックスの▼をクリックして、[テーマの色]の[白、背景1](1行目の左端)をクリックします。

④[塗りつぶし]タブをクリックし、[背景色]から[テーマの色]の[オレンジ、アクセント2、黒＋基本色25%](5行目の右から5列目)をクリックして、[OK]を押します。

⑤[指定の値に等しい]ダイアログボックスの[OK]をクリックします。

8. 最終行の見栄えを整えます。
①セルA130〜K131を範囲選択します。
②[ホーム]タブの［⊞▾］[罫線]ボタンの▼をクリックし、[格子]をクリックします。

9. 職種別の印刷の設定を実行します。
①[表示]タブの［改ページプレビュー］[改ページプレビュー]ボタンをクリックし、列番号Hと列番号Iの間にある青い点線をポイントして、マウスポインターの形が←→になっているのを確認し、列番号Kと列番号Lの間までドラッグします。
②[ページレイアウト]タブの［印刷タイトル］[印刷タイトル]ボタンをクリックします。
③[ページ設定]ダイアログボックスの[シート]タブの[印刷タイトル]の[タイトル行]ボックスをクリックし、行番号3をクリックします。
④[タイトル行]ボックスに[$3:$4]と表示されていることを確認し、[OK]をクリックします。
⑤[ファイル]タブの[印刷]をクリックし、印刷プレビューで職種別に改ページされているかどうかを確認します。
⑥[表示]タブの［標準］[標準]ボタンをクリックします。

10.考察を記入します。
①シート見出しの右隣にある ⊕ [新しいシート]ボタンをクリックします。
②[ホーム]タブの［書式］[書式]ボタンをクリックし、[シートの整理]にある[シート名の変更]をクリックします。
③「職種別考察」と入力して、Enterキーを押します。
④「職種別考察」シートに、入力例を参考に職種別の考察を記述します。
【営業】
●調査7項目とも全体的に高い評価となった。

●中でも「経営」や「上司」に対する評価はいずれも平均で3.7以上と非常に高い。
●平均で最も低いのは「福利厚生」だが、それでも全社平均を上回る3.4を獲得。
【開発】
●全体的にやや厳しい評価が目立つ。
●中でも「経営」と「人事制度」に対する評価が厳しく、いずれも平均で2.5を下回る。
●一方、「仕事内容」「職場環境」「教育」に対しては平均で3以上と比較的高い評価。
【技術】
●全体的に低い評価が目立つ。
●中でも「経営」と「教育」に対する評価が低く、それぞれ平均で2.5と2.4。
●一方、「福利厚生」に対する評価は高く全社平均を上回る平均3.5という結果に。
【生産】
●全体的な評価は決して高いものではない。
●中でも「仕事内容」「人事制度」「教育」はいずれも平均で3を下回る低い評価。
●「経営」は2点以下の評価も散見されるが、平均では全社平均を上回る3.2を獲得。
【本社】
●全体的にどの項目も高い評価となった。
●中でも「仕事内容」と「人事制度」は平均が全社平均を5ポイント以上上回る高評価。
●「経営」「職場環境」「福利厚生」も平均で3.5以上の評価を与えている。

⑤列番号Aの右側の境界線をポイントし、マウスポインターの形が ✛ になっていることを確認して、ダブルクリックします。
⑥セルA1をクリックし、Ctrlキーを押しながら、セルA5、セルA9、セルA13、セルA17をクリックして複数選択します。
⑦[ホーム]タブの ［B］ [太字]ボタンをクリックします。
⑧[ホーム]タブの ［◇▾］ [塗りつぶしの色]ボタンの▼をクリックし、[テーマの色]の[薄い灰色、背景2]をクリックします。

応用問題	**45**	受講履歴管理

XLOOKUP関数はExcel2021の新機能です。VLOOKUP関数使った設定方法は「問題45完成例_VLOOKUP」を参照してください。

1. 手入力のデータを削除します。

①シート「問題45受講台帳」のセルC4 〜 F113を範囲選択し、Ctrlキーを押しながらセルH4 〜 J113を範囲選択します。

②Deleteキーを押します。

2.

①表内の任意のセルをクリックします。

②[挿入] タブの [テーブル] ボタンをクリックします。

③[テーブルの作成] ダイアログボックスの [テーブルに変換するデータ範囲を指定してください] ボックスに「=$A$3:$L$113」と表示されているセル範囲が正しいことを確認します（正しく表示されていない場合はセルA3 〜 L113を範囲選択します）。

④[先頭行をテーブルの見出しとして使用する] チェックボックスをオンにします。

⑤[OK] をクリックします。

3. 氏名に自動入力の設定を行います。

数式：=XLOOKUP($B4,問題45社員一覧!$A$4:$A$109,問題45社員一覧!$B$4:$B$109,"")

①セルC4をクリックし、 [関数の挿入] ボタンをクリックします。

②[関数の挿入] ダイアログボックスの [関数の分類] ボックスの▼をクリックして [検索/行列] をクリックし、[関数名] ボックスの [XLOOKUP] をクリックして、[OK] をクリックします。

③[関数の引数] ダイアログボックスの [検索値] ボックスにカーソルが表示されていることを確認し、「$B4」と入力します。

④[検索範囲] ボックスをクリックし、シート [問題45社員一覧] のセルA4 〜 A109を範囲選択して、F4キーを押します。

⑤[戻り範囲] ボックスをクリックし、シート [問題45社員一覧] のセルB4 〜 B109を範囲選択して、F4キーを推します。

⑥[見つからない場合] ボックスをクリックし、「""」と入力します。

⑦[関数の引数] ダイアログボックスの[OK]をクリックします。

4. 所属名に自動入力の設定を行います。

数式：=XLOOKUP($B4,問題45社員一覧!$A$4:$A$109,問題45社員一覧!$D$4:$D$109,"")

①セルC4をクリックし、[ホーム] タブの [コピー] ボタンをクリックします。

②セルD4をクリックし、[ホーム] タブの [貼り付け] ボタンの▼をクリックして、[数式] をクリックします。

③数式バーの「$B$4:$B$109」の「B」を「D」に書き換えてEnterキーを押します。

5. コース名に自動入力の設定を行います。

数式：=XLOOKUP($G4,問題45研修コース一覧!$A$4:$A$23,問題45研修コース一覧!$B$4:$B$23,"")

①セルH4をクリックし、 [関数の挿入] ボタンをクリックします。

②[関数の挿入] ダイアログボックスの [関数の分類] ボックスの▼をクリックして [検索/行列] をクリックし、[関数名] ボックスの [XLOOKUP] をクリックして、[OK] をクリックします。

③[関数の引数] ダイアログボックスの [検索値] ボックスにカーソルが表示されていることを確認し、「$G4」と入力します。

④[検索範囲] ボックスをクリックし、シート [問題45研修コース一覧] のセルA4 〜 A23を範囲選択して、F4キーを押します。

⑤[戻り範囲] ボックスをクリックし、シート [問題45研修コース一覧] のセルB4 〜 B23を範囲選択して、F4キーを推します。

⑥[見つからない場合] ボックスをクリックし、「""」と入力します。

⑦[関数の引数] ダイアログボックスの[OK]をクリックします。

6. 開催日に自動入力の設定を行います。

数式：=XLOOKUP($G4,問題45研修コース一覧!$A$4:$A$23,問題45研修コース一覧!$C$4:$C$23,"")

①セルH4をクリックし、[ホーム] タブの [コピー] ボタンをクリックします。

②セルⅠ4をクリックし、[ホーム] タブの [貼り付け] ボタンの▼をクリックして、[数式] をクリックします。

③数式バーの「$B$4:$B$23」の「B」を「C」に書き換えてEnterキーを押します。

④セルⅠ4 〜 Ⅰ113を範囲選択します。

⑤[ホーム] タブの 標準 [数値の書式] ボックスの▼をクリックし、[短い日付形式] をク

リックします。

7. 定員に自動入力の設定を行います。

数式：=XLOOKUP($G4,問題45研修コース一覧!$A$4:$A$23,問題45研修コース一覧!$D$4:$D$23,"")

①セルH4をクリックし、[**ホーム**] タブの 🖹▾ [**コピー**] ボタンをクリックします。

②セルJ4をクリックし、[**ホーム**] タブの 🖹 [**貼り付け**] ボタンの▼をクリックして、[**数式**] をクリックします。

③数式バーの「$B$4:$B$23」の「B」を「D」に書き換えてEnterキーを押します。

8. 勤続年数に自動入力の設定を行います。

数式：=DATEDIF(XLOOKUP($B4,問題45社員一覧!$A$4:$A$109,問題45社員一覧!$F$4:$F$109,""),$I4,"Y")

①セルC4をクリックし、[**ホーム**] タブの 🖹▾ [**コピー**] ボタンをクリックします。

②セルE4をクリックし、[**ホーム**] タブの 🖹 [**貼り付け**] ボタンの▼をクリックして、[**数式**] をクリックします。

③数式バーの「$B$4:$B$109」の「B」を「F」に書き換えてEnterキーを押します。

④セルE4をクリックします。

⑤数式バーの先頭の「=」の後ろに「DATEDIF(」を入力し、続けて末尾に「,$I4,"Y")」を入力してEnterキーを押します。

DATEDIF関数は、[関数の挿入] ボタンでは指定できない非公式関数ですが、2つの日付から簡単に期間を求められる便利な関数です。書式は[=DATEDIF **(開始日,終了日,単位)**] で、「単位」には以下の値を指定します。

"Y"：期間内の満年数
"M"：期間内の満月数
"D"：期間内の日数

---

9. 年齢に自動入力の設定を行います。

数式：=DATEDIF(XLOOKUP($B4,問題45社員一覧!$A$4:$A$109,問題45社員一覧!$E$4:$E$109,""),$I4,"Y")

①セルE4をクリックし、[**ホーム**] タブの 🖹▾ [**コピー**] ボタンをクリックします。

②セルF4をクリックし、[**ホーム**] タブの 🖹 [**貼り付け**] ボタンの▼をクリックして、[**数式**] をクリッ

クします。

③数式バーの「$F$4:$F$109」の「F」を「E」に書き換えてEnterキーを押します。

10. 未終了の研修申込のみを表示します。

①列見出し「終了」の▼をクリックします。

②[**○**] チェックボックスをオフにします。

③[**(空白セル)**] チェックボックスがオンになっていることを確認し、[**OK**] をクリックします。

11. コース名順、勤続年数順、年齢順に並べ替えます。

①表内のセルをクリックします。

②[**データ**] タブの 🔢 [**並べ替え**] ボタンをクリックします。

③[**並べ替え**] ダイアログボックスの [**最優先されるキー**] ボックスの▼をクリックし、一覧から [**コース番号**] をクリックします。

④[**並べ替えのキー**] ボックスに [**セルの値**]、[**順序**] ボックスに [**昇順**] と表示されていることを確認します。

⑤[**並べ替え**] ダイアログボックスの [**レベルの追加**] ボタンをクリックします。

⑥[**次に優先されるキー**] ボックスの▼をクリックし、一覧から [**勤続年数**] をクリックします。

⑦[**並べ替えのキー**] ボックスに [**セルの値**] と表示されていることを確認します。

⑧[**順序**] ボックスの▼をクリックし、一覧から [**大きい順**] をクリックします。

⑨[**並べ替え**] ダイアログボックスの [**レベルの追加**] ボタンをクリックします。

⑩[**次に優先されるキー**] ボックスの▼をクリックし、一覧から [**年齢**] をクリックします。

⑪[**並べ替えのキー**] ボックスに [**セルの値**] と表示されていることを確認します。

⑫[**順序**] ボックスの▼をクリックし、一覧から [**大きい順**] をクリックします。

⑬[**OK**] をクリックします。

12. 定員内の研修コースの全員に○印を記入します。

①定員10人の「リーダーコミュニケーション研修」への申込者が10人であることを確認し、セルK92～K101に「○」を入力します。

13. 定員オーバーの研修コースの参加者を選び、○印を記入します。

①定員10人の「情報機器社内管理者研修」への申込

者が12人いることを確認します。

②セルF111とF113が20代前半で、勤続年数が短いことを確認し、セルF111とF113以外に「○」を入力します。

第6章

文書作成

基礎問題 **46** 見積書

1.

①セルA1に「御見積書」と入力します。

②セルA1をクリックし、[ホーム] タブの `11 ▾` [フォントサイズ] ボックスの▼をクリックして、[16] をクリックします。

③[ホーム] タブの `B` [太字] ボタンをクリックします。

④セルA1 ～ E1を範囲選択し、[ホーム] タブの `セルを結合して中央揃え ▾` [セルを結合して中央揃え] ボタンをクリックします。

2.

①セルE4に「2023/7/1」と入力します。

②セルE4をクリックし、[ホーム] タブの `標準 ▾` [数値の書式] ボックスの▼をクリックして、[長い日付形式] をクリックします。

> 日付はさまざまな表示形式が選択できますが、社外文書や提出物に「2023/7/1」といった省略形は好ましくないので、「年」、「月」、「日」を添えたものにします。西暦と和暦のどちらを使うかは社内のルールを確認しましょう。

3.

①セルA7に「株式会社JAFCO商事御中」と入力します。

4.

①入力例を参考に、セルE8 ～ E11に社名、責任者名、住所、電話番号を入力します。

②セルE8 ～ E11を範囲選択し、[ホーム] タブの `☰` [右揃え] ボタンをクリックします。

5.

①セルD13に「担当者」、セルE13に「責任者」と入力します。

②セルD13 ～ E13を範囲選択し、[ホーム] タブの `☰` [中央揃え] ボタンをクリックします。

③セルD14 ～ D17を範囲選択し、Ctrlキーを押しながらセルE14 ～ E17を範囲選択して、[ホーム] タブの `セルを結合して中央揃え ▾` [セルを結合して中央

④セルD13 〜 E17を範囲選択し、[ホーム] タブの ⊞ ▾ [罫線] ボタンの▼をクリックして、[格子] をクリックします。

6.

①セルA19に「以下のとおり…」の一文を入力します。

②セルA20に「発行日：2023年7月1日」と入力します。

③セルA21に「有効期限：発行日より30日間」と入力します。

7.

①セルA22 〜 D27、D28 〜 D30、E22に入力例を参考にデータを入力します。

数式：=C23*D23

②セルE23をクリックし、「=C23*D23」と入力してEnterキーを押します。

③セルE23をクリックし、フィルハンドルをポイントし、マウスポインターの形が╋になっていることを確認して、セルE27までドラッグします。

数式：=SUM（E23:E27）

④セルE28をクリックし、[ホーム] タブの Σ ▾ [合計] ボタンをクリックし、[=SUM(E23:E27)] と表示されていることを確認して、Σ ▾ [合計] ボタンをクリックします。

数式：=INT（E28*0.1）

⑤セルE29をクリックし、fx [関数の挿入] ボタンをクリックします。

⑥[関数の挿入] ダイアログボックスの [関数の分類] ボックスの▼をクリックして [数学/三角] をクリックし、[関数名] ボックスの [INT] をクリックして、[OK] をクリックします。

⑦[関数の引数] ダイアログボックスの [数値] ボックスにカーソルが表示されていることを確認し、「E28*0.1」と入力して「OK」をクリックします。（ここでは消費税を10%として計算しています）

> 消費税計算では小数点以下は切り捨てになるのでINT関数を使います。

数式：=SUM（E28:E29）

⑧セルE30をクリックし、[ホーム] タブの Σ ▾ [合計] ボタンをクリックし、セルE28 〜 E29を範囲選択し、[=SUM(E28:E29)] と表示されていることを確認して、Σ ▾ [合計] ボタンをクリッ

クします。

⑦セルC23 〜 C27を範囲選択します。

⑧Ctrlキーを押しながらセルE23 〜 E30を範囲選択します。

⑨[ホーム] タブの ▦ ▾ [通貨表示形式] ボタンをクリックします。

8.

①列番号Aの右側の境界線をポイントし、マウスポインターの形が╋になっていることを確認して、左方向にドラッグします（4.00程度）。

②列番号Bの右側の境界線をポイントし、マウスポインターの形が╋になっていることを確認して、右方向にドラッグします（32:00程度）。

③列番号C 〜 Eを範囲選択します。

④選択した任意の列番号の右側の境界線をポイントし、マウスポインターの形が╋になっていることを確認して、右方向にドラッグします（12.00程度）。

9.

①セルA21 〜 E21を範囲選択します。

②Ctrlキーを押しながらセルA22 〜 E22、A27 〜 E27、D30 〜 E30を範囲選択します。

③[ホーム] タブの ▦ ▾ [罫線] ボタンの▼をクリックし、[下太罫線] をクリックします。

④セルA24 〜 E24を範囲選択します。

⑤Ctrlキーを押しながらセルD29 〜 E29を範囲選択します。

⑥[ホーム] タブの ▦ ▾ [罫線] ボタンの▼をクリックし、[上罫線＋下罫線] をクリックします。

⑦セルA24 〜 E24を範囲選択し、セルE24のフィルハンドルをポイントし、セルE26まで右ドラッグして、ショートカットメニューの [書式のみコピー（フィル）] をクリックします。

10.

①セルA22 〜 E22を範囲選択します。

②Ctrlキーを押しながらセルD28 〜 D30を範囲選択します。

③[ホーム] タブの ≡ [中央揃え] ボタンをクリックします。

11.

①セルC33をクリックして「問合せ先」と入力します。

②セルC34 ～ C37に自社名、所属部門名・氏名、電話番号、メールアドレスを入力します。

③セルC33 ～ E37を範囲選択します。

④[ホーム] タブの [罫線] ボタンの▼をクリックし、[外枠] をクリックします。

12.

①セルA1 ～ E37を範囲選択します。

②[ページレイアウト] タブの [印刷範囲] ボタンをクリックして [印刷範囲の設定] をクリックします。

③[ページレイアウト] タブの [拡大縮小印刷] の [横] ボックスと [縦] ボックスの [1ページ] を選択します。

④[ページレイアウト] タブの [余白] ボタンをクリックして [ユーザー設定の余白] をクリックします。

⑤[ページ設定] ダイアログボックスの [余白] タブの [ページ中央] の [水平] [垂直] のチェックボックスをオンにして、[OK] をクリックします。

基礎問題 47 納品書

1.

①シート見出し [問題47見積書] をポイントし、Ctrlキーを押しながらシート見出し [問題47見積書] を右側にドラッグし、コピー先が▼で表示されていることを確認して、マウスのボタンとCtrlキーを離します。

②シート見出し [問題47見積書(2)] をダブルクリックし、シート見出し名が反転したことを確認し、シート名を「納品書」と入力して、Enterキーを押します。

2.

①セルD5をクリックし、「納　品　書」と入力します。

3.

①セルG2をクリックし、「2023/5/21」と入力します。

②行番号3をクリックします。

③[ホーム] タブの [削除] ボタンをクリックします。

4.

①行番号17を選択し、[ホーム] タブの [挿入]

ボタンをクリックします。

②セルB17をクリックして「このたびはご注文ありがとうございました。」と入力します。

③セルB18をダブルクリックし、入力されている文字列の「御見積申し上げます」を「納品いたします」に変更します。

④行番号19を選択し、[ホーム] タブの [挿入] ボタンをクリックします。

⑤セルB19をクリックして「今後ともよろしくお願い申し上げます。」と入力します。

5.

①セルG22をクリックし、方向キーでセルG32まで移動して数式を確認します。

②セルF22をクリックし、「15」と入力します。

③セルF23をクリックし、「16」と入力します。

6.

①行番号34をクリックします。

②[ホーム] タブの [削除] ボタンをクリックします。

7.

①シート見出し [問題47見積書] をクリックします。

8.

①セルF21をクリックし、[校閲] タブの [新しいコメント] ボタンをクリックします。

②コメントボックス内にカーソルが表示されていることを確認し、「15セットに変更」と入力してCtrl+Enterキーを押します。

③セルF22をクリックし、[校閲] タブの [新しいコメント] ボタンをクリックして、コメントボックスに「16個に変更」と入力してCtrl+Enterキーを押します。

基礎問題 48 請求書

1.

①シート見出し [問題48納品書] をポイントし、Ctrlキーを押しながらシート見出し [問題48納品書] を右側にドラッグし、コピー先が▼で表示されていることを確認して、マウスのボタンとCtrlキーを離します。

②シート見出し [問題48納品書(2)] をダブルクリックし、シート見出し名が反転したことを確認し、

シート名を「請求書」と書き換えて、Enterキー
を押します。

2.
①セルA1をクリックし、「御請求書」と入力します。
②セルE1をクリックし、「No.B01-300」と入力し
ます。

3.
①セルE2をクリックし、「2023/5/20」と入力し
ます。

4.
①セルA19をダブルクリックし、入力されている文
字列の「納品」を「御請求」に変更します。

5.
①行番号21〜23を範囲選択し、[ホーム] タブの
[挿入] ボタンをクリックします。

6.
①セルA22に「御請求金額」と入力します。
②セルA22をクリックし、[ホーム] タブの[11 ▼]
[フォントサイズ] ボックスの▼をクリックして、
[14] をクリックします。
③[ホーム] タブの B [太字] ボタンをクリックし
ます。

7.
数式：=E33
①セルA22をクリックし、[ホーム] タブの [書
式のコピー/貼り付け] ボタンをクリックして、
セルC22をクリックします。
②セルC22が選択されていることを確認し、
「=E33」と入力して、Enterキーを押します。

8.
①セルA24をクリックし、「請求明細」と入力します。

9.
①行番号34〜35を範囲選択し、[ホーム] タブの
[挿入] ボタンをクリックします。

10.
①セルA35をクリックし、「お振込みは下記までお
願い申し上げます。」と入力します。

②セルA36をクリックし、「中央銀行南口支店　普
通　1122112　名義：株式会社島村飲料」と入
力します。

応用問題 **49** 請求明細書

1. タイトルを入力します。
①1行目（セルA1）に「御請求書」と入力します（字
間に1字分ずつ全角スペースを入力します。この
後、表のサイズが決まった時点で全体の中央に配
置し、設定します）。

2. 請求明細のデータを入力します（表のサイズを
先に決めたほうが行の配置をしやすくなるので、
日付や宛名よりも先に請求明細の表を作成しま
す）。
①セルA16をクリックし、「請求明細」と入力します。
②セルA17に「書籍番号」、B17に「書籍名」、C17
に「単価」、D17に「数量」、E17に「金額」と入
力します。
③セルA17〜E17を範囲選択し、[ホーム] タブの
[中央揃え] ボタンをクリックします。
④メモに従ってセルA18〜D23にデータを入力し
ます。
⑤セルC24に「小計」、C25に「送料」、C26に「合
計」、C27に「消費税（10%）」、C28に「税込合
計金額」と入力します。
⑥セルC24〜D24を範囲選択し、[ホーム] タブの
[セルを結合して中央揃え ▼] [セルを結合して中央揃え]
ボタンをクリックします。
⑦セルC25〜D25を範囲選択し、F4キーを押しま
す。
⑧セルC26〜D26を範囲選択し、F4キーを押しま
す。
⑨セルC27〜D27を範囲選択し、F4キーを押しま
す。
⑩セルC28〜D28を範囲選択し、F4キーを押しま
す。

3. 請求明細の「金額」の数式を作成します。
数式：=C18*D18
①セルE18をクリックし、「=C18*D18」と入力し
て、Enterキーを押します。
②セルE18をクリックし、フィルハンドルをポイン
トし、マウスポインターの形が➕になっているこ
とを確認して、セルE23までドラッグします。

4. 請求明細の「小計」の数式を作成します。

数式：=SUM(E18:E23)

①セルE24をクリックし、[ホーム] タブの [Σ ▾] [合計] ボタンをクリックします。

②[=SUM(E18:E23)] と表示されていることを確認し、[Σ ▾] [合計] ボタンをクリックします。

5. 請求明細の「送料」に送料の金額を入力します。

①セルE25をクリックし、「700」と入力します。

6. 請求書明細の「合計」の数式を作成します。

数式：=SUM（E24:E25）

①セルE26をクリックし、[ホーム] タブの [Σ ▾] [合計] ボタンをクリックします。

②セルE24 〜 E25を範囲選択し、[=SUM(E24:E25)] と表示されていることを確認して、[合計] ボタンをクリックします。

7. 請求書明細の「消費税(10%)」の数式を作成します。

数式：=INT（E26*0.1）

①セルE27をクリックし、[fx] [関数の挿入] ボタンをクリックします。

②[関数の挿入] ダイアログボックスの [関数の分類] ボックスの▼をクリックして [数学/三角] をクリックし、[関数名] ボックスの [INT] をクリックして、[OK] をクリックします。

③[関数の引数] ダイアログボックスの [数値] ボックスにカーソルが表示されていることを確認し、「E26*0.1」と入力して「OK」をクリックします。（ここでは消費税を10%として計算しています）

> 消費税計算では小数点以下は切り捨てになるのでINT関数を使います。

8. 請求明細の「税込合計金額」の数式を作成します。

数式：=SUM(E26:E27)

①セルE28をクリックし、[ホーム] タブの [Σ ▾] [合計] ボタンをクリックします。

②セルE26 〜 E27を範囲選択し、[=SUM(E26:E27)] と表示されていることを確認して、[Σ ▾] [合計] ボタンをクリックします。

> 税込合計金額を設定すると、消費税（10%）を算出するセルの左上に警告マークが表示されて、それをポイントすると「このセルにある数式が、セルの周辺の数式と異なっています」とメッセージが表示される場合があります。設定に間違いがないので警告マークを消したい場合は、セルを選択して表示される警告マークの▼をクリックして [エラーを無視する] をクリックします。

9. 数値データに通貨表示形式を設定します。

①セルC18 〜 C23を範囲選択し、Ctrlキーを押しながらセルE18 〜 E28を範囲選択します。

②[ホーム] タブの [通貨表示形式] ボタンをクリックします。

10. タイトルの書式を任意に設定します。

①セルA1 〜 E1を範囲選択し、[ホーム] タブの [セルを結合して中央揃え ▾] [セルを結合して中央揃え] ボタンをクリックします。

②[ホーム] タブの [罫線] ボタンの▼をクリックし、[下二重罫線] をクリックします。

③[ホーム] タブの [11 ▾] [フォントサイズ] ボックスの▼をクリックし、[18] をクリックします。

④[ホーム] タブの [B] [太字] ボタンをクリックします。

11. 書籍名、単価の列幅を調整します。

①列番号Bを選択して [ホーム] タブの [書式] ボタンをクリックして、[セルのサイズ] の [列の幅] をクリックします。

②[セルの幅] ダイアログボックスの [列の幅] ボックスに「37」と入力し、[OK] をクリックします。

③列番号Cを選択して [ホーム] タブの [書式] ボタンをクリックして、[セルのサイズ] の [列の幅] をクリックします。

④[セルの幅] ダイアログボックスの [列の幅] ボックスに「9.5」と入力し、[OK] をクリックします。

12. 罫線を任意に設定します。

①セルA17 〜 E23を範囲選択し、Ctrlキーを押しながらセルC24 〜 E28を範囲選択します。

②[ホーム] タブの [罫線] ボタンの▼をクリックし、[格子] をクリックします。

③セルA16 〜 E16を範囲選択し、Ctrlキーを押しながらセルA17 〜 E17、A23 〜 E23、C28 〜 E28を範囲選択します。

④[ホーム] タブの 罫線 ［罫線］ボタンの▼をクリックし、［下太罫線］をクリックします。

13. 日付、宛名、差出人名などを入力します。
①セルE2をクリックし、「No.0023」と入力します。
②セルE3をクリックし、「令和○○年11月22日」と入力します。
③セルA4をクリックし、「株式会社アイセスシステムズ」と入力します。
④セルA5をクリックし、「研修部長　竹瀬　なつみ　様」と入力します。
⑤セルE6をクリックし、「株式会社マックスブックス事業部」と入力します。
⑥セルE7をクリックし、「〒153-0064 東京都目黒区下目黒0-1-3」と入力します。
⑦セルE8をクリックし、「TEL：03-0000-5704 FAX：03-0000-5705」と入力します。
⑧セルE9をクリックし、「担当：大島」と入力します。
⑨セルA13をクリックし、「下記のとおり御請求申し上げます。」と入力します。
⑩セルE2 ～ E3を範囲選択し、Ctrlキーを押しながらセルE6 ～ E9を範囲選択します。
⑪[ホーム] タブの ［右揃え］ボタンをクリックします。

14. 税込合計金額欄を作成し、書式を任意に設定します。
①セルB15をクリックし、「税込合計金額：」と入力します。
②[ホーム] タブの 11 ［フォントサイズ］ボックスの▼をクリックし、［14］をクリックします。
③[ホーム] タブの B ［太字］ボタンをクリックし、 ［右揃え］ボタンをクリックします。
④[ホーム] タブの 罫線 ［罫線］ボタンの▼をクリックし、［下太罫線］をクリックします。

15. 「税込合計金額」の数式を作成し、書式を任意に設定します。
数式：=E28
①セルC15をクリックし、「=E28」と入力して、Enterキーを押します。
②セルC15をクリックし、[ホーム] タブの 11 ［フォントサイズ］ボックスの▼をクリックして、［14］をクリックします。
③[ホーム] タブの B ［太字］ボタンをクリックします。

④セルC15 ～ D15を範囲選択し、[ホーム] タブの セルを結合して中央揃え ［セルを結合して中央揃え］ボタンをクリックします。
⑤[ホーム] タブの 罫線 ［罫線］ボタンの▼をクリックし、［下太罫線］をクリックします。

16. 振込のための情報を入力します。
①セルA30をクリックし、「お振込は12月10日までに下記までお願い申し上げます。」と入力します。
②セルA31をクリックし、「セントラル銀行　目黒支店　普通預金　1234567　株式会社マックスブックス」と入力します。

17. 押印欄を作成します。
①セルD34に「責任者」、E34に「担当者」と入力します。
②セルD34 ～ E34を範囲選択し、[ホーム] タブの ［中央揃え］ボタンをクリックします。
③セルD35 ～ D37を範囲選択し、[ホーム] タブの セルを結合して中央揃え ［セルを結合して中央揃え］ボタンをクリックします。
④セルE35 ～ E37を範囲選択し、F4キーを押します。
⑤セルD34 ～ E37を範囲選択し、[ホーム] タブの 罫線 ［罫線］ボタンの▼をクリックして、［格子］をクリックします。
⑥列番号D ～ Eを範囲選択し、選択した任意の列番号の右側の境界線をポイントし、マウスポインターの形が＋になっていることを確認して、右方向にドラッグします（11.00程度）。

応用問題 50 請求明細書（マクロ）

1. データを抽出し、請求書の印刷を行うマクロを作成します。

ここでは、[開発] タブを表示して説明をしています。

①[開発] タブの マクロの記録 ［マクロの記録］ボタンをクリックします。
②[マクロの記録] ダイアログボックスの [マクロ名] ボックスの「Macro1」を削除し、「請求書印刷」と入力します。
③[マクロの保存先] ボックスに [作業中のブック] と表示されていることを確認し、[OK] をクリックします。

2. オートフィルターを使用して空白行以外を抽出する操作と抽出結果の印刷を実行する操作をマクロに記録します。

①表内の任意のセルをクリックします。

②[データ]タブの[フィルター]ボタンをクリックします。

③[単価]列の▼をクリックし、[(空白セル)]チェックボックスをオフにして、[OK]をクリックします。

「単価」が空白でない行だけが自動で抽出され、空白行は非表示になります。

④[ファイル]タブをクリックし、[印刷]をクリックします。

⑤プリンターの名前や印刷部数を任意に設定し、[印刷]をクリックします。

操作環境によってプリンターが異なるので、問題50完成例では④⑤の操作は省いています。

3. マクロの記録を終了します。

①[開発]タブの[記録終了]ボタンをクリックします。

4. 抽出結果の解除を行うマクロを作成します。

①[開発]タブの[マクロの記録]ボタンをクリックします。

②[マクロの記録]ダイアログボックスの[マクロ名]ボックスの「Macro2」を削除し、「リセット」と入力します。

③[マクロの保存先]ボックスに[作業中のブック]と表示されていることを確認し、[OK]をクリックします。

5. フィルターの解除を行う操作をマクロに記録します。

①表内の任意のセルをクリックします。

②[データ]タブの[フィルター]ボタンをクリックします。

6. マクロの記録を終了します。

①[開発]タブの[記録終了]ボタンをクリックします。

7. [請求書印刷]マクロを登録するボタンを作成し、マクロの登録を行います。

①[開発]タブの[挿入]ボタンをクリックし、

[フォームコントロール]の[ボタン(フォームコントロール)]をクリックし、セルH2～H3の上をドラッグして、セルと同じ大きさの四角形を描画します。

②[マクロの登録]ダイアログボックスの[マクロ名]ボックスの[請求書印刷]をクリックします。

③[マクロの保存先]ボックスの▼をクリックし、[作業中のブック]をクリックして、[OK]をクリックします。

④ボタンが選択されている状態で、「ボタン1」のテキストを選択して「請求書印刷」と書き換えます。

⑤「請求書印刷」の文字列を選択し、[ホーム]タブの[フォントサイズ]ボックスの▼をクリックして、[9]をクリックします。

⑥任意のセルをクリックし、ボタンの選択を解除します。

8. [リセット]マクロを登録するボタンを作成し、マクロの登録を行います。

①[開発]タブの[挿入]ボタンをクリックし、[フォームコントロール]の[ボタン(フォームコントロール)]をクリックし、セルH5～H6の上をドラッグして、セルと同じ大きさの四角形を描画します。

②[マクロの登録]ダイアログボックスの[マクロ名]ボックスの[リセット]をクリックします。

③[マクロの保存先]ボックスに[作業中のブック]と表示されていることを確認し、[OK]をクリックします。

④ボタンが選択されている状態で、「ボタン2」のテキストを選択して「リセット」と書き換えます。

⑤「リセット」の文字列を選択し、[ホーム]タブの[フォントサイズ]ボックスの▼をクリックして、[9]をクリックします。

⑥任意のセルをクリックし、ボタンの選択を解除します。

9. Excelマクロ有効ブックとして、名前を付けて保存します。

①[ファイル]タブをクリックし、[名前を付けて保存]をクリックします。

②[このPC]をダブルクリックして、[名前を付けて保存]ダイアログボックスの[ファイルの種類]ボックスの▼をクリックし、[Excelマクロ有効ブック]をクリックして、任意の場所に「問題50-2E」という名前で保存します。

●著者紹介

山﨑　紅（やまざき　あかし）

人材開発コンサルタント
富士ゼロックス株式会社（現 富士フイルムビジネスイノベーション株式会社）にて、ドキュメントコンサルティングに従事後、営業本部ソリューション営業力強化チーム長として課題解決型営業育成、人事本部人材開発戦略グループ長として全社人材開発戦略立案・実行を担当。その後、変革マネジメント部にて全社改革プロジェクトリーダーとして、コミュニケーション改革、働き方改革に従事したのち独立。コミュニケーションと人材を切り口に企業改革を進めるコンサルタントとして活動中。官公庁、民間企業、大学など幅広く指導。
主な著書に「授業・セミナー・会議の効果を上げるオンラインコミュニケーション講座」「持続可能な私たちの未来を考えるSDGsワークブック」「情報利活用プレゼンテーション」「求められる人材になるための社会人基礎力講座（第2版）」「小学生からはじめる 考える力が身につく本－ロジカルシンキング－」がある。

成蹊大学 経営学部 客員教授
一般社団法人 社会人基礎力協議会 理事 研究委員会副委員長
一般社団法人 日本テレワーク協会 アドバイザー
経済産業省推進資格 ITコーディネータ
デジタル庁 デジタル推進委員
一般社団法人 日本経営協会認定 情報資産管理指導者
日本ホスピタリティ推進協会認定 ホスピタリティ・コーディネータ

■ 本書についての最新情報、訂正、重要なお知らせについては下記Webページを開き、書名もしくはISBNで検索してください。ISBNで検索する際は-（ハイフン）を抜いて入力してください。
　　https://bookplus.nikkei.com/catalog/

■ 本書に掲載した内容についてのお問い合わせは、下記Webページのお問い合わせフォームからお送りください。電話およびファクシミリによるご質問には一切応じておりません。なお、本書の範囲を超えるご質問にはお答えできませんので、あらかじめご了承ください。ご質問の内容によっては、回答に日数を要する場合があります。
　　https://nkbp.jp/booksQA

Excel 2021ビジネス活用ドリル

2023年 4月17日　初版第1刷発行

著　　　　者：山﨑 紅
発　行　者：中川 ヒロミ
発　　　行：株式会社日経BP
　　　　　　〒105-8308　東京都港区虎ノ門4-3-12
発　　　売：株式会社日経BPマーケティング
　　　　　　〒105-8308　東京都港区虎ノ門4-3-12
装　　　丁：折原カズヒロ
本文デザイン
制　　　作：持田 美保
印　　　刷：大日本印刷株式会社

・本書に記載している会社名および製品名は、各社の商標または登録商標です。なお、本文中に™、®マークは明記しておりません。
・本書の例題または画面で使用している会社名、氏名、他のデータは、一部を除いてすべて架空のものです。

ISBN978-4-296-05047-5　　Printed in Japan